本书是全国教育科学“十三五”规划国家一般课题“大学教学现代化的战略愿景与理论创新研究”（BCA180085）的阶段性成果

大学教师教学能力的培养

基于北京师范大学教师发展案例研究

李　芒◎著

科学出版社
北　京

内 容 简 介

当今世界，全球化的大学教学创新浪潮滚滚向前。大学教师必须具备过硬的教学能力和科学的教学方法，方能在人才培养方面有所作为。然而，从整体而言，目前我国大学在提升教师教学能力方面还没有形成十分健全、有效的保障和支持机制，很难将没有受过专门教学方法和技能训练的教师培养成为卓越的大学教师。

本书基于北京师范大学教师发展的实践经验，针对大学教师的教学培训平台、教学技能、教学媒体、教学方法和教学设计，结合教学学术的研究成果，提出了影响大学教师发展和教学能力提升的核心要素，以期帮助广大大学教师提升教育教学执行力，让科学家真正成为教育家，实现大学教师的内涵式发展。

本书适合大学教师、教师发展者、教育研究者以及对大学教师教学感兴趣的读者阅读。

图书在版编目（CIP）数据

大学教师教学能力的培养：基于北京师范大学教师发展案例研究 / 李芒著. —北京：科学出版社，2018.12

ISBN 978-7-03-059756-4

Ⅰ.①大… Ⅱ.①李… Ⅲ.①北京师范大学-师资培养-研究 Ⅳ.①G655.12

中国版本图书馆CIP数据核字（2018）第275900号

责任编辑：朱丽娜 崔文燕 刘曹芃 / 责任校对：何艳萍

责任印制：赵 博 / 封面设计：润一文化

编辑部电话：010-64033934

E-mail：edu_psy@mail.sciencep.com

科学出版社出版

北京东黄城根北街16号

邮政编码：100717

http://www.sciencep.com

北京虎彩文化传播有限公司印刷

科学出版社发行 各地新华书店经销

*

2018年12月第 一 版 开本：720×1000 1/16

2024年2月第七次印刷 印张：15 1/2

字数：278 000

定价：89.00元

（如有印装质量问题，我社负责调换）

前　言

当今世界，全球化的大学教学创新浪潮滚滚向前。审视其背后的原因，则是科技进步日新月异、国际竞争日趋激烈和卓越人才严重短缺。说到底，综合国力的竞争是战略性资源的人才竞争，那么，肩负培养高级人才重任的高层次教育就显得格外重要。教育部部长陈宝生认为，2049 年“中国教育将稳稳地立于世界教育的中心，引领世界教育发展的潮流”“中国将成为世界上人们最向往的留学目的国”“世界教育发展的规则，中国有更大的发言权”“中国版的教材，汉语发音的教材，能够走向世界”①。根据陈部长所提出的“中国教育梦”，我们将用 32 年的时间跑完西方几百年走过的路，完成中华民族教育事业的伟大振兴。面对如此宏伟的教育愿景，目前的中国比历史上任何时期都更加需要提升大学教育的教学水平，以培养更多的民族栋梁。

然而，情况往往是“上面千条线，下面一根针”。所有这些伟大的创举与宏图只有通过一线教师日复一日、年复一年的具体而卓越的辛勤工作，才能得以实现。因此，大学教师在大学教学改革活动中处于重中之重的地位。大学教师必须具备过硬的教学能力及科学的教学方法，方能在人才培养方面有所作为。那个只要有学问就可当教授的时代早已一去不复返。然而，面对新方位、新方略、新征程、新要求和新使命，从目前我国大学教师队伍整体状况而言，情况并不乐观。以往，在大学教师入职时，我国大学并没有十分健全、有效的保障和支持机制，很难将没有受过专门教学方法和技能训练的新任教师培养成为卓越的大学教师。

① 新华网 . 未来“教育红包”会有啥？教育部部长告诉你 .http://www.xinhuanet.com/politics/19cpcnc/2017-10/22/c_129724679.htm.[2018-07-31].

即便是在日常工作中，已经站在大学讲坛的中青年教师也很难得到有效的教法指导与帮助。一些新任教师只能依靠自我探索，遵循“吃一堑，长一智”的成长规律，将失败的教学强加于无辜的学生身上，将各种“堑”作为横亘在学生学习道路上的障碍，影响了学生发展，无法为他们的成长提供帮助。如果在这种情况下，正如中国海洋大学的宋文红教授所言，一位教师的成长往往要以牺牲几代学生的学业为代价，如果让教师慢慢积累经验、自发成长，就会让几代学生成为教师成长的实习基地[①]。很显然，这是一条十分危险及恶劣的大学教师成长之路。

在相当长的历史时期内，大学教师并未被看作一项专门化职业，似乎只要具备专业知识，他们就能够胜任大学教职。其实，如果不遵循教学规律，即使有学科知识或者研究成果的人，也不能顺利完成大学教师的工作。大学教师是一个不折不扣的专门化职业，既是世界上专业化程度最高的职业之一，也是最具高智能的、极其复杂的人类活动之一，使用“至高无上”来形容也并不过分。教师的工作，与医师、律师、工程师、厨师的工作相似，具有职业的专门性，这种专门性主要体现在教学方法、对学生的理解等方面。“教什么”和“怎么教”都是真问题，不可将二者对立起来，一名大学教师既要有的教，又要教得好；既要用心教学，又要用心科研。不会“一心二用”的人，很难胜任大学教学工作。当前，仍然还有众多的大学教师只从教学内容的逻辑出发进行教学，而很少对教学方法进行深入研究。其实，大学教学实践除了教学内容的逻辑之外，还存在另一个逻辑，即教学方法的逻辑。只有两个逻辑一致，教学过程才能为师生带来美好的心灵体验，学生才能在教学中体会到学习的妙处。

时至今日，大学中“如何教、如何学”的问题依然没有得到有效解决。难怪有论者指出，大学教师什么都研究却不研究教学。“满堂灌”的现象大量存在，学生只是在教室内“坐听”，师生之间交往缺失。尽管教师使出浑身解数，但学生依旧少有反应，甚至在课堂上戴着耳机玩手机、玩电脑、睡觉、看书；众多的教师实施着“后背式”教学，即学生永远在教师背后亦步亦趋，教师缺乏对学生创造性能力的培养；有的教师则走到另一个极端，名为以学生为中心，培养学生合作和独立学习的能力，实则成了“放羊式”教学，师生之间难以相见。以上种种问题使得在学生中间弥漫着“对课堂失望”的情绪，学生的创新力、判断力、

---

① 宋文红．高校教师专业化发展及其组织模式：国际经验与本土实践．济南：山东人民出版社，2013：2.

想象力、表现力、思考力、解决新问题的能力没有得到发展。那么，如何才能真正帮助大学教师提高教学执行力，使大学教师在正确的职业轨道上不断获得专业发展，让教师真正成为教育家呢？这是摆在所有关注提升大学教学质量人们面前的迫在眉睫的重大课题。

2011年12月，北京师范大学教学行为研究所承接了由学校工会委托的“北京师范大学青年教师教学基本功比赛发展研究”课题，之后又获得了学校教务处教学质量工程项目的资助。北京师范大学青年教师基本功比赛（简称“青教赛”）初办于1991年，是全国最早正式举办此类赛事的高等学校。这个赛事在促进教师专业发展方面，具有十分独特而显著的作用。在研究过程中，研究者利用这个项目，以“青教赛”为出发点，研究视野不断扩大，并逐步发现在“青教赛”之外，教师发展方面既存在着更多特别值得研究的相关课题，也存在着许多更加上位的一般性课题。研究这些课题对提升教师教学能力水平，进而提升大学教学质量都具有重要意义。因此，研究者将研究重点从单一的“青教赛”概念适当调整到大学青年教师教学能力发展方向，将提升大学青年教师教学执行力作为研究宗旨，而将对“青教赛”的研究作为教师发展过程中的一个重要组成部分。另外，研究者将北京师范大学这所于1902年在京师大学堂中建校的著名学府作为一个案例，采用解剖麻雀的方法，以小见大，从小出发，上下结合，融会贯通，进行扩展，并对与大学青年教师教学能力提升有重要关联的各个要素进行全方位的深入研究。

研究如何提升大学教师的教学能力问题，就必须研究影响大学教师教学能力提升的核心要素，本书讨论的重点主要集中于以下几个论题。第一，大学教师的教学培训平台。教师专业发展既是教师的个人追求，又是学校不可推卸的责任。用人单位应该在学校层面上积极帮助教师，特别是青年教师，提升其职业素养。毋庸置疑，大学教师发展中心必须研究如何有计划、有组织、高效益地提升大学教师的专业水平。第二，大学教师的教学技能。具体而言，大学教师的教学技能不同于“是什么”的客观知识，教师对其不仅应该了解，而且必须掌握。第三，大学教师应用教学媒体。教学媒体对教学效果的提升具有十分重要的作用。研究发现，大学中的教学媒体随着时代的变迁不断地改变，其所起到的教学作用也在不断更新。第四，大学教师的教学方法。教学方法是指一系列教学活动环节的有机组合。它既决定着教师与学生在教学过程中的活动方式，又决定着教学质量的高低。人类为了达到特定的目的，必须采用有效的方法，无方法，则无过程，则无结果。第五，大学教师的教学设计。教学设计是教师教学的设想，没有理想的教学设计，就无法获得理想的教学质量。第六，大学青年教师教学基本功比赛。北京师范大学在“青教赛”方面积累了丰富的经验，需要进行全面深入的梳理和总结。本书试图通过对以上问题的深入讨论，帮助一线教师更新教学理念，掌握教学方法与策略，提高教学能力，并为大学教师发展者了解大学教师的基本需求、大学教师培训的基本规律、教学培训内容和方式提供参考。

本书是在以李芒教授为首的研究团队共同努力下完成的。团队成员蔡旻君、周溪亭、蒋科蔚、冉怀敏、王妍莉、孙立会、唐小兰、喻凡、杨咏、陈培杏、李营、张玺、郝汉、覃诗曼为本书的出版付出了辛勤的劳动。这项研究是一系列研究的开始，大学教学工作既是一个永无尽头的研究领域，也是一个具有重大理论意义和现实意义的研究事业。这块“教学学术”的田地有无限的研究主题等待着我们去耕耘。为了大学教学质量的不断攀升，为了能够培养出合格的以及具有思考力、想象力、判断力的社会人和对中国社会有用之人，大学教师必须继续钻研。笔者特别欢迎读者积极加入大学教学创新的行列。大学教师发展者既是实践者，又是研究者，将研究所得反馈到大学教学的过程之中，使广大学生受益，使中华民族受益，使整个人类社会受益，这就是我们的学术理想和人生追求。

李　芒

2018年9月1日

于北京师范大学英东学术会堂

目　录

第一章

大学教师发展与教师培训现状

随着高等教育改革的不断深入，人类社会对大学教师专业发展的要求越来越高。目前的中国大学教师一般都是由同类专业的博士毕业生担当，而这些人员大多没有经过教育理论、教学方法和教学技能等专门的教师专业培养，缺乏从事大学教学工作的基本能力。本章通过对大学教师教学能力培训状况的调研，了解大学教师教学能力培训的具体实施情况和效果，发现存在的问题并分析其原因，以期增强培训的针对性和有效性，使大学教师专业培训真正成为提高大学教师专业水平或教学执行力、不断提高教育教学质量的有效途径和手段，从而促进我国高等教育沿着健康之路蓬勃发展。

第一节　国内外大学教师教学培训概况

一、培训机构设置

（一）我国大学教师培训机构设置

1992 年 4 月，国家教委下发《关于加强各级高师（高校）师资培训中心建设的意见》，最终形成两大国家中心—六个大区中心—31 个省级中心（除港澳台）和 70 所重点高校培训基地的完整的中国高校师资培训三级体系。培训机构设置划分如下。

1．部属机构

教育部高等学校师资培训交流北京中心和武汉中心，下设华北地区、中南地区、西南地区、东北地区、华东地区、西北地区高校师资培训中心，主要承担国内高校教师的培训和进修任务，通过举办高级研讨班、国内访问学者、国际学术研讨会等开展多种形式的培训。

2．省级培训机构

每个省（自治区、直辖市）都设有一个高等学校师资培训中心，如北京市高等学校师资培训中心成立于 1992 年，隶属于北京市教育委员会，挂靠在首都师范大学，是负责北京地区高校教师培训、组织协调和信息咨询的专门机构。

3．校级培训机构

基于学校的实际情况，每所学校在高校教师培训方面的做法都不尽相同，有些学校有常设管理培训机构，有些学校则没有。没有设置独立培训机构的学校，一般是通过教务处开展教学督导听课、教师技能比赛或教学观摩活动来提升教师的教学技能水平，或者通过人事处以“请进来、走出去”的方式组织教师听报告或进修学习，达到培训教师的目的。总之，不论学校有没有单独设立的培训机构，大学教师培训这项决定学校生存发展的重要大事，早已在各个高校的不同职能部门进行着。

香港各大学都设有“教学专业发展中心”一类的专业机构，例如，香港大学的大学教学发展中心是直属学校领导的学术机构，与该校教师或其他学校合作开展教学研究，并为教师开办旨在提高教学水平的专题讲座。他们的基本观点是：教学是基础，只有进行教学研究，才能提高教学水平。又如，香港城市大学在教育科技统筹处设有教学专业发展部，承担教学研究、教学媒体制作服务及教学评估与教师培训等多项任务。多年来，教学专业发展部对提高学校教学质量发挥了举足轻重的作用。1995 年，它从教育科技统筹处中独立出来，扩展成为教学专业发展与质量服务处，专门从事课程与教学研究、评估和教师培训，职员队伍与机构均有所扩大。香港理工大学、香港科技大学和香港岭南学院的教学研究与教师培训则由教育科技中心承担。①

---

① 王家瑾．从香港城市大学的教师培训课程看教育现代化的重要课题——提高大学教师的职业素质．师资培训研究，1997（1）：15-18.

内地大学当时所设有的这类中心的职能范围并没有涉及教师培训和教学质量监测职能，只是提供一般的教学支持，如教室使用公告、教学设备维修、教务通知等，与教师教学能力提升无关。例如，北京师范大学于2004年成立的教学服务中心和西北师范大学的教育科教服务中心就是这样的机构。

从内地大学的校级培训机构来看，在当年为数不多的几所大学教师培训设置中，清华大学的教学研究与培训中心和中国海洋大学的教学支持中心在机构设置上学习了国外大学教师发展中心的模式。清华大学的教学研究与培训中心成立于1998年，面向清华大学的全体教师提供大学教师发展项目。该中心挂靠在清华大学教务处，但并不从属于教务处。它的主要任务是教学培训、课程评估、课程建设（精品课程）和教学管理。1999年，该中心扩大了原来的培训范围，引进了教育技术培训。至2007年，教学研究与培训中心主要为大学教师提供教学岗位培训、教育技术培训、精品课程、教学评估和网络学堂等发展机会。中国海洋大学的教学支持中心是中国海洋大学的高教研究与评估中心的子中心。该中心主要通过学术报告、科研研究经验交流会、校本系列交流讲座、研讨会、专题讲座和引进人才等六种方式支持大学教师发展。其中，校本系列交流讲座最具特色。这些基于本校的讲座是新老教师之间思想交流和经验分享最有效的方式。大部分校本系列交流讲座为新教师和青年教师提供了课程教学评估和教学督导制度、教学能力培养、青年教师角色转化、青年教师课程设计、教学语言的科学用声和发声技巧等几个方面的信息。

2012年7月，教育部高等教育司发布了《关于启动国家级教师教学发展示范中心建设工作的通知》。该通知指出，为了引导高等学校建立具有校本特色的教师教学发展中心，以提升高等学校中青年教师和基础课教师业务水平和教学能力为重点，完善教师教学发展机制，推进教师培训、教学咨询、教学改革、质量评价，汇集优质教学资源和发挥辐射、示范和引领作用，切实提高大学教师教学能力和水平，教育部决定重点支持建设30个国家级教师教学发展示范中心。[①]目前，北京师范大学、上海交通大学、复旦大学、重庆大学、山东大学、西安交通大学、北京理工大学、四川大学、东南大学、西南财经大学等学校已经开展多种有效的教师教学研修活动。

从组织机制而言，目前我国高校教师发展中心存在五种组织架构模式。第

① 教育部.关于启动国家级教师教学发展示范中心建设工作的通知.http://old.moe.gov.cn//publicfiles/business/htmlfiles/moe/A08_sjhj/201207/139396.html[2017-11-03].

一种为独立建制，直接由主管校长指导。其优势是发展中心在工作上具有相对自主性，可以充分发挥中心工作人员的主观能动性。第二种是挂靠或者附属学校教务处，也由主管校长指导。其优势是能够更好地与教务处合作，有利于配合教务处工作，及时将教师的各种问题和工作困难转换成为培训内容。第三种是在人事处的工作框架之内设立教师发展中心。在我国，教师管理工作由学校人事处统一协调，各校人事处常常负责教师的素质提升和职业培训。第四种是在党委系统中成立教师工作部，为了加强党对一切工作的领导，由党委统一指导教师的思想政治工作和教师专业发展工作，有利于突出教师发展工作的全面性和综合性。第五种是有条件的学校，将教师发展中心设置在学校的教育学术机构之内，将教师发展工作交付专门研究教师发展的学者，即将教师发展工作作为学科的研究对象看待，能够突出教师发展工作的专业性、科学性和学术性。纵观以上五种模式，由于工作的内涵和外延有所不同，其表现出不同的组织特色和基本职能。

（二）国外大学教师教学培训机构设置

发达国家的大学教师培训工作起步较早，近些年来，各国在这项工作上也进行了许多大胆的尝试与改革。世界各主要发达国家以终身教育理论为契机，通过立法的形式，建立了具有本国特色的高校教师在职培训制度。

美国第一个由联邦全面资助高等教育的法令——《高等教育法》规定，资助的主要项目之一是继续教育。①虽然美国各州对继续教育的目标要求不一，但总的说来，主要是解决教学中发现的实际问题和难题；提高教师的知识水平和专业素养；发展教师的个性，满足教师的个人兴趣爱好和特长需要；更新知识技能；使未达到规定学历标准的教师通过在职培训达到标准等。

英国教育部根据社会发展与科技进步的需要，重新修订了教师的培训计划，明确规定高等学校教师具有接受在职培训的权利和义务，学校应给予支持。

日本政府在《教育公务员条例法》第十九条明确规定："教育公务员为尽其职责，必须不断地进行研究和提高修养……具有教育公务员任命权者，必须制订出对教师在职进修人员方面的计划安排，确保执行。"②

总之，这些发达国家十分重视大学教师的在职教育，一般是通过立法的形式，把参加在职培训作为教师必须履行的一项义务，提升了高等学校对教师进行

① 梁忠义，罗正华．教师教育．长春：吉林教育出版社，1998：271.

② 转引自：刘冬梅．发达国家高校教师培训的经验及借鉴．河南师范大学学报（哲学社会科学版），2004(2)：168-171.

终身在职教育的水平。

发达国家为了确保大学教师在职培训质量，普遍摒弃了零敲碎打、缺啥补啥的培训方式，而是积极改革培训课程，开办了适应时代发展和教师专业提高需要的多种课程，供教师选修。美国大学十分重视对教学实际问题的解决。例如，组约大学开展的"教学咨询"活动，实际上是一种教学方法的培训。其基本做法是，首先让教师提出教学中所关心的问题，然后到课堂、学生中去观察，再凝练和提出问题，并由咨询人员提出解决办法或组织集体研讨，再由教师到课堂上加以尝试。① 在教学技能培训方面，教务部门还组织知名教授开设教学方法方面的讲座，进行相关辅导。为提高教师教学技能，加拿大多数高校设有教师发展部、教师指导中心等专门机构组织教师的职业训练。这些机构的工作重点是提高教师的实际工作能力。其活动方式通常是办讲座或开研讨会，通过现场观摩、个人咨询和提供资料等，为教师提供有效的帮助。

密歇根大学教与学研究中心（Center for Research on Learning and Teaching，CRLT）成立于 1962 年，是美国高校第一个关注教师发展的教学中心。CRLT 隶属于教务长（常务副校长）办公室，由学校副教务长负责。中心设有执行主任，业务管理主任、副主任，在 2015 年，该中心已有全职人员 25 人，其中，12 位具有博士学位，是从事教师发展的专业人员；兼职人员 25 人（研究生教学顾问）；另外聘有兼职演员 20 人（负责教学短片）；该中心还设有教师顾问委员会，由来自学院的 12 名院系领导组成，任期为 2 年。②

2013 年 10 月 7—12 日，北京师范大学教师发展中心一行 5 人赴日本京都，走访了京都大学、同志社大学和立命馆大学，亲身体验了日本各大学教师发展工作的基本情况。这些与日本同行所进行的零距离接触，为今后北京师范大学教师发展工作提供了宝贵的经验。

京都大学于 2003 年建立了高等教育研究开发推进中心。该中心是一个进行高等教育教学系统实践研究的组织，并且将研究成果有效推广到全校教育教学的计划、开发及实施等方面。为了完成中心的核心任务，该中心设立了三个下属机构——高等教育教学系统研究开发部门、全校公共教育课程设计开发部门和信息媒体教育开发部门。高等教育教学系统研究开发部门主要研究大学教学法、大学教育评价系统、大学教育课程和教养教育的改善等四个领域。前三个研究领域主

① 闫月勤．从中美加比较看我国新世纪高校教师队伍建设．清华大学教育研究，2001（3）：123-124.

② 百度文库．密西根大学教与学中心考察报告.https://wenku.baidu.com/view/a76e6382fc4ffe473368aba6.html.[2018-06-05].

要针对教改中的实施、评价和设计等相互联系、不断生成的基本循环，进行促进大学教学改善的教学实践研究，特别是积极追踪已有知识和最新研究动向，不断积累基于当前主要教育实践反馈的实践研究。该部门进行的研究开发活动主要包括大学教学与教师专业发展研究，旨在帮助教师进行基于公开教学和教学观摩的教学研究以及相互研修，开发利用信息技术进行相互研修和教学研究的系统，为研究生开办教育实践讲座、文学研究科的 Pre-FD（pre-faculty development，培训有志向当大学教师的博士生，称为“前教师发展”项目）。全校公共教育课程设计开发部门和信息媒体教育开发部门，主要对京都大学的公共教育进行开发工作。为了实现协作共进，上述两个部门共同参加设计和实施全校公共教育的工作，支持课程的设计与实施。该中心成员大都以专业人员、学者或研究者自居，而忌称自己为“教辅人员”。目前，该中心拥有教授三人（专业背景包括教育哲学、教育心理学、教育评价、教育方法学和学习理论），副教授八人（专业背景包括青年心理学、大学生研究、教育技术学、建筑音乐学、教育心理学、临床心理学、比较教育学、高等教育学、教育哲学和发展心理学），博士后研究员五人（专业背景包括生死学、教育人类学、哲学、教育哲学和微生物环境学），研究助理一人，技术助理二人，行政助理三人。

同志社大学为促进教师的专业发展，于 2004 年成立了学习支持与教育开发中心。该中心基于该学校的办学精神和教育理念，为了实现学校的教育目标以及各个学院、各个专业和各个中心的教育目标，为了每一位学生获得成长，有组织地进行充实和提升学校教育质量的各种活动。该中心主要负责全校学习支持活动的设计与实施，全校教育活动的设计与开发，以及积极推进教育活动的持续性改善，以本校大学教育的充实与发展为基本目的。该中心的基本任务主要包括：设计与实施全校公共性的学习支持项目；学习共同体的运作与管理；设计与开发全校的公共教育系统；面向全校设计与推进改善教育内容与方法；开发考察全校教育效果的评价方法，以及实施有效评价；制定教育活动的支持体制；收集有关大学教育的图书及资料。

二、教学培训目标与内容

（一）我国大学教师教学培训的目标与内容

我国大学教师培训的对象多数是新任教师和中青年教师，因而培训目标也主要是使新任教师尽快适应岗位要求，能够更好地履行教师职责。培训内容主要包括高等教育法规、高等教育学、高等教育心理学和高校教师职业道德基础等。

有些学校也提供课程教学评价和教学督导制度、教学能力培养、青年教师角色转化、青年教师课程设计、教学语言的科学用声和发声技巧等教学及教师专业成长方面的指导。

（二）国外大学教师教学培训的目标与内容

1．培训目标

密歇根大学的学与教研究中心致力于支持基于研究的学与教实践和学校教师群体的专业发展。该中心营造并保持一个重视和鼓励教学、尊重和支持学习者个体差异的大学文化氛围，帮助教师研究大学教学方法，提升大学的教学质量。

杜克大学教育技术中心通过帮助教师创造性地使用信息技术，完成教学目标。该中心的职员具备技术和教法两方面的专长，帮助教师完成教学工作，并检验技术在教与学中的效果。杜克大学教育技术中心2007－2011年的主要目标是：①为教师提供所需的教育技术信息，并为教师提供这些信息技术设备；②增强教师教育技术意识，并更加个性化和及时地运用技术；③分享教学经验并促进教育教学工具与教学方法的融合；④为教师提供在教学中探索新技术的机会并帮助他们进行效果评价；⑤促进学校项目和教学方法创新的技术协作。

日本立命馆大学于2013年确定的对新任教师的培训目标是发展优秀大学所要求的教育力量和职业能力，最终确保大学教育的质量；帮助教师学会设计、实施和评价课程以及教学活动；使教师能够从学科与教学方法两个方面对自己的教学工作进行思考，提升指导学生进行能动性学习的能力。

日本同志社大学直接将本校的教育理念和教育目标作为教师专业发展的基本目标，并要求本校教师充分理解，以此为指导，在工作中充分体现和贯彻学校的教育理念和教育目标。同志社大学的办学精神以“良心教育”为基础，以培养有良心地、能够有效使用知识和能力，对社会有贡献的人才为指向。为了实施“良心教育”，在创立之初，大学就提出了以基督教主义、自由主义和国际主义为内涵的教育理念。为了将教育理念具体化，日本同志社大学将教育应该培养的人才像设为五大教育目标：①培养高尚的道德观和丰富的人性，具有宽广的教养，有品格的人才；②培养自立精神与行动力，培养具有批判的、科学的思考力，能够自己发现和解决问题的自立人才；③培养宽容的精神，培养能够接受多种价值观，为世界和平做贡献的人才；④培养终生贡献社会的精神与行动力，培养能够终生探求真理的精神，积极为社会做贡献的人才；⑤培养能够应对国际社会的语言能力，培养具有优秀的外国语运用能力，能够活跃于国际舞台上的人才。

2．培训内容

哈佛大学德雷克•波克教与学中心的培训内容包括课程设计（syllabus design）、教育技术（teaching with technology）、讲座（lecturing）、课堂多样化（diversity in the classroom）、评价和反馈（grading and feedback）、引导讨论（leading discussions）、职业规范（professional norms）和教学档案（teaching portfolios）。由此看出，哈佛大学注重教师的各种教学方法和技能的习得。

普林斯顿大学麦格劳教与学中心将服务划分为教师培训、研究生培训、本科生培训、英语语言培训、校外教师培训和虚拟图书馆几大板块。

耶鲁大学媒体与教学改革中心提供以下服务：使用创新性媒体提升耶鲁的教学水平；电子化管理系统辅助教学；设计开发公共学习环境系统（包括提供网络公开课程）；为教育技术创新提供咨询。

哥伦比亚大学哥伦比亚新教学媒体中心为教学人员提供的服务主要包括：提供教师所需的教学工具和资源；帮助教师熟练使用信息技术和教学策略；促进课堂内外技术支持的教与学方法的革新。

杜克大学教育技术中心提供的服务包括咨询、资助、合作、培训、资源开发。其中培训内容包括：有效使用学习小组；有吸引力的课堂演示；使用“黑板”（blackboard）满足课程需求；为高质量学习进行课程设计；在课程中使用在线活动；杜克大学的可视化资源；iPads入门；使用技术，如RSS，Evernote，和在线书签有效管理信息；有效使用学生电子档案。

密歇根大学学与教研究中心的培训内容主要包括教学策略、多文化教学、教育技术、学习评价、教学评价与研究。

美国高等教育学者巴巴拉•格罗斯•戴维斯在《教学方法手册》[①]一书中，重点论述了课程启动、讨论策略、讲课策略、合作学习和体验学习的策略、激发学生学习动机、测试与评分、教学媒体与技术、运用评估改善教学、课外教学和课程结束等学习内容。

日本立命馆大学的研修内容，主要包括六大部分。①学习活动设计。具体内容与要求为理解一般性的教与学理论；能够设计符合学生学习规律的课程；能

① 巴巴拉•格罗斯•戴维斯．教学方法手册．严慧仙译．杭州：浙江大学出版社，2006：5.

够设计以学习者为中心的教学活动；能够正确确定和表述以学习者为中心教学的目标；在学习者中心的教学中，确定正确的评价观点，能够正确选择评价方法；能够设计使学生能够进行能动学习的教学。②教学活动实施。具体内容与要求为理解为了实施学习者为中心教学的教学策略与技术；理解支持学生学习的各种方法，并在教学活动中有效应用；能够针对学生的学习情况，灵活调整教学活动；具有与学生共同学习的积极性；积极地将本学科的调查研究、实践过程以及最新的研究成果引入教学之中；能够实施能动性学习的教学活动。③教学的质量保证。具体内容与要求为能够评价不同教学策略的教学效果；能够进行客观、严格的成绩评价；能够有效地把对教学效果的评价结果反馈给学生；能够反思与改善自己的教学实践；能够评价产生能动性学习的教学。④有效学习环境的开发。具体内容与要求为促进学习共同体的形成；能够应用各种教学媒体，创设有效的学习环境，进行学习支持；能够开发进行学习支持的工具和环境。⑤自我持续发展。具体内容与要求为应该尊重学生的多样个性；努力设计与持续开发自己的职业生涯；作为教师团队中的一员进行工作；时常努力学习高等教育与教学法的新知识。⑥立命馆大学所要求的特有能力——对于立命馆大学教学的理解。

作为提升教育质量活动的一环，同志社大学将教育活动的行为规范编成《同志社大学教育行为准则》，并将教师需要研修的主要内容写入其中，要求教师在教育教学过程中，应该持有作为教育专家的自觉。①不断研究教育方法和内容，提高教育教学能力。②研究如何实施适切的教学活动以及进行公正的成绩评价。③修炼与从事教育工作的专业人士相称的言行。④应该尊重学生的人格与人权。

三、大学教师教学培训方式

有了理念、目标和内容，达到目的的方式就很关键。考察国内外学校教师发展的具体实施方略，如何促进教师专业发展，在操作层面上如何作为时发现，各个学校方法各异、各显神通，既有共性，也有鲜明个性。这些具体做法可以启发教师设计更巧妙、更有效的培训方式。

（一）国内大学教师教学培训方式

目前，我国大学新任教师的入职教育主要通过岗前培训完成。新教师岗前培训的形式主要以集中授课为主，可采取专题讲座、典型报告、教学观摩、课堂教学实践和讲评等形式，[①]还有采用研讨会、教学沙龙等形式的教学研修。

1. 大学教师岗前培训的目标

《高等学校教师岗前培训暂行细则》第一条规定，高校教师岗前培训的目标是使新教师更好地履行教师职责。[②]具体而言，包括以下几方面的内容：

1）学习高等教育法，使青年教师了解教育法规的基本知识，进一步树立依法从教的观念，成为懂法、守法、护法的人民教师。

2）学习高等教育学，使青年教师了解高等教育学的基本理论，拓宽教育视野，初步确立科学的教育观念，掌握从事高校的教学、德育及科研等工作的基本知识。

3）学习高等教育心理学，使青年教师掌握高校教育工作所必需的心理学知识，了解大学生的心理特点，熟悉教育活动中的心理现象和规律，提高教育教学工作的技能和水平。

4）提升职业道德修养，使大学新教师明确教师职业道德修养的意义，掌握大学教师在教育活动中所应遵守的基本道德规范以及加强教师职业道德修养的主要途径和方法，在提高思想道德认识的基础上，在今后的教学过程中，自觉践行，做好工作。[③]

2. 大学教师岗前培训的内容

《高等学校岗前培训暂行细则》规定，新教师必须学习 110 学时的理论课程，岗前培训工作的内容以《高等学校教师岗前培训教学指导纲要》为依据，包括高等教育法规、高等教育学、高等教育心理学、高校教师职业道德修养四门教育理论课。[③]“高等教育法规概论”包括教育法原理，教育法规的内容结构与体系，教育法规的制定、实施与监督，讲解“教育法”“教师法”“高等教育法”等。“高等教育学”包括高等教育活动、高等教育体制、高等教育运行机制、高等教育观念等。“高等教育心理学”包括心理学与高等教育、心理学与高校教学工作、心理学与高校育人工作等。“高等学校教师职业道德修养”包括大学教师应有的高尚师德，大学教师的基本职业道德规范，大学教师职业道德修养的途径和方法等。

以上培训内容的基本框架主要是从纯理论的学科角度出发设计的，而不是

---

① 欧阳长青．论高校新教师的入职培训．教育与现代化，2003（2）：72-73.

② 邓建国．高等教育大众化的理论与现实研究．湖南师范大学硕士学位论文，2003：8.

③ 国家教委．国家教委办公厅印发《高等学校教室岗前培训暂行细则》和《高等学校教师岗前培训教学指导纲要》的通知 .http：//www.law-lib.com/law/law_view.asp?id=64159.[2012-03-05].

基于现实问题和教师的工作实际思考的。在培训的具体实施过程中，难免出现低效的培训效果，参训教师难免出现不满情绪。培训者必须坚定一个原则，即这类培训绝不是高等教育专业领域的“做学问”“搞科研”，也不是从理论到理论的思辨空想。非高等教育专业的所有大学教师所需要的高等教育方面的、具有可操作性的、实用性的、理论联系实际的学习内容，才是最有效的内容。因此，从教师的工作和学习需求的视角出发，做认真细致的学习者需求分析，合理恰当地选择研修内容，是培训者必须做好的工作。

3. 大学教师岗前培训的形式和方法

1）集中课堂授课主要指为完成高等教育学、高等教育心理学、高等教育法规和教师职业道德修养四门课程的理论学习，一般由资深专家或在教育理论方面有较深造诣的教师担任。①

2）专题讲座主要讲授校史、校情、校规以及优秀教师成长历程、优秀人物不平凡经历等各类专题。②

3）教学观摩：邀请教学效果好的在职教师讲授观摩课；同类课程的青年教师相互观摩听课或在培训班中推选出 1 ～ 2 位学员进行示范讲课，请专家点评。

4）课堂教学实践和讲评：通过新教师在课堂中的模拟教学，其他教师进行点评，从中找出不足，并有针对性地进行改进和完善。

5）教师培训工作坊：教师在单位时间内，不仅需要大量输入信息，而且还要积极输出信息，教师在协作与参与之中，动手做事，完成培训任务，交出作业，并与大家分享、研讨和总结。

从以上所列的培训方式可以看出，目前大学教师培训方式既缺乏具有满足教师个别需求的培训元素，又缺乏直指提升新任教师教学实践能力的帮助，更缺少具有良好研修效果的能动性学习，自主学习，小组学习等主动研修方式。今后应该加强对教师教学执行力方面的培训，增强教师相互之间的互动研修。

4. 考核形式

考核是检验学习成果和促进学习的重要手段。一般而言，岗前培训的考核以闭卷考试为主，兼顾学习作业和教学实践锻炼等方面，主要是通过闭卷答题的方式，考核四门理论课程，合格者由省市级师资培训中心颁发合格证书。

---

① 赵春玲．谈高校教师岗前培训与素质教育．河南机电高等专科学校学报，2000（6）：106-107.

② 聂伟进．试论青年教师岗前培训对于教师职业专业化的功能．江苏技术师范学院学报，2005（6）：15-16.

实践教学工作由院、系相关负责人把关，考核意见由院系拟出，院系领导审核确认并盖章，考核结果记入个人档案，作为教师资格认定和职务聘任的依据；发放问卷，了解新教师对学校、教师职业、工作岗位的认同程度，考察他们对岗前培训的直接感受和建议，以便今后加以改进。另外，院系还要考核新教师的实际教学能力，如课堂组织能力、语言表达能力、板书能力等。一般采取课堂演示的方法，要求新教师面对专家组讲授15分钟的微型课，以便帮助新教师提升实践能力，因为决定教师教学效果的重要因素是教师的教学能力，而非只是记在大脑中的客观知识。

其实，新任教师在教师专业发展方面的探索与精进，并非只从外部的压力而来。教师自身的内部动机的提升是成为杰出教师的最重要因素。如果研究教学行为、教学效果以及关心学生的学习能够成为教师自觉的职业活动，新任教师就真正有前途，有发展。教师的研修过程的重要性远远大于教师研修的各种考核，考核只是手段，而非目的。新任教师应该从研修的活动过程中要研修效果，增长大学教学的真能力、真本领。

（二）国外大学教师教学培训方式

哈佛大学德雷克·波克教与学中心的培训方式包括研讨会、讲座、博客、学科带头人互助网、系内互助、新教师培训（每年8月份、为期3天，介绍哈佛文化和课程细节问题，如成绩评定、纪律管理程序、学生特征等）、优秀教学奖项、微格教学、基于活动的学习课程和案例教学、课堂录像、课堂观察和咨询、制作名师授课的DVD等。

普林斯顿大学麦格劳教与学中心在职教师培训包括教学一对一咨询、新教师半天指导、午餐时间圆桌讨论（午餐会）和虚拟图书馆和学者教师博客。

哥伦比亚大学哥伦比亚新教学媒体中心的培训方式包括介绍性展示、工作坊、课程管理系统（CourseWorks@Columbia）的使用、师生互动的维基空间、课程之外的网站、项目设计和开发方法。

杜克大学教育技术中心提供的培训形式包括定期工作坊和活动（scheduled workshops and events）、常规培训课程（custom training sessions）——小组讨论、办公室个别拜访（office visits）、教学咨询（consultation），需由教师通过电子邮件提出申请。

密歇根大学学与教研究中心的培训方式包括教学评价（evaluation and assessment）、

多样化和文化多元性(diversity and multiculturalism)、戏剧(theatre)、教学技术(instructional technology)、研究和传播（research and dissemination)、校园内的协作（collaborations across campus）和教与学方面的国家项目（national projects on teaching and learning)。

四、美国各大学的教师发展活动

随着美国大学教育从精英化走向大众化，以及学生学习方式的改变，大学教师的教学活动承受着越来越大的压力。例如，针对学生兴趣的变化，大学教师被迫改变教学内容，以职业性的课堂训练逐渐取代了理论性的逻辑知识，从而满足学生的实际需要，为他们将来的就业做准备；教师需要调整教学方式，在课堂上灵活使用信息技术工具或多媒体设备；教师还需要重新设计课程内容，注重培养学生对知识的整合能力以及解决实际问题的能力，将网络教育和传统的课堂教育巧妙地结合起来。由此，美国最早提出教师发展（faculty development）的概念，各校采用的方式各有不同。这些方式包括模拟教学、教学讲座和讨论、教学咨询、教学档案袋、教师发展工作坊、教学改革实验小额资助、收集学生对教师反映的意见等。[①]例如，新泽西州的高等教育管理当局通过多方努力在全州推行教师发展计划，在所属州立高校建立大学教学与学习研究所。教师培训的计划包括成立教师发展委员会、建立教育研究中心、进行周期性轮训、通过非正式渠道改进等，这些项目是出自于教师的内在需要，而不是由于教育管理当局或别的什么机构的强制性要求。[②]

2015 年 7 月 19 日至 8 月 1 日，北京师范大学派出高校综合改革赴美培训团。在教师专业发展方面，培训团走访的各校几乎无一例外地充分重视教师发展工作，每校都设置了教师发展中心，主要采取两种方式展开工作：一种是集中举办各种研修活动；另一种是新老教师结对子的方式。一般采用研讨会、培训班及网上研修等方式，帮助教师提升教师力。特别需要提出的是，各校都将教师发展的工作重点集中在新任教师的培训上。并且，各大学多采用自下而上的策略，教师需求在先，而非上级下达指令。乔治・梅森大学设有卓越教师中心，以教师自愿为前提，而不是强制必须参加。

弗吉尼亚大学与新任教师签订 7 年的合同，新任教师只有在教学中证明自

---

① 潘懋元. 大学教师发展与教育质量提升——在第四届高等教育质量国际学术研讨会上的发言. 深圳大学学报（人文社会科学版），2007，24（1）：23-25.

② Forman，Marshall. The Faculty That Stays Together Grays Together：The Faculty Development Movement. Princeton University. NJ：Mid-Career Fellowship Program，1989.

己的实力才能获得终身教职。学校教务长负责提升教师的教学能力和科研能力。各学院采取“导师制”培养新教师，副教授以上教师可以担任新教师的导师，使用配对子的方法，指导新教师如何教学、如何搞科研，使其有明确方向地进行研究，教授也会给新教师提出建议。

如何解聘新教师？新教师上课满 6 年，学生打分评教，同行评估组提出报告，另外，还需要考察新教师出版的研究成果，最终由教务长认定是否授予其终身教职。在新教师中，只有极少数人未通过，可以进行上诉。

弗吉尼亚大学设有教学资源中心（teachinng resource center，TRC），该中心是一个大学社区和致力于研讨各层次各学科教学的综合中心，从学校层面上对教师发展进行支持，对新教师教学进行指导。其主要工作项目包括帮助教师撰写反思教学报告；帮助学生参与大型人文讨论的方法，如何撰写成功的标书；促进混合式技术的课程；教学方法指导；教学需要考虑的问题（每学期印刷）；指导新任教师上好第一节课（每年 8 月，工作坊）；如何制作教学档案；管理者的指导；评价学生的学习；口音修正服务，等等。

乔治·华盛顿大学设置了教与学中心，主要采取以下措施帮助教师提升教师的教学能力：新教师试讲，专家教师反馈；对助教进行辅导；设置教改基金，为教师立项；引进校外经验，办讲座；注重团队发展，建立了老教师传帮带的导师联系制。每年 8 月，大学既对新教师进行集中培训，包括对如何申请研究项目进行指导，又对未来大学教师进行指导，对在校博士生进行职前教师培训。

乔治城大学同样设有教师发展中心的机构，主要任务是帮助教师设计课程，编写教学大纲和教学方案，由资深教师通过配对子对新教师进行辅导。学院也负责对新教师的辅导，帮助新教师顺利度过最初的 7 年时间，最终获得终身教职。

尽管美国在教师专业发展领域已先行一步，但它的效果还没有达到令人满意的地步。当前，美国大学教师专业发展也面临着困境，政府对大学的所作所为并不十分满意。美国政府对大学教师过分强调研究而忽视本科生教学的现象也普遍表示不满。他们调查了教师的整体工作量，并且已经考虑按课时计算教师的薪水。[①]关于教师教学准入标准，弗吉尼亚大学等被走访学校目前还未制定此类标准。但是，该校教育学院副院长 Justin 教授在与培训团成员座谈时指出，大学应该有此类标准，这可以使刚入职的新教师既有一个学习提高的过程，又有一个努力的方向或目标。他认为，有一件很滑稽的事情，即培养中学教师需要花很长时间，

① 熊华军，丁艳. 当前美国大学教师专业发展面临的困境. 比较教育研究，2011（3）：27-31.

而大学教师却没有教学工作的入门要求或标准。弗吉尼亚大学前副校长 Leonard Sandridge 教授在为培训团作报告时提出，教师教学的准入标准应该包括能够对应学生的变化，掌握不同的语言，谙熟多种教学方法，了解学校的办学理念。学校对新教师进行培训后，新教师如果讲不好课则需要返回培训项目重修。

五、日本大学的教师发展活动

京都大学和立命馆大学为了促进大学教师专业发展，不仅致力于教师培训方式的研究，还拓宽思路，突出重点，从多个方面在教师发展领域进行积极探索，形成了各自具有独特风格的教师发展路径、实际的运营方式，以及各种具有创新性和针对性的教师发展活动。这不仅促进了大学师资开发，而且对中国同行很有启发。从广泛的意义上讲，教师发展活动是指提高教师履行其职责的素质，更好地开发教师资质，最大限度地发挥大学各项职能的活动。从狭义来讲，它是指提高教师的教学实践、课程把握和教学技能的活动，其最终目标是促进各科的教育内容和教学方法的改善，提高教学质量。

（一）京都大学的教师发展活动

京都大学高等教育研究开发推进中心是日本政府指定的全国七个国家级教师发展示范中心之一，并获得了政府特别经费项目——“建设促进大学教师教育研修的互动研究型教师发展示范中心”的支持。其主要目的是实现优质教师发展研修资源的共享，该中心高等教育教学系统研究开发部门，主要承担大学教师专业发展的研究和实施工作，具体从事三项活动：一是研究开发活动；二是教育活动；三是网络化活动。就京都大学高等教育研究开发推进中心的工作主旨而言，其十分关注对教师发展的科学研究，而不仅仅停留在举办一些培训活动的层次上。

1. 研究开发活动

（1）大学教学与教师发展研究

第一，公开实验教学和教学观摩的教学研究与互动研修。以京都大学教师为主，全国大学教师和大学教学研究者在共同参与的公开实验教学结束之后，召开教学研讨会，为教师提供一个研讨大学教学的机会，公开实验教学所积累的教学数据，将用于教学方法和评价系统的开发之中。这样，在教育实践、互动研修和教育研究的过程中，他们可以研究大学教学的各种各样的问题。在大学的教学观摩项目中，全校共有 70 余门课程可供观摩，教师可对各个专业和不同年级的教学方法和存在问题进行研究，探索各个学部教学改革之路，以及如何支持各个学部的教师专业发展工作，进而将各学部举行的公开教学活动和研讨会，以及公开教学的论坛，扩大到全校规模。

第二，利用信息技术进行互动研修，开发教学研究的系统。大学教师的学习共同体不仅可以面对面，还可以扩展到互联网，更可以超越时间和空间的制约，进行有效互动。由于与面对面的交流方式不同，改善教学的方法也就会有所不同。另外，面对面的教学与在线教学如何进行有效的衔接，是今后需要研究的课题。为了形成一个能够将各个学校和部门的改善教学的各种活动、教学研究和各种观点组合起来的共同体，该中心在互联网上开发了“大学教育网络”的互动平台（Mutual Online System for Teaching and Learning，MOSTL）。这个互动平台可以帮助大学教师十分便利地完成许多促进专业发展的活动。使用多媒体档案袋可以将教师个人在教学实践中教学改革活动可视化、共享化。在大学教学数据库中，教师可以公开自己的教学实践案例，为他人提供教学研究和教学改善的资源，积累在大学教育研究论坛上发表的研究成果，做成档案资料。

第三，为研究生开设教育实践研修班。这个研修班主要是为立志今后从事大学教育工作的本校研究生、进修生（也包括青年教师）提供能够提升教学能力的机会。研修过这类课程的学习者反馈，它不仅扩展了思考大学教育的视野，还可以与其他研究生建立人际网络等。2008 年，接受了以往参加者的建议，在面对初学者的基础课程（basic course）之上，该校又为参加过此课程的、已有大学教学经验的人员开设了高级研修班（advanced course）。研修班的主要研修活动包括中心教师开办的讲座、小组讨论、体验工作坊、公开模拟教学和研讨会等。在研修结束时，学员可以得到由校长签发的结业证书。

第四，文学研究科职前教师专业发展项目。以上的研究生教育实践研修班是针对全校研究生开设的，而职前教师专业发展项目主要是针对特定院系展开工作。这种“送货上门”的配送式工作方式，根据不同学科的具体需求，为各个单位提供专门的服务，在关注具体单位需求的同时，也可以顾及其他单位，实现资源共享，使工作效益最大化。2009 年，该中心针对由文学研究科待业博士（over doctor）组成的大学教师的预备群体，开设了职前教师专业发展项目。为了相互促进、共同提升教育力，文学研究科的待业博士可以在文学部的思想文化系、现代文化学系、行为文化学系里承担教学工作。所有的教学活动都是公开的，每次教学活动结束之后，项目成员都召开研讨会，相互之间对教学内容与教学方法进行积极的意见交换。讲授教学公开课的待业博士参加研讨会和最后的研修会之后，可以被授予由校长签发的证书。近年来，大学教师的教育力受到高度重视，但是，在大学教师就职之际给予实实在在的支持，除了京都大学，在日本国内还找不到第二例。该中心重点办好最后阶段的研修会，对该项目给予支持。

第五，科学传播者项目。该项目是为京都大学内已经取得博士学位的青年研究者设立的。青年研究者设计与自己研究主题相关的教学活动，面向全国大学发出讲课通告，既可以前往有需求的大学进行外送教学，也可以在京都大学举办开放教学，其他大学的学生还可以前来听课。由于这个项目向他人讲解研究的意义和重要性，以及反复地进行教学活动，青年研究者的传播能力、设计能力以及共享能力都得以提升。2010 年度，共有 16 位青年研究者参加了此项目，在 46 所学校设坛讲课，共有 82 所学校提出申请，各个学校有很高的参与积极性。青年研究者需要参加预备会、事前研修和实施报告会，提交教学设计方案，在参加所有活动之后，可以获得结业证书。在课前研修的过程中，他们通过模拟教学和研讨，与不同专业的青年研究者交流沟通，可以加深对自己的研究内容和教学活动的理解。

第六，校内各院系协作教师发展活动。作为互动式研修型教师发展活动的一部分，该中心通过与各个院系互动合作，对各个院系的教师发展活动进行有效支持，例如与工学部的新工学教育项目合作，在工学部设计和实施了教学调查、毕业研究调查、毕业生毕业时的调查等。该中心还将学习成绩的数据进行综合分析，并进行追踪调查，以实现更加深入的调查。为了使这些调查结果能够在改善教学方面发挥积极作用，每年都召开“工学部教育研讨会”，作为中心与工学部教师实现资源共享、直接讨论的平台。另外，该中心按照请求，为各个院系提供关于教师发展研讨会和演讲会的各种信息。京都大学各个院系一般是通过教师职业发展研究委员会与中心协作，推进教师专业发展的各项工作。

第七，关西地区教师发展联络协议会，教师发展网络代表会议。从 2008 年开始，关西地区教师发展联络协议会的会员校相互协作，共同举办演讲会和研讨会。通过这类协作，各大学获得了相互交流的机会，能够建立多视角考察问题的方法和进行信息共享，进而能够根据各个大学自身的情况，进行教师发展的各项活动。这类地区性网络在全国范围内日益增加。因此，京都大学教师发展中心于 2008 年开始，每年举办一次日本教师发展网络（Japan Faculty Development Network，JFDN）会议，进行信息交流和教师发展网络运作方式的讨论，以及研究如何建成这样的教师发展网络。

（2）大学教育评价研究

从课堂教学这样的微观活动，到大学这样宏观的教育单位，不论是在过程之中，还是在结束之后，只有对教育活动进行有效评价，才能有效地改善教育活动。并且，评价方法本身也必须不断地加以改善。因此，需要对教育评价系统的方方面面进行研究与开发。

第一，对教育评价的研究与支持。该中心对学校教育工作进行了多项调查，积累了很多有关教育评价的研究见解和如何评价的具体方法。据此，该中心可以在成绩评价、教学活动评价和学生调查的方法上提出建议，并在实施方面提供支持。在校内，作为院系协作教师发展的一环，该中心在帮助进行教学问卷调查和学生调查活动的同时，还可以为院系提供在职前教师发展和新任教师研讨会等活动中所调查出来的信息。该中心还通过关西地区教师发展联络协议会的研究工作小组——教学评价研究族群，以教学问卷的方式收集信息，并共享信息。

第二，对组织评价的研究。该中心的自我评价及外部评价，并不只是评价活动的实施，还是一个进行评价研究的实践领域。在对组织进行评价的实际活动中，不能只是进行总结性的描述和一次性的评价，而应该是评价者与被评价者进行相互作用，使组织可以获得日常性的、可持续性的发展，为此而提出新的评价理论和评价方法。这有利于下次的自我评价和外部评价。例如，在关西地区教师发展联络协议会召开大会时张贴海报，将各大学的教师发展活动的报告会作为同行相互评价的有效机会，也是教师发展评价的重要一环。该中心追踪这些评价的实践情况，参考二次循环的大学评价方式以及近年来比较普遍使用的制度研究（institutional research）等发展动向，积极研究组织评价的方法。

（3）远程教育与 E-learning 研究

随着信息技术的不断发展，大学教育不仅采用面对面的方式教学，而且借助信息技术进行远程教学。目前的当务之急是既要研究传统的大学教学与 E-learning 如何实现无缝链接，在大学中进行远程教学的具体方法，还要研究如何形成学习共同体。

第一，京都大学与庆应大学共同举办研讨班。京都大学高等教育研究开发推进中心与庆应大学井下理教授的研究班进行协作教学。课程名称为“教育与交流”，是为全校学生开设的公共课程。各个大学都实施研究班的教学，在教学之外，可以使用互联网进行互动，在教学结束时，进行两夜三昼的集体合宿活动。

第二，“京鸣”虚拟教育大学项目。这是一个京都大学与鸣门教育大学共同进行的远程教学项目。京都大学一侧的课程名称为“远程教学实习”，使用电视会议系统、视频聊天系统、网络论坛等方式，将京都大学与鸣门教育大学相连接，为两校师生创设了一个相聚的空间，对于远程教学进行研讨。

（4）大学生研究

为了改善与发展大学教育，有必要深入地研究大学生，例如作为学习主体的大学生的学习、大学生活、未来发展设计等。将研究大学生的成果与大学教学、大学教师发展、新任教师教学研讨活动相整合，能够促进大学教学质量的提升。

为此，该中心进行了关于大学生的学习与成长的研究，主要针对大学生在课内和课外是如何学习的，何种学习和生活方式会使学生成长，用何种指标衡量学生的成长，学业与职业意识是否相关等问题，进行实证性的数据收集和研究，并将研究成果反馈于教学现场。该中心进行全国大规模大学生调查，将所调查的结果用于教学现场的研讨，自 2008 年开始，与公益财团法人电通育英会共同举办“大学生的职业意识调查”以及“大学生研究论坛”。自 2011 年起，该中心改与东京大学综合教育研究中心联合举办“大学生研究论坛”。

在国际化的、以知识为基础的社会和学习型社会里，在学习知识的同时，培养以问题解决能力和沟通能力为主的基础能力成为大学教育新的研究课题。今后，在大学生研究方面，应该加大力度研究培养学生基础能力的能动性学习模式。

2. 教育活动

（1）开设本科生课程

2010 年，该中心为学校开设公共课“生活习惯与教育”“现代青年心理学”“自我形成心理学”“学力、学校和社会”“教育评价基础”等。通过这些课程，该中心践行了京都大学提升学生教养的理念——高水平通识教育，并且，将这些课程作为研究的对象。除此之外，该中心还为教育学部开设专业课程“教育心理测量开发实习”，提供京都大学国际教育项目——“今日日本的大学与大学生”和“青春期中的自我形成”。

（2）开设研究生课程

该中心与研究生院教育学研究科共同开设高等教育开发论课程，培养大学教育研究者。2010 年，其开设了“高等教育开发论研究”课程，实施“高等教育论专题研讨班”“高等教育文献讲读专题研讨班”等。于是，学生既可以理解进行大学教育研究的基本知识，掌握收集和分析大学教学实践的资料与数据的方法，又可以得到学术研究方法的基础训练，还可以针对大学教育学新的学术范式进行深入研究。自2009年，该中心的教师采取轮流的方式，针对硕士研究生讲授“高等教育开发论基础”，进行有关大学教育基础的教学。另外，每年夏天，该中心还邀请活跃在大学教育第一线的研究者，采取集中讲授的方式，开设高等教育综合实习课程。

3. 网络化活动

（1）特别经费项目（2008—2012年）

京都大学高等教育研究开发推进中心从2008年开始，获得日本文部科学省特别经费的资助，实施“建设促进大学教师教育研修的互动研究型教师发展示范中心”项目。这个项目是以高等教育全球化与大学教师发展的制度化、规范化为背景，大学之间协作运营，共同进行教师发展和教学改革等项工作。该项目所强调的互动性内容从初期的教师与学生的互动、教师之间的互动，逐步发展为组织机构之间（部门之间、大学之间）的互动性。

（2）互助研修型教师发展的共同利用中心

为了举办能够适应社会变化和学生需求的高质量高等教育，应该积极推进充分利用各大学所拥有的人力和物力的资源，将高等教育作为整体，进行多样和高水平的教育教学活动。为此，文部科学省于2009年9月创立了教育关系共同利用中心的认定制度。于是，京都大学高等教育研究开发推进中心被批准成为教育关系共同利用中心，并将该中心命名为“互助研修型教师发展的共同利用中心”。

这个中心的各项活动是基于互动研修型教师发展的基本理念而推进的。互动研修型教师发展是指各种教育组织和教师个体，按照各自的工作思路，充分发挥主体性，进行日常的教育教学改革，并且通过教育组织之间的协作和教师之间的相互学习，展开有组织的教师发展活动。作为促进教育教学改革和教师发展的中心，该中心成立了中心运营委员会和中心专家咨询委员会，主要在校内、区域、全国和国际等四个方面进行协作。其主要工作包括：①设计和举办教师发展活动。有组织地提供教师发展咨询活动，构建各种讲座、工作坊、研讨会等。②开设教师发展咨询窗口。对于各大学所提出的请求以及关于教师发展的各种问题，提供信息支持，派遣专家或介绍专家。③支持教师、大学以及教师发展网络。针对教师个体、大学和教师发展网络，构建教师发展支持体系。④为教师发展提供在线环境。建设为热心教学改革和专业发展的大学教师形成共同体，支持资源共享的网络环境。⑤做好教师发展活动的信息发布工作。通过互联网等多种媒体，及时发布举办教师发展活动的预报信息，对国际国内的教师发展动态和教学改革的实际情况进行调查研究，收集各种资料，共享各种论坛和研讨会上所公开发表的成果以及更加广泛的信息。⑥对互助研修型教师发展进行研究。对互助研修型教师发展的理论和实践进行研究，并将研究成果广泛传播，可以促进互助研修型教师发展的普及，进而推动教师发展研究的发展。

（二）立命馆大学的教师发展活动

立命馆大学是地处日本京都的一所知名的私立大学。为了学校的生存，为了吸引更多的学生入学，日本的私立大学更加重视学校教学质量的提升，更加重视教学工作和人才培养，试图用优秀的教学服务立名立校。因此，私立大学大都十分重视教师专业发展的工作。

1．立命馆大学教育开发推进机构——教育开发支援中心独立的活动

1）针对新任教师的教师发展项目。包括：①观看视频点播（video on demand，VOD）教材并提交学习报告；②参加工作坊（使用教学评价指标，微型教学等）；③制作教学档案袋；④工作午餐会及个别咨询；⑤为日本私立大学教师发展论坛（Japanese Private University Faculty Forum，JPUFF）会员校提供 VOD 教材。

2）举办教学实践论坛、工作坊。包括：①使用教学问卷进行调查的具体事例；②对研究生进行社会人的教育；③高中与大学的衔接；④一年级学生的教育项目；⑤留学生与日本学生相互学习；⑥使用英语教学的秘诀；⑦同伴支持；⑧对留学生的教育与研究指导；⑨有关教师发展的国内外调查报告；⑩各院系教师发展活动的交流；⑪ 国际研讨会。

3）关于教师发展的宣传。包括：①发行教师发展中心的新闻薄；②使用网站提供信息。

4）有关教育开发与改善的研究活动。包括：①发行“高等教育研究”纪要；②派工作人员作为讲师参加各种演讲与研讨会。

5）运营与管理强化教育力的 6 亿日元预算。包括：①各院系可以在改善教学时申请经费；②调查国内外教师发展时申请经费

6）举办由各学院副院长参加的教师发展座谈会。包括：①介绍教师发展中心的情况；②各个学院之间交流教师发展活动的情况。

7）举办校长、副校长、学校主要负责教学工作的常务理事参加的座谈会。

8）教学观摩与评课交流。

9）学生教师发展工作人员，负责组织：①学生心目中的教师访谈；②学生教师发展小组长会议；③发行学生教师发展的报告。

10）组织召开教师发展相关机构的会议。包括：①国际教育发展联盟（International Consortium for Educational Development，ICED）；②日本大学补习教育学会；③京都地区大学教师发展论坛；④关西地区教师发展联络协议会；⑤近畿地区大学教育研究协议会。

11）教材与教学开发。包括：①一般技能教育与学术技能教育；②写作指导。

2. 对校内各学院教师发展活动的支持

1）咨询，提供与教师发展有关的信息。

2）共同研讨和分析通过学习的实态调查所获得的结果。

3）向各个学院派遣教师发展活动的讲师。

4）提供各种教师发展活动的信息。

5）应用 ICT 进行教育活动。包括：①运用网络课程工具，学生电子档案袋系统；②教学问卷系统；③提供应答器帮助。

6）教学问卷调查结果的反馈。

7）高年级学生教学助理（educational supporter，ES）。包括：①学生教学助理培训；②学生对教师的教学给予反馈。

8）其他还有：①检查各个学院人才培养目标与方针；②协助各个学院制定课程地图与课程树图；③检查与总结大学大纲；④协助各个学院筹划制定重要计划；⑤实施基础学力诊断测试；⑥帮助学生写作、帮助学生学习数学、物理和化学的学习支持中心。

3. 今后的工作任务

今后的工作任务主要包括：①进行教师发展收集和积累的工作，收集和介绍优秀的教学实践与教师发展活动；②把握和研究慕课的发展动向；③在三大校区进行教师发展活动。

日本的教师发展制度成为大学发展与改革的重要内容，并通过国家文部省的积极推进正在被义务化。从日本目前教师发展制度的推行来看，其更多地指向后者，即为提高每位教师的教学能力而采取的一种组织化活动。其主要特点是倡导各项教学的改善和教师教育力的提高不能只依赖教师的努力，大学应该以全校或院系为单位，开展有组织的研究、进修活动。教师发展制度在各大学的运行，主要内容构成有教育改革研讨会的举办、学生的教学评价询问调查、公开授课和研究会的推进、教师教育进修的实施、教育改革中心的设置等。[①]从教师发展制度的目标和构成来看，其核心和特点是唤起大学更多地关注教师的教学能力，树立教师专业发展意识，并通过教师发展计划的制度化和义务化，建立促进大学教师专业发展的共同体，即依靠校本培训有组织地促进大学教师专业发展，依靠教育援助机构有力地促进教师专业发展，依靠第三者评价和有组织的教育知识的专业学习，有保障地促进教师专业发展。其中，关注大学教师教育能力的发展，努力促进大学教师专业发展的共同体的建立是教师发展制度最核心的价值所在。但是，日本大学在教师管理体制上长期存在偏重研究力、采用终身制、没有明确的教师评价制度等问题，因此，旨在促进教师教育力发展的教师发展计划在推行中困难较大。

六、促进大学教师专业发展的国际组织

1974 年，美国高等教育教师专业与组织发展协会（Professional and Organizational Development Network in Higher Education，POD）宣布成立。1977 年，美国成立了全美教师、专业及组织发展协会（National Council for Staff, Program，and Organization Development，NCSPOD）；2007 年，该协会更名为北美教师、程序和组织发展委员会（North American Council for Staff，Program and Organizational Development，NCSPOD）。以上两个专业协会一边进行实践经验的交流，一边对高校教师发展进行理论研究。1975 年，威廉·伯奎斯特（William Berquist）和史蒂文菲利普斯（Steven Philips）出版了三卷版的《高校教师发展手册》；1988 年，罗伯特·门吉斯（Robert Menges）和克劳德·马西斯（Claude Mathis）出版的《教学、课程和高校教师发展的重要文献》（*Key Resources of Teaching，Curriculum，and Faculty Development：A Guide to the Higher Education Literature*）介绍了高校教师发展（包括教学和课程发展）方面的 686 篇著作和论文。其中，高校教师发展的专著就有 100 余部[②]。

应该说，这些理论研究和经验交流有效提升了美国高校教师的专业水平。而目前我国在高校教师专业发展方面的研究专著却很少，有的也只是工作经验的总结，未能形成系统的理论体系和框架，导致大学教师教学培训模式长期难以创

① 孟凡丽．日本促进大学教师专业发展的 FD 制度及其启示．高等教育研究，2007（3）：58-62.

② 邓俊熙．基于多维学术观的高校教师专业发展研究．中南民族大学硕士学位论文，2012.

新。从理论上深入研究我国高校教师发展的特点和规律，对推进我国高校教师发展工作十分重要，因此，迫切需要大力开展这方面的研究。

1993 年，在英国牛津，葛兰姆·吉布斯（Graham Gibbs）主持并成立了国际教育发展联盟（International Consortium for Educational Development，ICED）。ICED 的宗旨是促进全球高等教育的教学、科研发展。ICED 的主要目标是：通过分享优秀实践经验、问题和解决方案帮助联盟成员提高发展高等教育能力；增加 ICED 成员的数量；帮助没有此类组织的国家建立国家组织；支持发展中国家的高等教育发展；同其他国家和国际组织保持联系。这个联盟由各国致力于发展高等教育实践的机构构成。ICED 理事会由各国的高校教师发展机构的首长或他们的代表组成，现任主席是 James Wisdom。《国际学术发展杂志》（*The International Journal of Academic Development*，IJAD）是 ICED 的会刊。世界各地的高校教师和研究者可以借此展开辩论并且拓展学术发展的理论与实践。IJAD 每两年出版一期。ICED 每两年举办一次全球学术大会。

第二节　北京师范大学教师培训的发展及现状分析

一、岗前培训的概况

在百年办学历史中，北京师范大学形成了深厚的人文底蕴和重视教师发展的传统。20 世纪 80 年代，北京师范大学率先开展学生评教和教师培训。1987 年，北京师范大学正式开始教师岗前培训，是全国最早开始教师岗前培训的高校之一。

《北京师范大学教师本科教学工作规范》第五条规定，新任教师应参加学校组织的岗前培训，成绩合格后，方可申请主讲本科课程。一年一度的新教师岗前培训是北京师范大学教师培训、培养体系的重要组成部分，对于帮助青年教师了解大学教师的岗位职责和工作要求，掌握教学工作的基本方法，提高适岗能力和育人能力具有重要意义。

每年秋季开学之时，也是新任教师报到之日。在学校主要领导的有效指导下，各个职能部门密切配合，形成培训方案，进而实施新任教师培训。采用的具体培训办法如下。

1）各职能部门向新教师介绍校情，届时各部门主要领导与新任教师见面交流，从人事政策、教师发展、本科教学、组织工作、科学研究、图书信息、网络环境、教师住房等方面向新任教师介绍情况，并参观校史展览馆。

2）各研究领域的专家做有关高等教育学、高等教育心理学、高等教育法、高校教师职业道德法、大学课堂教学方法、职业规划等方面的专题讲座。

3）举办新教师教学沙龙，专题研讨会。

4）校工会组织新教师“认家门”活动，组织新教师联谊活动。

5）自 1991 年，学校举办青年教师教学基本功比赛，以赛促教。

二、受训教师的效果反馈

针对北京师范大学教师入职教育的实践情况，笔者对部分教师进行了问卷调查。调查问卷的标题为《北京师范大学新教师岗前培训与专业发展调查问卷》（附录 一），问卷共分两大部分：第一部分是“您的基本情况”；第二部分是“您对下列问题的主要看法”，包括单选、多选以及主观题三种题型。本次调查共分发问卷 300 份，收回 155 份，其中有效问卷 154 份。从教师对调研大学教学工作问卷的态度，既可以管窥到教学工作在大学教师心目中的地位，也能看出大学教师缺乏对学校的向心力，而多了几分离心力，主要表现在教师对学校工作的漠不关心。

本次问卷的有效回收率只为 51.3%，虽然勉强可用，但还是有近 50% 的教师没有填写问卷，对问卷之事置之不理。有的教师即便是填写了问卷，也能够从问卷上看出其敷衍和草率的态度，特别是一些主观题，出现大量空白，未予以回答。

（一）调查问卷基本情况

在有效问卷中，男教师占 48.7%，女教师占 51.3%。

30 岁以下教师占 7.8%，30 ～ 39 岁的教师占 55.2%，40 ～ 49 岁的教师占 25.3%，50 ～ 59 岁的教师占 11.7%，涉及各年龄阶段的教师，且被访教师与实际的教师结构相接近（附录 十）。

教龄在 5 年以下的新教师占 38.5%，10 年左右教龄的教师占 38.5%，20 年左右教龄的教师占 20.2%，教龄大于 35 年的教师占 2.8%（附录 十）。为了更好地了解青年教师对教学技能培训和岗前培训的需求，故被调查对象较为集中在青年教师群体。

拥有正高级职称的教师占 11.8%，副高级职称的教师占 46.1%，中级职称的教师占 36.2%，初级职称的教师占 4.6%，未定职称的教师占 1.3%。由此可以看出，教师样本以中级职称和副高级职称为主，即各院系讲师和副教授。

教师所在的学科门类以理学、教育学、工学、经济学居多。其中，理学占 38.2%，教育学占 16.4%，工学占 11.2%，经济学占 9.2%。受访教师专业构成与北京师范大学教师所在学科门类的人数比例相接近。

在被调查教师中，博士学位获得者占 78.6%，硕士学位获得者占 18.2%，学士学位获得者仅占 3.2%。因而，在青年教师群体中，博士或硕士等高学位获得者所占比例较大，反映了目前大学青年教师的学位水平逐步呈现高层化趋势。

从毕业学校来看，在被调查教师中，毕业于北京师范大学的占 45.5%，存在"自产自销"的倾向。而毕业于境外的教师仅占 10.4%。由此看来，青年教师在学历提升的同时也出现了知识趋同化，或称"近亲繁殖"的现象，对校外乃至国外的教学新理念和新方法接触有限。在培训过程中，培训者应该关注这方面的问题。

在被调查教师中，从事教学、科研工作的占 77.9%，即专职教师的比例较高，故对教师培训具有较高的参考价值。此外，有 11.0% 的教师是"双肩挑"型（教学、科研、行政）教师，9.1% 的教师从事行政岗位的工作。

（二）教师受训效果的具体分析①

1. 青年教师在工作中所遇困难

（1）对本学校的教育理念、文化和规章制度不熟悉，工作中感到无所适从

有 19.5% 的教师选择该项。其中，7.8% 的教师将该项列为最大困难，1.3% 的教师将该项列为第二大困难，1.3% 的教师将该项列为第三大困难，1.3% 的教师将该项列为第四大困难，而有 7.8% 的教师认为它是工作中的困难之一，但不是排名前五位的困难之一。大多数教师没有选择此项，表明在大多数教师心目中，这一项并非主要困难。

（2）本学科的专业知识不足

有 13.8% 的教师选择该项。其中，2.6% 的教师将该项列为最大困难，2.6% 的教师将该项列为第二大困难，0.7% 的教师将该项列为第三大困难，0.7% 的教师将该项列为第五大困难。而有 7.2% 的教师认为它是工作中的困难之一，但不

① 此部分内容对应附录一。

是排名前五位的困难之一。

（3）科研能力不足

有 13.1% 的教师选择该项，认为科研能力不足是工作中的困难。其中，2.6% 的教师将该项列为最大困难，4.6% 的教师将该项列为第二大困难，2.0% 的教师将该项列为第四大困难。而有 3.9% 的教师认为它是工作中的困难之一，但不是排名前五位的困难之一。

（4）缺乏教育理论支撑

有 21.0% 的教师选择该项，认为缺乏教育理论支撑是工作中的困难。其中，2.6% 的教师将该项列为最大困难，3.3% 的教师将该项列为第二大困难，2.0% 的教师将该项列为第三大困难，2.0% 的教师将该项列为第四大困难，1.3% 的教师将该项列为第五大困难。而有 9.8% 的教师认为它是工作中的困难之一，但不是排名前五位的困难之一。

（5）缺乏教学技能的培训

有 44.5% 的教师选择该项，认为缺乏教学技能的培训是工作中的困难。其中，3.3% 的教师将该项列为最大困难，10.5% 的教师将该项列为第二大困难，5.2% 的教师将该项列为第三大困难，2.6% 的教师将该项列为第四大困难。而有 22.9% 的教师认为它是工作中的困难之一，但不是排名前五位的困难之一。

（6）没有建立指导教师制度，缺乏老教师的传帮带

有 36.7% 的教师选择该项，认为没有建立指导教师制度，缺乏老教师的传帮带是工作中的困难。其中，3.3% 的教师将该项列为最大困难，4.6% 的教师将该项列为第二大困难，9.8% 的教师将该项列为第三大困难，1.3% 的教师将该项列为第四大困难，0.7% 的教师将该项列为第五大困难，而有 17.0% 的教师认为它是工作中的困难之一，但不是排名前五位的困难之一。

（7）科研任务过重，难以完成目标要求

有 40.5% 的教师选择该项，认为科研任务过重，难以完成目标要求是工作中的困难。其中，11.1% 的教师将该项列为最大困难，6.5% 的教师将该项列为第二大困难，1.3% 的教师将该项列为第三大困难。而有 21.6% 的教师认为它是工作中的困难之一，但不是排名前五位的困难之一。

（8）教学课时过多，影响科研任务的完成

有 25.6% 的教师选择该项，认为教学课时过多，影响科研任务的完成是工作中的困难。其中，5.9% 的教师将该项列为最大困难，3.3% 的教师将该项列为第二大困难，3.3% 的教师将该项列为第三大困难，0.7% 的教师将该项列为第五

大困难。而有 12.4% 的教师认为它是工作中的困难之一，但不是排名前五位的困难之一。

（9）管理层没有给予特定的支持措施，影响成长与发展

有 33.4% 的教师选择该项。其中，3.3% 的教师将该项列为最大困难，5.9% 的教师将该项列为第二大困难，3.3% 的教师将该项列为第三大困难，1.3% 的教师将该项列为第四大困难。而有 19.6% 的教师认为它是工作中的困难之一，但不是排名前五位的困难之一。

（10）对信息化教学设备和教学平台的使用不熟悉

有 6.0% 的教师选择该项。其中，0.7% 的教师将该项列为第三大困难，0.7% 的教师将该项列为第四大困难。而有 4.6% 的教师认为它是工作中的困难之一，但不是排名前五位的困难之一。

（11）其他

除上述所列困难之外，有 2.0% 的教师列举了其他的困难，且未被排列在前五大困难之列。2.0% 的教师所列举的其他困难包括：教学工作在基层得不到重视；新视野与老传统的冲突；教师待遇低等。

各选项按教师选择的比例排序，分别是“缺乏教学技能的培训”“科研任务过重，难以完成目标要求”“没有建立指导教师制度，缺乏老教师的传帮带”“管理层没有给予特定的支持措施，影响成长与发展”“教学课时过多，影响科研任务的完成”。

按各项困难的重要性排序，各选项分别是“缺乏教学技能的培训”“没有建立指导教师制度，缺乏老教师的传帮带”“科研任务过重，难以完成目标要求”“管理层没有给予特定的支持措施，影响成长与发展”“教学课时过多，影响科研任务的完成”。

据此可以看出，有些教师认为遇到的最大困难是教学工作中的困难，并且没有得到有效的教学指导；其次的困难则是科研任务的压力；再次是对管理层面的要求，以及教学和科研工作难以平衡。因而，对新任教师和其他教师的培训，必须将重点放在教学能力的提升方面，应大力加强对青年教师教学方法、教学能力的培养。

2. 青年教师对北京师范大学岗前培训的效果评价

8.5% 的教师认为北京师范大学岗前培训的效果很好，39.9% 的教师认为有些效果，41.2% 的教师认为效果不大，5.9% 的教师认为没有效果，4.6% 的教师

不确定。共有 47.1% 的被调查教师认为培训效果不理想。总体而言，北京师范大学以往的岗前培训是有一定成效的，但距离教师满意还有一定差距，需调整相应策略进一步提高培训的有效性。

3. 青年教师参加岗前培训的动因

（1）申请高校教师资格证

5.9% 的教师选择“申请高校教师资格证”作为首要动因，2.0% 的教师选择其为第二动因，1.3% 的教师选择其为第三动因；有 8.5% 选择其为动因之一，但未列为重要的前三项动因之一。共有 17.7% 的教师选择了该项。

（2）职称评定、岗位调动

1.3% 的教师选择“职称评定、岗位调动”作为首要动因，2.6% 的教师选择其为第二动因，0.7% 的教师选择其为第三动因；有 8.5% 选择其为动因之一，但未列为重要的前三项动因之一。共有 13.1% 的教师选择了该项。

（3）提高教育教学理论和技能水平

11.8% 的教师选择“提高教育教学理论和技能水平”作为首要动因，4.6% 的教师选择其为第二动因，0.7% 的教师选择其为第三动因；有 23.5% 选择其为动因之一，但未列为重要的前三项动因之一。共有 40.6% 的教师选择了该项。

（4）提高自身素质，增强竞争力

6.5% 的教师选择“提高自身素质，增强竞争力”作为首要动因，11.8% 的教师选择其为第二动因；有 17.6% 选择其为动因之一，但未列为重要的前三项动因之一。共有 35.9% 的教师选择了该项。

（5）了解高等教育改革状况，解决教学实际问题

3.9% 的教师选择“了解高等教育改革状况，解决教学实际问题”作为第二动因，5.2% 的教师选择其为第三动因；有 13.7% 选择其为动因之一，但未列为重要的前三项动因之一。共有 22.8% 的教师选择了该项。

（6）听从上级主管部门和学校的安排

2.6% 的教师选择“听从上级主管部门和学校的安排”作为首要动因，3.3% 的教师选择其为第二动因，2.0% 的教师选择其为第三动因；有 15.7% 选择其为动因之一，但未列为重要的前三项动因之一。共有 13.1% 的教师选择了该项。

教师参加岗前培训的动因中按选择比重排序前三项是：“提高教育教学理论和技能水平”、“提高自身素质，增强竞争力”和“听从上级主管部门和学校的安排”。按动因的重要性排序前三项是：“提高自身素质，增强竞争力”、“提高教育教学理

论和技能水平”和“申请高校教师资格证”。这些数据对传统认识产生了较大冲击。在岗前培训中，教师缺乏积极性的原因常常被归结为，教师只是为了申请高校教师资格证而已，对研修和提高并无兴趣，但事实并非如此。从调研结果看，教师参加培训最主要的动因是为了“提高教育教学理论和技能水平”和“提高自身素质，增强竞争力”。这是广大大学教师积极心态的表现，也是他们心中正能量的展示。因此，为教师提供服务或帮助的人，不能将教师对教学培训缺乏积极性，简单归因为教师自身缺乏学习热情，或者理解为缺乏职业态度，必须下大力气寻找教师缺乏积极性的真正原因。培训者应当努力为广大教师提供能够满足需求的、真正有效的培训项目和培训方式，有用的帮助是不会被教师拒绝的。

4．参加岗前培训后的收获

（1）更新了观念，开阔了视野

共有 34.1% 的教师选择了“更新了观念，开阔了视野”。其中，认为该项收获最大的教师占 8.5%，认为该项是第二大收获的教师占 0.7%，认为该项是第三大收获的教师占 1.3%，认为该项是第四大收获的教师占 0.7%。另外还有 22.9% 的教师认为此项是收获之一，但不是收获最大的前四项。

（2）增长了教育教学方面的知识

共有 41.2% 的教师选择了“增长了教育教学方面的知识”。其中，认为该项是最大收获的教师占 5.9%，认为该项是第二大收获的教师占 11.1%。另外还有 24.2% 的教师认为此项是收获之一，但不是收获最大的前四项。

（3）提高了教育教学的能力

共有 38.6% 的教师选择了“提高了教育教学的能力”。其中，认为该项是最大收获的教师占 5.9%，认为该项是第二大收获的教师占 5.9%，认为是第三大收获的教师占 2.0%，另外还有 24.8% 的教师认为此项是收获之一。但不是收获最大的前四项。

（4）掌握了现代教育技术

共有 13.8% 的教师选择了“掌握了现代教育技术”。其中，认为该项是最大收获的教师占 0.7%，认为该项是第二大收获的教师占 3.3%，认为该项是第三收获的教师占 1.3%，认为该项是第四收获的教师占 0.7%。另外还有 7.8% 的教师认为此项是收获之一，但不是收获最大的前四项。

（5）没有什么收获

首先共有 10.5% 的教师选择了“没有什么收获”。这说明岗前培训对于教师个性化需求的缺失，今后应该对这些教师的情况与需求，进行深入研究，了解他们的基本诉求，对症下药，因需而训。对这些教师而言，在培训期间，他们白白浪费了许多宝贵的时间。在岗前培训中，有 41.2% 的教师认为增长了教育教学方面的知识，并且认为这是参加岗前培训的最大收获。因此，相对而言，岗前培训在教育教学知识的传授方面成效最为显著，教师对这一点也是给予了较大的肯定，这也是岗前培训的重要目标之一。

其次，有 38.6% 和 34.1% 的教师分别对“提高了教育教学的能力”和“更新了观念，开阔了视野”两个方面给予了肯定。显然在这两个方面，岗前培训也有一定的成效，但成效不够显著。这里需要强调的是，教师的教学能力是能力，而非知识，只是了解了一些教学知识，还不能进行有效教学，需要将所学知识融入教学活动之中，提升教学的基本能力，才能够应对教学实践中的各项工作。而提升人的能力需要一定的方法与条件，采取听讲的方式是远远不够的。

最后，对于岗前培训另一个重要目标——“掌握了现代教育技术”，绝大多数教师认为没有收获，因此，需要在今后的培训工作中加以重视。这项数据也基本反映了实际情况，把“掌握现代教育技术”作为学习目标，也不是纸上谈兵就可以实现的，需要依靠实践任务，进行具体操作，在解决教学问题时，提高现代教育技术能力。

5. 岗前培训中存在的问题

（1）培训目标过高，难以实现

有 6.6% 的教师认为岗前培训中存在的问题是“培训目标过高，难以实现”。其中，2.0% 的教师认为它是最突出的问题，0.7% 的教师认为它是第二突出的问题。另外还有 3.9% 的教师认为它是问题，但不是最突出的五大问题之一。

（2）培训内容太过理论化，实用性不强

有 37.9% 的教师认为“培训内容太过理论化，实用性不强”。其中，5.9% 的教师认为它是最突出的问题，5.2% 的教师认为它是第二突出的问题，2.6% 的教师将该项排为第三，0.7% 的教师将该项排为第五。另外还有 23.5% 的教师认为它是问题，但不是最突出的五大问题之一。

（3）重视基本理论和基本知识的传授，忽视对新教师教学技能的培养

有 21.6% 的教师认为“重视基本理论和基本知识的传授，忽视对新教师教学技能的培养”。其中，1.3% 的教师认为它是最突出的问题，5.2% 的教师认为它是第二突出的问题，1.3% 的教师将该项排为第三，0.7% 的教师将该项排为第四。另外还有 13.1% 的教师认为它是问题，但不是最突出的五大问题之一。

（4）培训方式单一，缺乏灵活性和实效性

有 34.0% 的教师认为“培训方式单一，缺乏灵活性和实效性”。其中，9.8% 的教师认为它是最突出的问题，2.6% 的教师认为它是第二突出的问题，2.0% 的教师将该项排为第三，1.3% 的教师将该项排为第四。另外还有 18.3% 的教师认为它是问题，但不是最突出的五大问题之一。

（5）以集中培训为主，缺少指导教师的引领与辅导

有 37.9% 的教师认为岗前培训中存在的问题是“以集中培训为主，缺少指导教师的引领与辅导”。其中，5.2% 的教师认为它是最突出的问题，7.8% 的教师认为它是第二突出的问题，2.0% 的教师将该项排为第三，0.7% 的教师将该项排为第四。另外还有 22.2% 的教师认为它是问题，但不是最突出的五大问题之一。

（6）新教师对培训的重视程度不够，积极性不高

有 19.6% 的教师认为岗前培训中存在的问题是“新教师对培训的重视程度不够，积极性不高”。其中，0.7% 的教师认为它是最突出的问题，1.3% 的教师认为它是第二突出的问题，3.9% 的教师将该项排为第三。另外还有 13.7% 的教师认为它是问题，但不是最突出的五大问题之一。

（7）考核手段不科学

7.3% 的教师选择了“考核手段不科学”。其中，2.0% 的教师认为它是最突出的问题，1.3% 的教师认为它是第二突出的问题，0.7% 的教师将该项排为第五。另外还有 3.3% 的教师认为它是问题，但不是最突出的五大问题之一。

（8）其他

此外，有 6.0% 的教师提到存在其他的问题，如缺少有针对性的指导与实践、各部门协调不够，甚至重复等。

按教师选择的比重排序，前三项分别是：“以集中培训为主，缺少指导教师的引领与辅导”、“培训内容太过理论化，实用性不强”和“培训方式单一，缺乏灵活性和实效性”。

按在教师心目中的重要性排序，前三项分别是：“培训方式单一，缺乏灵活性和实效性”、“以集中培训为主，缺少指导教师的引领与辅导”和“培训内容太过理论化，实用性不强”。

因此，培训方式单一、培训形式集中化和培训内容缺乏实用性是岗前培训中的主要问题。值得注意的是除了这三项之外，“重视基本理论和基本知识的传授，忽视对新教师教学技能的培养”一项选择率也较高，可以看出，青年教师自

身十分重视教学技能的提升，希望在岗前培训中获得这方面的帮助。

6．青年教师的培训需求

（1）校史、校情、校规

期望岗前培训的内容包含“校史、校情、校规”的教师有29.6%。其中，9.2%的教师将该项列为最期望的内容，0.7%的教师将该项列为第二，0.7%的教师将该项列为第三，0.7%的教师将该项列为第四，3.9%的教师将该项列为第五。还有14.4%的教师选择了该项，但未将其列入五大期望内容。

（2）高等教育发展的趋势与新理念

期望岗前培训的内容包含“高等教育发展的趋势与新理念”的教师有34.0%。其中，2.6%的教师将该项列为最期望的内容，6.5%的教师将该项列为第二，2.0%的教师将该项列为第三，3.9%的教师将该项列为第四，2.0%的教师将该项列为第五。还有17.0%的教师选择了该项，但未将其列入五大期望内容。

（3）高等教育理论和心理学知识

期望岗前培训的内容包含“高等教育理论和心理学知识”的教师有37.3%。其中，4.6%的教师将该项列为最期望的内容，6.5%的教师将该项列为第二，7.2%的教师将该项列为第三，2.0%的教师将该项列为第四。还有17.0%的教师选择了该项，但未将其列入五大期望内容。

（4）教育教学的基本技能和方法

期望岗前培训的内容包含“教育教学的基本技能和方法”的教师有56.2%。其中，7.8%的教师将该项列为最期望的内容，9.2%的教师将该项列为第二，7.2%的教师将该项列为第三，3.9%的教师将该项列为第四，1.3%的教师将该项列为第五。还有26.8%的教师选择了该项，但未将其列入五大期望内容。

（5）教育技术的知识和技能

期望岗前培训的内容包含“教育技术的知识和技能”的教师有34.6%。其中，2.6%的教师将该项列为最期望的内容，3.9%的教师将该项列为第二，7.8%的教师将该项列为第三，3.3%的教师将该项列为第四，2.0%的教师将该项列为第五。还有15.0%的教师选择了该项，但未将其列入五大期望内容。

（6）高等教育法规

期望岗前培训的内容包含“高等教育法规”的教师有14.4%。其中，0.7%的教师将该项列为最期望的内容，1.3%的教师将该项列为第三，3.3%的教师将该项列为第四，1.3%的教师将该项列为第五。还有7.8%的教师选择了该项，但未将其列入五大期望内容之一。

（7）教师职业伦理

期望岗前培训的内容包含“教师职业伦理”的教师有36.0%。其中，3.9%的教师将该项列为最期望的内容，2.0%的教师将该项列为第二，2.6%的教师将该项列为第三，4.6%的教师将该项列为第四，5.9%的教师将该项列为第五。还有17.0%的教师选择了该项，但未将其列入五大期望内容。

（8）实际教学能力的锻炼与培养

期望岗前培训的内容包含“实际教学能力的锻炼与培养”的教师有55.0%。其中，5.2%的教师将该项列为最期望的内容，7.2%的教师将该项列为第二，4.6%的教师将该项列为第三，4.6%的教师将该项列为第四，4.6%的教师将该项列为第五。还有28.8%的教师选择了该项，但未将其列入五大期望内容。

（9）科学研究方法

期望岗前培训的内容包含“科学研究方法”的教师有22.2%。其中，1.3%的教师将该项列为最期望的内容，1.3%的教师将该项列为第二，0.7%的教师将该项列为第三，3.9%的教师将该项列为第四，3.9%的教师将该项列为第五。还有11.1%的教师选择了该项，但未将其列入五大期望内容。

（10）本学科专业知识

期望岗前培训的内容包含“本学科专业知识”的教师有7.3%，其中0.7%的教师将该项列为第二期望的内容，1.3%的教师将该项列为第三，0.7%的教师将该项列为第四，1.3%的教师将该项列为第五。还有3.3%的教师选择了该项，但未将其列入五大期望内容之一。

（11）其他

有一名教师选择了其他项，该教师期望在培训中添加“名师交流”方面的内容。

按教师选择的比例排序，前五项是：“教育教学的基本技能和方法”“实际教学能力的锻炼与培养”“高等教育理论和心理学知识”“教师职业伦理”“教育技术的知识和技能”。

按教师认为内容的重要性培训，前五项是：“教育教学的基本技能和方法”“实际教学能力的锻炼与培养”“高等教育理论和心理学知识”“教育技术的知识和技能”“教师职业伦理”。

很显然，教师对教学培训的高期待主要集中在掌握教学技能与方法，与提高教学基本能力方面。教师是十分务实的，希望实实在在地取得一些学习效果。

7. 教师对培训方式的建议

（1）专题讲座与典型报告相结合

3.3% 的教师认为专题讲座与典型报告相结合是最好的培训方式，0.7% 的教师将其列为第二，2.0% 的教师选择其为第三，2.0% 的教师选择其为第四。而有 16.2% 选择其为良好的培训形式之一，但未将其列入前五项。共有 24.3% 的教师选择了该项。

（2）专题讲座与研讨互动相结合

3.9% 的教师认为专题讲座与研讨互动相结合是最好的培训方式，5.9% 的教师将其列为第二，2.0% 的教师选择其为第三，1.3% 的教师选择其为第五。而有 14.4% 选择其为良好的培训形式之一，但未将其列入前五项。共有 27.5% 的教师选择了该项。

（3）专题讲座与教学观摩相结合

10.5% 的教师认为专题讲座与教学观摩相结合是最好的培训方式，7.8% 的教师将其列为第二，6.5% 的教师选择其为第三，0.7% 的教师选择其为第四。而有 36.6% 选择其为良好的培训形式之一，但未将其列入前五项。共有 62.1% 的教师选择了该项。

（4）专题讲座与技能训练相结合

3.9% 的教师认为专题讲座与技能训练相结合是最好的培训方式，5.2% 的教师将其列为第二，2.6% 的教师选择其为第三，2.6% 的教师选择其为第四，0.7% 的教师选择其为第五。而有 15.0% 选择其为良好的培训形式之一，但未将其列入前五项。共有 30.0% 的教师选择了该项。

（5）专题讲座与评析名师讲课相结合

5.2% 的教师认为专题讲座与评析名师讲课相结合是最好的培训方式，9.2% 的教师将其列为第二，5.2% 的教师选择其为第三，2.0% 的教师选择其为第四，1.4% 的教师选择其为第五。而有 17.6% 选择其为良好的培训形式之一，但未将其列入前五项。共有 40.6% 的教师选择了该项。

（6）老教师指导下的课程准备与教学

4.6% 的教师认为老教师指导下的课程准备与教学是最好的培训方式，3.3% 的教师将其列为第二，3.9% 的教师选择其为第三，2.0% 的教师选择其为第四，1.3% 的教师选择其为第五。而有 13.1% 选择其为良好的培训形式之一，但未将其列入前五项。共有 28.2% 的教师选择了该项。

教师期望的培训形式按选择比重排序前三项是："专题讲座与教学观摩相结合"、"专题讲座与评析名师讲课相结合"和"专题讲座与技能训练相结合"。按动因的重要性排序前三项是："专题讲座与教学观摩相结合"、"专题讲座与评析名师讲课相结合"和"老教师指导下的课程准备与教学"。

这些数据表明，教师十分强调教学技能的实践性，同时反映出教师急切地希望了解好的教学是怎样的，并期望通过对优秀教学的"辨析""模仿"来获得教学技能的提高。对于讲座本身的重要性，教师也认为是必要的，但更期望在传统讲座的形式上添加"实践指导"来帮助他们获得直接的提高。教师期望获得能够解决实际教学问题的教学指导，希望在具体的教学能力方面获得有力的帮助。其实，对于无真实问题的空谈理论，以及没有与教师的实际工作状态相关联的说教，教师是不认可的。教师最感兴趣的是如何教的方法与策略。

因此，应该加强培训的实效性，采取能动的教学方式，促进教师实现深度学习，有针对性地帮助教师解答疑惑和增强实践指导环节。当然，教学也是一门艺术，不存在唯一科学的教学模式，好课也不存在唯一标准，但优秀教学还是可以对其归纳出一些共同特性。将这些特性采取合理的方式传授给新任教师，对新任教师的职业发展是极其重要的——新任教师能够从"无型"到"有型"，形成初期的正确目标，进而提升自己的教学能力。

8．教师对校本培训内容的期望

（1）提高教学能力的培训

6.5% 的教师认为学校最应该提供的校本培训是"提高教师教学能力的培训"，7.2% 的教师将其列为第二，2.6% 的教师选择其为第三，0.7% 的教师选择其为第四。而有 22.2% 的教师选择其为良好的培训内容之一，但未列入前五项。共有 39.2% 的教师选择了该项。

（2）掌握教育技术的培训

4.6% 的教师认为学校最应该提供的校本培训是"掌握教育技术的培训"，3.9% 的教师将其列为第二，1.3% 的教师选择其为第三，0.7% 的教师选择其为第四。而有 12.4% 的教师选择其为良好的培训内容之一，但未列入前五项。共有 22.9% 的教师选择了该项。

（3）提高学历层次的培训

1.3% 的教师认为学校最应该提供的校本培训是"提高学历层次的培训"，1.3% 的教师将其列为第二，0.7% 的教师选择其为第三，而有 2.6% 选择其为良好的培训内容之一。但未列入前五项。共有 5.9% 的教师选择了该项。

（4）提高科学研究能力的培训

5.2% 的教师认为学校最应该提供的校本培训是“提高科研能力的培训”，2.6% 的教师将其列为第二，2.6% 的教师选择其为第三，0.7% 的教师选择其为第五。而有 16.3% 的教师选择其为良好的培训内容之一，但未列入前五项。共有 27.4% 的教师选择了该项。

（5）掌握本学科前沿动向的培训

4.6% 的教师认为学校最应该提供的校本培训是“掌握本学科前沿动向的培训”，5.2% 的教师将其列为第二，1.3% 的教师选择其为第三。而有 17.0% 的教师选择其为良好的培训内容之一，但未列入前五项。共有 28.1% 的教师选择了该项。

（6）丰富与优化本学科的知识结构的培训

3.9% 的教师认为学校最应该提供的校本培训是“丰富与优化本学科的知识结构的培训”，5.9% 的教师将其列为第二，1.3% 的教师选择其为第三，1.3% 的教师选择其为第四。而有 13.7% 的教师选择其为良好的培训内容之一，但未列入前五项。共有 26.1% 的教师选择了该项。

（7）提高外语能力的培训

1.3% 的教师认为学校最应该提供的校本培训是“提高教师外语能力的培训”，2.6% 的教师将其列为第二，3.9% 的教师选择其为第三。而有 9.8% 的教师选择其为良好的培训内容之一，但未列入前五项。共有 39.2% 的教师选择了该项。

（8）提高信息技术能力的培训

1.3% 的教师认为学校最应该提供的校本培训是“提高教师信息技术能力的培训”，0.7% 的教师选择其为第四。而有 3.3% 的教师选择其为良好的培训内容之一，但未列入前五项。共有 5.3% 的教师选择了该项。

（9）师德与政治思想的培训

1.3% 的教师认为学校最应该提供的校本培训是“师德与政治思想的培训”。而有 2.0% 的教师选择其为良好的培训内容之一，但未列入前五项。共有 3.3% 的教师选择了该项。

教师期望的培训内容按选择比例排序的前三项是：“提高教学能力的培训”、“掌握本学科前沿动向的培训”和“提高科研能力的培训”。按动因的重要性排序的前三项是：“提高教学能力的培训”“丰富与优化本学科的知识结构的培训”，以及并列第三的“提高科研能力的培训”和“掌握本学科前沿动向的培训”。

这些数据表明，教师认为校本培训的重点应该是提高教学能力。教学能力是能力而非一般性知识，能够完成实际教学任务是教师追求的目标。另外，科研能力的提升也是教师关注的重要方面。其中，对教学的关注无论是选择比例还是重要性方面都是遥遥领先的，说明教师认为大学教师培训能够提供的、应该提供的并且可以有显著效果的是教学能力方面的培训。事实上，大学教师培训的重心也应当放在教学能力的培训上。

但值得注意的是，除了重视教学和科研之外，教师还认为应当加强对专业知识的培训。这种培训与学历层次无关，是对本学科前沿发展、知识结构的拓展等方面的培训，并且该内容的选项排在了科研能力提升的前面，说明大学教师在这方面有很大的需求。一直以来，大学教师培训中对专业知识的培训是比较忽视的。一般认为这是大学教师自身学习的任务，加之现在大学教师的学历层次显著提升，常常把大学教师具有丰富、扎实的专业知识，具有足够强大的科学研究能力作为前提假设。事实上，在信息社会或者学习型社会中，对于大学教师自身而言，学科知识水平的提升已然是职业化历程中的重要部分。因而，培训部门应针对大学教师专业知识的提升，找到行之有效的手段和方法。

9．激励教师参与培训的因素

（1）有学校政策的激励

9.2% 的教师认为“学校政策的激励”是他们参加培训的最重要的因素，3.3% 的教师将其列为第二，3.3% 的教师选择其为第三。而有 15.0% 的教师选择其为良好的激励因素之一，但未列入前五项。共有 30.8% 的教师选择了该项。

（2）有一定的经费支持

9.2% 的教师认为“有一定的经费支持”是激励他们参加培训的最重要的因素，12.4% 的教师将其列为第二，3.3% 的教师选择其为第三，0.7% 的教师选择其为第四。而有 18.3% 的教师选择其为良好的激励因素之一，但未列为入前五项。共有 43.9% 的教师选择了该项。

（3）减少一定工作量

4.6% 的教师认为“减少一定工作量”是激励他们参加培训的最重要的因素，4.6% 的教师将其列为第二，4.6% 的教师选择其为第三。而有 17.0% 的教师选择其为良好的激励因素之一，但未列入前五项。共有 30.8% 的教师选择了该项。

（4）时间安排的方便性

10.5% 的教师认为“时间安排的方便性”是激励他们参加培训的最重要的因

素，5.2% 的教师将其列为第二，2.0% 的教师选择其为第三，0.7% 的教师选择其为第四。而有 26.1% 的教师选择其为良好的激励因素之一，但未列入前五项。共有 44.5% 的教师选择了该项。

（5）地点安排的方便性

10.5% 的教师认为“地点安排的方便性”是激励他们参加培训的最重要的因素，1.3% 的教师将其列为第二，0.7% 的教师选择其为第五。而有 8.5% 的教师选择其为良好的激励因素之一，但未列入前五项。共有 21.0% 的教师选择了该项。

（6）多样性的教学方式

5.2% 的教师认为“多样性的教学方式”是激励他们参加培训的最重要的因素，2.0% 的教师将其列为第二，7.8% 的教师选择其为第三，1.3% 的教师选择其为第四，0.7% 的教师选择其为第五。而有 16.3% 的教师选择其为良好的激励因素之一，但未列入前五项。共有 33.3% 的教师选择了该项。

（7）其他培训激励因素

关于“其他培训激励因素”只有一位教师将其排在了第四位，但没有列举具体的激励因素。教师们认为良好的参与培训的激励因素，按选择比例排序的前三项是：“时间安排的方便性”、“有一定的经费支持”和“多样性的教学方式”。按动因的重要性排序的前三项是：“有一定的经费支持”、“时间安排的方便性”和“多样性的教学方式”。

这些数据表明，教师认为学校在激励教师参加培训方面应尽可能地考虑到教师的困难，并能为教师提供恰到好处的服务。教师最期望的是时间安排合理，适合教师日常的学习与工作节奏，而不应造成教师的困惑，目前的培训时间不够灵活，教师在参加培训时，很容易受到各种因素的干扰。因此，提供分时段、分批次培训方案，就可以满足教师对培训时间的不同要求。

教学方式的多样性也是吸引教师参加培训的一个重要因素。单一性的培训模式，如只是应用讲授式教学方法，不利于教师主动积极的参与，更不利于教师获得最佳的学习效果。教师既期望通过培训获得相应的能力提升，又期望通过培训获得更广泛意义上的提升，包括资源获得、同行交流、情感认同，等等。

此外，教师认为如果能给予相应的经费支持，他们就可以更好地选择培训机会，并针对自己的实际需求参加多种培训，而并不仅仅局限于校本培训。另外，在教师的日常教学研究过程中，如果教师能够获得适量的教学研究经费的支持，也可以激发教师的研修积极性，可以取得理想的教学研究效果。

10. 影响教师专心教学的因素

（1）在评价教师时，重科研、轻教学

20.1% 的教师认为“在教师评价时，重科研、轻教学”是影响他们专心教学的最重要因素，5.9% 的教师将其列为第二，2.0% 的教师选择其为第三。而有 39.9% 的教师选择其为影响因素之一，但未列为最重要的前四项。共有 67.9% 的教师选择了该项。

（2）教学工作没有公认的客观评价标准，好与坏难以界定

6.5% 的教师认为“教学工作没有公认的客观评价标准，好与坏难以界定”是影响他们专心教学的最重要因素，11.8% 的教师将其列为第二，2.6% 的教师选择其为第三。而有 23.5% 的教师选择其为影响因素之一，但未列为最重要的前四项。共有 44.4% 的教师选择了该项。

（3）教学工作枯燥乏味，没有吸引力

0.7% 的教师认为“教学工作枯燥乏味、没有吸引力”是影响他们专心教学的第三重要的因素，而有 3.9% 的教师选择其为影响因素之一。但未列为最重要的前四项。共有 4.6% 的教师选择了该项。

（4）现在的学生难教，费力不讨好

0.7% 的教师认为“现在的学生难教，费力不讨好”是影响他们专心教学的最重要因素，2.6% 的教师将其列为第二，3.3% 的教师选择其为第三。而有 14.4% 的教师选择其为影响因素之一，但未列为最重要的前四项。共有 21.0% 的教师选择了该项。

（5）由于教育理论与方法方面存在不足，在教学中遇到困难

2.6% 的教师认为“由于不熟悉教育理论与方法，在教学中遇到困难”是影响他们专心教学的第二重要的因素，0.7% 的教师将其列为第四。而有 3.3% 的教师选择其为影响因素之一，但未列为最重要的前四项。共有 6.6% 的教师选择了该项。

（6）科研任务重，顾不上教学

3.9% 的教师认为“科研任务重，顾不上教学”是影响他们专心教学的最重要因素，8.5% 的教师将其列为第二，4.6% 的教师选择其为第三。而有 13.7% 的教师选择其为影响因素之一，但未列为最重要的前四项。共有 30.7% 的教师选择了该项。

教师认为影响他们专心教学的因素按选择比例排序和按重要性排序的前三

项是一样的，分别是："在教师评价中重科研，轻教学"、"教学工作没有公认的客观评价标准，好与坏难以界定"和"科研任务重，顾不上教学"。

这项数据表明影响教师专心教学的因素主要体现在教学评价导向科研、教学难以客观评价和科研任务过重等方面。

从教师的选择数据中可以看出，教师对教学工作的热爱。其中，选择"教学工作枯燥乏味，没有吸引力"一项的教师微乎其微，且没有将这一项作为最重要的影响因素。这说明大学教师在选择职业时是秉持着教书育人的热诚加入教师队伍的，并且教师并不缺少职业动力，也并非不喜欢自己的职业。也就是说，从主观出发，教师还是可以从工作中体会到职业乐趣。

虽然"现在的学生难教，费力不讨好"这一项并未成为教师的最多选择，也没有成为教师认为最具影响力的因素，但有 1/5 以上的教师选择了该项，教师对学生的不满情绪对教学工作是有影响的。90 后的"新人类"身上，出现了不同于以往学生的、具有时代性的新特征。教师必须积极面对学生的新特征，认真研究新教法和新学法，因材施教。学校管理工作部门，不仅应该对教师进行培训，也必须加强对学生的训诫和正确引导。

11．当前教师应加强培训与管理的方面

（1）本学科前沿知识的培训

3.3% 的教师认为，当前教师最需要加强"本学科前沿知识的培训"，3.3% 的教师将其列为第二，3.9% 的教师选择其为第三，0.7% 的教师选择其为第七，0.7% 的教师选择其为第八。而有 17.6% 的教师选择其为教师需要加强的方面，但未对其进行排序。共有 29.5% 的教师选择了该项。

（2）科研能力的培训与提高

3.9% 的教师认为，当前教师最需要加强"科研能力的培训与提高"，2.6% 的教师将其列为第二，1.3% 的教师选择其为第三，0.7% 的教师选择其为第四，1.3% 的教师选择其为第七。而有 19.6% 的教师选择其为教师需要加强的方面，但未对其进行排序。共有 29.4% 的教师选择了该项。

（3）教育理论与教育观念的培训

3.9% 的教师认为，当前教师最需要加强"教育理论与教育观念的培训"，4.6% 的教师将其列为第二，2.0% 的教师选择其为第三，1.3% 的教师选择其为第四。而有 14.4% 的教师选择其为教师需要加强的方面，但未对其进行排序。共有 26.2% 的教师选择了该项。

（4）教学方法与技巧的培训

7.2% 的教师认为，当前教师最需要加强“教学方法与技巧的培训”，9.8% 的教师将其列为第二，2.0% 的教师选择其为第三，0.7% 的教师选择其为第四，0.7% 的教师选择其为第五。而有 26.1% 的教师选择其为教师需要加强的方面，但未对其进行排序。共有 46.5% 的教师选择了该项。

（5）教育技术的培训

2.0% 的教师认为当前教师最需要加强“教育技术的培训”，4.6% 的教师将其列为第二，0.7% 的教师选择其为第三，0.7% 的教师选择其为第五。而有 5.9% 的教师选择其为教师需要加强的方面，但未对其进行排序。共有 13.9% 的教师选择了该项。

（6）文献检索与利用的培训

2.0% 的教师认为当前教师最需要加强“文献检索与利用的培训”，1.3% 的教师将其列为第二，0.7% 的教师选择其为第五。而有 5.9% 的教师选择其为教师需要加强的方面，但未对其进行排序。共有 9.9% 的教师选择了该项。

（7）外语能力的培训

1.3% 的教师认为当前教师最需要加强“外语能力的培训”，2.0% 的教师将其列为第二，1.3% 的教师选择其为第三，1.3% 的教师选择其为第四，0.7% 的教师选择其为第六。而有 3.9% 的教师选择其为教师需要加强的方面，但未对其进行排序。共有 10.5% 的教师选择了该项。

（8）职业道德教育

2.6% 的教师认为当前教师最需要加强“职业道德教育”，1.3% 的教师将其列为第二，1.3% 的教师选择其为第三。而有 7.8% 的教师选择其为教师需要加强的方面，但未对其进行排序。共有 13.0% 的教师选择了该项。

（9）学生管理与辅导能力的培训

2.6% 的教师认为当前教师最需要加强“学生管理与辅导能力的培训”，0.7% 的教师将其列为第二，1.3% 的教师选择其为第三，1.3% 的教师选择其为第四。而有 2.0% 的教师选择其为教师需要加强的方面，但未对其进行排序。共有 7.9% 的教师选择了该项。

教师认为，当前教师较为欠缺的方面按选择比例排序的前三项是：“教学方法与技巧的培训”、“本学科前沿知识的培训”和“科研能力的培训与提高”。按重要性排序的前三项是：“教学方法与技巧的培训”、“本学科前沿知识的培训”和“教育理论与教育观念的培训”。

以上数据表明，教师认为，当前教师专业能力欠缺的方面主要体现在教学能力、学科知识和科研能力等方面。其中，教学能力集中表现在教学方法和技巧的不娴熟，接近一半的教师对这一观点表示认同。“怎么教”的问题是目前大学教师所面对各种困难中的首要问题。因此，对大学教师进行教学方法和教学技巧的培训就显得十分重要了。笔者坚信，广大大学教师是敬业爱业的，只是缺乏专业能力，致使其不能取得理想的教学效果。教师不会教，似乎是一个不可思议的现象。而在现实中，它确实是一个真实的现象，一个十分可怕的现象——大量不会教的人站在讲台上“教”。

专业知识水平也是教师认为需要加强的方面。诚然，当前教师的学历层次不断提高，没有博士学位者已经不大可能担任大学教师。但时代的发展，以及知识的增长和更新，都需要大学教师不断学习。同时，大学教师面对的是大学生——他们具有较强的自主学习能力。因此，大学教师不仅需要不断学习，而且需要将各类知识融会贯通，整合链接。其实，获得博士学位并不能说明其就具备了胜任大学教师教学工作的专业知识，不能说明其对学科上位的理论框架有更深入的把握，也不能说明其对学科有更深入的理解和精辟之见解。再者，即便都是博士学位，其含金量也会有很大差别。在很多情况下，产生不良教学的原因，恰恰是来自掌握学科知识的浅薄和不精。因此，大学教学工作是学无止境的。

12. 北京师范大学“青教赛”的成效

30.7% 的教师认为北京师范大学“青教赛”对促进教学能力的提高具有较好效果，41.8% 的教师认为有些效果，7.2% 的教师认为没有效果，17.6% 的教师表示不清楚。总体而言，北京师范大学的“青教赛”对促进教师教学能力的提升是有成效的，认为有成效的教师高达 72.5%，是岗前培训的良好辅助手段。也有部分教师表示不清楚，自觉没有成效。笔者认为，今后应该加强对青年教师的过程性指导，关注其参赛过程，而非只是看重比赛结果。在准备比赛的过程中，青年教师可以习得很多。其实，拿不拿奖项并不重要。

13. 青年教师参赛意愿

32.7% 的教师表示愿意参加“青教赛”，29.4% 的教师表示不愿意参加，33.1% 的教师表示看情况而定是否参加竞赛。总体而言，“青教赛”在北京师范大学具有较高的接受度，近 3/4 的受调查教师不排斥参加竞赛，这表明教师具有这方面的需求，该项目在辅助提升教师教学能力方面得到较为广泛的认同。当然，教师参加此项目的动机是多方面的，不能排除青年教师参加“青教赛”还有其他目的。

14．参赛后的收获

（1）更新了观念，开阔了视野

共有31.4%的教师选择了该项。其中，认为收获最大的是该项的教师占4.6%，认为该项是第二大收获的教师占2.6%，认为该项是第三大收获的教师占1.3%，认为是第四大收获的教师占0.7%。还有22.2%的教师认为此项是收获之一，但不是收获最大的前四项。

（2）增长了教育教学方面的知识

共有32.8%的教师选择了该项。其中，认为收获最大的是该项的教师占7.2%，认为该项是第二大收获的教师占4.6%，认为是第三大收获的教师占0.7%。还有20.3%的教师认为此项是收获之一，但不是收获最大的前四项。

（3）提高了教育教学的能力

共有41.9%的教师选择了该项。其中，认为收获最大的是该项的教师占3.3%，认为该项是第二大收获的教师占5.9%，认为该项是第三大收获的教师占2.0%。还有30.7%的教师认为此项是收获之一，但不是收获最大的前四项。

（4）掌握了现代教育技术

共有12.5%的教师选择了该项。其中，认为在该项上收获最大的教师占0.7%，认为该项是第二大收获的教师占2.0%，认为该项是第四大收获的教师占2.0%。还有7.8%的教师认为此项是收获之一，但不是收获最大的前四项。

（5）没有什么收获

共有15.0%的教师选择了该项，将其排列为第五的教师占1.3%。另外有13.7%的教师选择了此项，但未对其排序。

（6）其他

有两位选择了该项的教师指出，参赛获得了其他方面的收获，但未进行排序，也未具体指明所收获的内容。

教师认为，参加青年教师教学基本功比赛后的收获按选择比重排序的前三项是："提高了教育教学能力"、"增长了教育教学知识"和"更新了观念，开阔了视野"；按重要性排序的前三项是："增长了教育教学知识"、"提高了教育教学能力"和"更新了观念，开阔了视野"。

以上数据表明，教师认为参加青年教师教学基本功比赛对其教学观念和教学能力方面都有促进。由此看出，教学基本功比赛的方式对教师教学能力的提升具有积极作用，可以作为教学培训的辅助方法使用。今后，需要更加关注在准备比赛的过程中，提升参赛教师的教学能力。

15．教师对北京师范大学“青教赛”组织的评价

（1）活动的组织与安排

45.1% 的教师认为竞赛活动的组织与安排合理，33.3% 的教师认为一般，1.3% 的教师认为不合理，13.7% 的教师表示不清楚。总体而言，对于，大部分教师认为，活动的组织与安排比较合理。

（2）活动的各项设施

对于竞赛活动的各项设施，43.8% 的教师认为齐全，31.4% 的教师认为一般，1.3% 的教师认为不齐全，15.7% 的教师表示不清楚。总体来说，大部分教师认为活动所提供的各项设施较为齐全。

（3）竞赛规则

40.5% 的教师认为竞赛规则合理，34.0% 的教师认为一般，3.3% 的教师认为不合理，14.4% 的教师表示不清楚。总体而言，大部分教师对竞赛规则没有疑义。

（4）评价方式

35.3% 的教师认为竞赛的评价方式科学，34.6% 的教师一般，6.5% 的教师认为不科学，15.7% 的教师表示不清楚。总体而言，教师认为竞赛的评价方式基本科学，但与活动组织和活动设施相比，活动的评价方式相对认同度略低一些，组织方可以进一步探索更加切合实际的评价方式。

（5）专家点评

70.6% 的教师认为有必要在竞赛现场请专家点评，8.5% 的教师认为没有必要，9.8% 的教师表示无所谓。显然，教师对增加现场专家点评的工作环节十分认同，认为专家点评对教师研究教学活动、发现自己的教学优点和不足、下一步对教学工作的改进，都具有积极作用。

第三节　北京师范大学教师校本培训方略

北京师范大学教师发展中心（以下简称“教师发展中心”）于 2012 年 2 月

22日正式成立，旨在顺应国际高等教育发展的大趋势，应对我国高等教育急速大众化与创世界一流大学的严峻现实，以及有效解决在高等教育中长期存在的教师教学能力的问题，

一、教师发展中心工作理念

教师发展中心的工作理念是“有用，就会有人学”，并应为教师提供有用性的研修项目，帮助教师解决在教学实践中遇到的真实教学问题和困惑，关注其工作的实效性，帮忙应该帮到点上。想要找到有实际意义的教学问题，就必须深入教学实践，深入教学现场，与教师息息相通，融为一体，充分了解教师的所思所想、所困所难，为广大教师在教学工作中排忧解难，既要雪中送炭，又要锦上添花。

教师发展中心的工作目标是提升大学教师的教学执行力，进而提升高等教育的教学质量，以促进教师的真正发展为己任。一是必须传承和发扬大学教学文化，将学校的百年积淀世代相传，并吸纳他方精髓，使之成为不竭的动力。二是帮助教师确立先进的教学理念，使其面对新人类，形成新的教学理念，因为没有新理念就没有新方式。三是帮助教师研修大学教学工作所必需的教学方法与技能，逐步总结教学经验，进行教学研究。让每一位希望获得教学方法帮助的教师能够如愿。四是为教师提供互动的机会，创设交流平台。让希望与其他教师进行教学交流与分享的教师有家可归。五是积极进行教学资源建设，充分利用现代信息技术，为教师提供超越时空的教学支持，实现泛在化研修。

教师发展中心的工作标准是国际化、专业化、尖端化和绵延化。作为国家级教学发展示范中心，其必须开阔视野，以世界一流大学为标杆，交流沟通，规范中心工作；从事教师发展工作的人员，应该具备专业化知识与能力，能够为教师提供具有专业化水准的教学服务；为教师提供的各项服务，如讲座、研讨会、教学咨询等，必须是高水平的、具有十分强劲的震撼力与冲击力的；对教师教学工作的帮助是一个长期的过程，是一项系统化的工作，必须具有延续性，为了克服点状培训的不足，应该采用蛇形研修策略，蛇为身体细长，有头有尾，环环相扣，采取蜿蜒运动的方式前行的爬行动物。教师的研修活动，就应如蛇的运动方式，追求系统化和长期化，实现教学研修常态化。

教师发展中心的工作内容是帮助、研究与支持。因此，教师发展中心工作人员的角色是帮助者、研究者和支持者。帮助是指为教师的专业发展服务，采取一切可以采取的方式为教师服务。研究是指探求教师发展中心、大学教师发展和

大学教学的基本规律。支持是指为学校领导、学校职能处室完成基础性工作。教师发展中心的具体工作主要包括以下几项内容。

第一，教师培训。惠及各发展阶段教师，促进教师更新教学观念、掌握必要的教育技术和教学技能、提高教学能力。对各类教师进行全方位帮助。对新任教师进行基本职业能力培训，主要包括如何设计教学，如何上课，如何分析教学效果等；对有经验的教师，需要帮助其扩充和研习多种教学方法，研究自己的教学方式，进行具有自我发展意义的教学研究；对于优秀教师，则应该帮助他们总结、凝练自己的教学方法和教学理论，为学校打造真正的大学教学家；对研究生助教进行岗前培训，对博士研究生进行职前教师教学能力提升的培训。

第二，教学咨询。广大教师作为教学个体，在教学实践过程中，一定会不断地遇到新情况，发现新问题。因此，他们既迫切需要得到有效的指导，又迫切需要能与之商讨的帮助者。教师发展中心为全校教师预备了一个可以实现“点对点”式的探讨教学问题的场所，为教师提供了符合个体需求的“配送式”教学咨询服务，突出满足教师个性化专业发展的需要，希望教师在教学工作中能够“有问题，找中心”。

第三，教学改革。鼓励和帮助教师在教学过程中进行教学创新，不断地进行日常的教学科学研究；力图在校内营造出关注教学方法的变革，关注教学效果的提升，关注学生发展的积极氛围；帮助教师积极研修先进教学理念、更新教学内容、创新教学方法和模式、改进教学策略和教学结构、总结教学经验和成果。

第四，教学研究。进行教学研究既是教师发展中心的基础性工作，也是教师发展中心生存发展的生命力所在。教师发展中心应该重点研究中心的工作方法与策略；研究如何提升大学教师的教学执行力；研究在各个发展阶段中的教师发展的基本规律，新任教师、中坚教师以及优秀教师发展的途径和方法；研究大学教学的具体方法；研究各类学生的学习方式以及基本规律。

第五，汇聚资源。努力为广大教师搜集和积累校内外优质教学资源，包括教学名师、优秀教师、资深研究者等；为广大教师建立有效的共享机制；为教师提供高水平的教学服务。

第六，工作辐射。承担促进区域内高校加强教师教学发展中心建设的相关任务，组织区域内教师教学发展中心管理人员培训；开展教师教学发展中心建设实践研究；组织开展高校公共基础课骨干教师培训工作；为区域内高校开展师资培训提供优质教学资源和特色专业办学经验，发挥“中心”的示范、辐射、引领作用。

教师发展中心的工作方针是抓重点、抓特色、抓实效。

在此需要强调的是，教师专业发展是一个全方位概念，并非单一的教学能力提升。因此，教师发展中心的工作不仅应落在教师的教学执行力上，还应关注教师专业性的其他方面。具体而言，作为一名大学教师，其本职工作包括四大方面：一是教学活动，传播知识，教书育人；二是研究活动，占有或创造知识，探索未知，修身养性，自我完善；三是校内行政工作，服务他人，奉献他人，扶老携幼；四是服务社会，履行知识分子的社会使命，对人类社会的发展做出贡献。因此，教师发展中心不仅应关注教师的教学活动，也应发挥力所能及的作用，帮助广大教师在其他方面奋进发展。

二、教师发展中心工作内容

作为国家级教师教学发展示范中心，截至2017年底，教师发展中心共组织了讲座、研讨会、工作坊、午餐会等教师发展活动，校内教师4289人次、校外222个单位的教师882人次参加。其中，北京市87所高校和单位427人次参与活动。在每次活动中，参加者的好评率均超过90%；在每次活动中均有50%以上的教师表示，会考虑将教师发展中心介绍的教学策略方法应用于自己的教学。

（一）举办各级各类教师培训

教师培训惠及各发展阶段教师，以促进教师更新教学观念、掌握必要的教育技术和教学技能、提高教学能力为宗旨，力图对各类教师提供全方位帮助。对新任教师进行基本专业能力培训，主要包括如何设计教学，如何上课，如何分析教学效果等；对于有经验的教师，需要扩充和研习多种教学方法，形成具有自我风格的教学方式，进行具有自我发展意义的教学研究；对于优秀教师，则帮助他们总结、凝练自己的教学理论与方法，使科学家成为真正的教育家。

1. 开展不同主题的系列活动

（1）“新人类特征与现代教学方式创新”

由于信息技术的发展、科技以及社会生活的进步，现在学生的新人类特征带来其学习方式和学习需求的变化，也带来教师教学中的诸多困境。为此，教师发展中心围绕“新人类特征与现代教学方式创新”主题，邀请国内外对教育教学方法、理念有创新的专家学者来北京师范大学举办讲座，并取得了良好的效果。讲座内容包括研讨会“新人类特征与现代教学方式创新”“关于讨论式教学法的思考与实践”“通过概念地图实现理解型学习”“翻转课堂教学模式的尝试与感悟”等，培训“同伴教学方法”（peer Instruction）、资深教师谈教学等，国内外专家学术论坛等。

（2）“教育技术在教学中的有效应用”

在与教师的交流互动中，在对教师的非结构化访谈以及全校教师专业发展需求调查中，教师发展中心了解到教师对现代教育技术的理论和技术的发展存在三个层面的困惑：在宏观上，对现阶段教育技术发展及其先进技术和设施所创设的优质教学环境不够了解；在中观上，对采用哪些技术可以促进学科教学效果的提升不够了解；在微观上，对自己当前教学中的问题如何使用教育技术来解决、提升自身教学技能不够了解。

据此，教师发展中心根据教师对教育技术各个层面相关知识的需要，并针对教师提出的具体问题设计了包括午餐会、现场会和专家报告等各种形式的系列活动，旨在脚踏实地地结合教师专业发展需求开展培训活动。具体问题包括：当前有哪些最先进的教育技术工具手段？它们是如何用于教与学的？有哪些优秀的应用案例用技术促进教学？课堂教学中如何利用教育技术来发挥学习者的主动性？怎样制作优秀的教学软件？制作工具有哪些？以及学习资源的开发与学习活动的设计问题等。

为提高教师办公软件应用能力，教师发展中心还举办了系列办公软件应用和数字化教学资源应用培训，涉及 Word、Excel、Power Point（PPT）等常用办公软件和音频处理技术（GoldWave）、视频制作（会声会影）、PS 入门等数字化教学资源。

（3）“资深教师谈科研”

应广大教师特别是青年教师的需求，教师发展中心基于校内优质教师资源，开办了“科研能力”系列讲座，包括“做科研与人格养成”“创新和求实是科研的灵魂和根本”“国际 SSCI 期刊发表攻略”等。

（4）教学技能工作坊

为了向本校教师教学发展提供更好的教学支持，教师发展中心开办了教学技能工作坊（instructional skills workshop，ISW）、助教教学技能工作坊（teaching assistant instructional skills workshop，TA-ISW）、教学技能引导员技能工作坊（facilitator development workshop，FDW）等活动，通过小组研讨学习为主、大组学习为辅的形式，给予和接纳小组同伴的反馈，促进学员自我教学反思和教学能力提升。

除此之外，教师发展中心还举办了内容多元的讲座活动，如讲座“网络社区的学习活动设计”、“美国威廉玛丽学院通识教育和本科教学改革”和“给你的课堂把脉——结构化的数据背景下课堂教学行为的观测”等，“超越讲授——21世纪针对‘数字原住民’的教学”等研讨会，“互联网＋课堂创新”等培训活动。

2．针对不同教师群体进行培训

由于教学经历、教学观、学生观等主观因素有所不同，不同教龄的教师所面对的教学困难和教学困惑也不相同。因此，他们对教师发展的需求存在很大差异。教师发展者必须针对新入职教师、青年教师、教学专家型教师和新遴选的研究生导师的具体情况，展开不同内容、形式的培训。

（1）对新入职教师的培训

教师专业发展的初始期对教师今后的成长具有至关重要的作用。教师发展中心针对新入职教师科研与相关工作压力大的实际情况，系统、科学地设计了简约、高效的新教师研修课程及各项活动，力求帮助新教师理解当代大学教师职业的深刻内涵，树立大学教师的职业精神，提升教学科研能力及各项工作的水平；能够从学科与教学规律两个视角，思考课堂教学与课程建设所需要的知识、技能和态度；提升教学设计、实施、分析的基本能力，特别应提升使学生能够进行能动性学习的能力。

对新入职教师的培训项目设有教学能力提升与教师职业发展两个部分。其中，教学能力提升部分包括教学设计、教学实施、教学评价三大内容；教师职业发展部分包括教学方法、信息素养、科研能力与职业规划四个模块。

教学能力提升部分旨在引导新教师进行一次系统的教学体验，指导和规范新教师的教学行为。在研修期间，教师发展中心组织新教师对教学能力的三大内容分别进行体验式训练，达到阶段性地提升新教师教学能力的目的。

教学能力提升部分的第一阶段是集中培训，主要学习高等教育基础理论和进行“教学初体验”的活动，包括“大学课堂教学方法”“高等教育学”“高校教师职业道德修养”“高等教育心理学”“高等教育法规”等课程。在此阶段，新教师需针对每门课程，交一份200字以内的学习心得。

相关课程结束后，新教师将以小组为单位开展题为“教学初体验”的微型教学活动。该活动要求新教师在小组内互为师生，教师发展中心向各小组分发摄像器材，每位新教师需撰写10分钟的课程教案，制作10分钟的教学PPT，以及拍摄10分钟的微课。在设计微课时，新教师需考虑以下六个要素（BOPPPS）：

导入（bridge in）、目标（objective）、前测（pre-test）、参与式学习（participatory learning）、后测（post-assessment）和总结（summary）。

教学能力提升部分的第二阶段是教学设计和教学实施，以提升新教师的教学设计能力和教学实施能力。此阶段主要采用教学技能工作坊的方式，还包括Blackboard（黑板）教学平台应用培训，教学方法研讨会，教学名师报告会等。重点研讨以学习者为主体的教学方法，包括讨论法、案例教学法、合作学习、概念地图、项目式教学、问题解决学习等。

教学能力提升部分的第三阶段是教学展示。新入职教师用完成的教学设计方案进行10分钟的微型教学。每位新教师将自己数月来的研修收获，凝练在反复修改的教学设计方案中，通过10分钟的汇报试讲，展示教学综合能力，并接受专家的点评和指导。

为保障顺利有效地完成研修内容，研修方案还对学习要求、作业提交、小组活动、考核评价等内容分别做出明确规定，并举办午餐会，对小组长进行指导和培训，以确保研修方案能真正使新教师有所收益。

教师职业发展部分旨在帮助教师确立人生追求，规划职业生涯，全面提升教师的综合实力。本部分包括“教学方法”、“信息素养”、“科研能力”和“职业规划”等四个模块。教师可以有选择性地参加研修活动，每个模块至少选修一次。

此外，为了帮助新入职教师尽快适应教学工作，传承教书育人的优良传统，学校还试行“新任教师助教（含观摩听课）工作制度”。凡按照应届生选拔进入北京师范大学担任教学岗位工作的博士生和博士后均须在入校的第一学年担任助教工作，并进行观摩课程的学习活动。新任教师至少担任一门课程的助教，课时不低于32学时；因专业或课程原因无法担任助教者，可选择观摩1～2门课程，课时不低于64学时。

新教师所在教学科研单位负责为新教师安排助教工作或观摩活动。新教师下载填写《新任教师担任助教工作申请表》《北京师范大学本科教学观摩听课记录表》，按规定完成后送交教师发展中心，同时由各院系备案。

（2）对青年教师的培训

学校举办了“青年教师专业发展与世界一流大学建设”的首届青年教师发展论坛、“做党和人民满意的好老师”的师德论坛、“国际视野中的大学青年教师及其学术工作”讲座，鼓励青年教师践行“四有标准”，坚守崇高使命，弘扬高尚师德，提高专业水平，发展专业能力，做党和人民满意的好老师。

教师发展中心举办了全校青年教师教学基本功培训，帮助青年教师提高教学技能；举办了“大学青年教师叙事工作坊”系列活动，主题包括“如何处理教学和科研中的师生关系”“怎样成长为一名优秀的大学教师”“魅力课堂——说说我最有感觉的一节课”“如何增强教学的吸引力”等。

（3）对有教学经验教师的培训

此类培训活动面对全体教师，鼓励教有所成的教师采用各种方式与其他教师进行交流，如午餐会、研讨会等。为更好地传播教师的教学经验，教师发展中心举办了“大学教师的教学反思”征文活动，在教师发展基金项目中设置了针对有教学经验的教师的研究项目，旨在促进有教学经验的教师进行教学反思，形成可以向全国甚至向全球推广的教学成果。

（4）对新遴选研究生导师的培训

2013年，教师发展中心为研究生院进行了新遴选研究生导师培训。培训以“提升研究生教育质量”为宗旨，以“坚守学术诚信，警惕学术不端行为”为主题，呼吁新导师热爱学生、尊重学生、有效指导学生，为学校创造良好的育人环境，培养高级人才。

3．采取不同方式进行培训

（1）培训方法丰富多样

为吸引教师的参与，依据不同的培训活动内容采取不同的方式进行，如上所述，迄今为止，教师发展中心已经进行讲座、研讨会、工作坊、午餐会、上/下午茶等培训活动。此外，教师发展中心还积极组织教师参加教育部高校教师网络培训中心以及其他高校教师发展中心的教师培训活动。除前文中的讲座、研讨会、工作坊等，教师发展中心还联合各院系举办了“技术与教育融合创新”“文科院系助教辅助教学经验分享”“理科院系助教辅助教学经验分享”等专题午餐会；资助教师参加“教育部高校教师网络培训中心”的培训；与校工会等合作举办网络教学比赛、多媒体教学软件设计比赛、青年教师教学基本功比赛等。

教师发展中心举办了许多场思想交流分享活动，如“基于信息技术的高校课堂经验谈”活动、“世界即吾乡——第三届对话实践研讨会：人性化人类实践”分享交流会、混合式教学模式应用经验分享会等。

（2）组织教师赴校外开展研修活动

为了让教师得到更多的学习提升机会，教师发展中心努力拓展渠道、整合国内外一些高校和其他组织优质资源，组织教师开展国内外研修活动。在国内研修方面，中心及时发布和提供有效信息，先后组织不同学科、不同层次教师参加外校课程学习、南开大学举办的“Researcher Connect 工作坊”和“英文授课能力培训项目”，选派教师参加高教社举办的“大数据时代学术研究与信息素养系列研修”活动、“量化统计研修班”活动、“结构方程模型及其应用软件 Amos 与论文写作”研修班活动。在国外研修方面，为帮助北京师范大学教师提升教学能力，开阔视野，转变理念，学习发达国家的教学经验，掌握国际先进的教学方法，与国外优秀同行共同研讨教学问题，教师发展中心特开展骨干教师海外教学学术研究交流项目，以促进北京师范大学青年教师的教学水平，提升北京师范大学的教育教学质量。研修结束后，教师就所学所得与全校教师做了分享，包括多种教学法、建构学习社区教育会议收获、批判性思维训练与翻转课堂教学、基于问题的学习在经济课程的应用、化学教育教学的实践和创新、语言类型学的教学与研究新方法等。

（3）建设教师发展分中心

教师发展中心积极推动支持各院系根据自身学科特点开展教师发展工作，为此深入各院系走访调研，以期掌握一线教师的具体教学情况，有的放矢地开展相关工作，更好地解决教师专业发展中的实际需求，为广大教师搭建学习发展的平台。

教师发展中心鼓励并支持条件成熟的院系成立教师发展分中心，积极开展与学科相关的教师发展活动，切实推动北京师范大学教师专业水平的提升。

在教师发展中心的支持下，北京师范大学化学学院、信息学院、外文学院、马克思主义学院党政班子关注教师特别是青年教师的教学发展，持续开展了教师教育交流活动，取得了双赢的效果。

化学学院分中心开展了教师教育培训交流周、“新生导航课研讨会”、教师能力发展研讨会、本科生教学研讨会等工作，以提高教师教学水平，促进教师专业化发展并建立有效的学习交流平台。

外语学院分中心举办了“以学生为中心的互动教学”研讨会、“激发学生课堂参与”工作坊、“课程群建设”工作坊等活动，更好地帮助学院教师发展成长。

信息科学与技术学院分中心举办了教师教学能力探讨会等活动，设计了教师发展项目，由学校教师发展中心提供资金支持和项目指导，项目包括教师基本能力提升计划、教师综合素质提升计划和教学质量评估计划，为教师发展提供平台，提供资源，创造条件。信息科学与技术学院分中心还多次邀请国内外专家到学院对教师进行培训，包括教学、科研项目申请、论文撰写、论文投稿、参加会议等。

（二）开展教师教学咨询

教师发展中心希望教师们在教学工作中能够“有问题，找中心”，为教师提供一对一的教学咨询服务，咨询主题包含教学、科研、工作能力、师生关系等，例如，如何突出讲授课程与前序课程的区别，解决教学内容重复的问题；教学内容的更新问题；突出阐释为什么要学本门课程以及如何学好本门课程；研讨课程的设计思路、成功的秘诀；如何进行教学设计；如何突出课堂教学重点；如何评价和课后作业；考试的目的；如何应对由必修课改为选修课的挑战；如何开展讨论式教学；加强师－生、生－生间的良性互动，进一步发挥学生在课堂教学中的主体；作用的必要性与可能性；如何通过命题组织学生讨论；在严格要求学生的前提下，如何提高学生学习积极性；如何构建和谐的师－生关系；如何调动学生的主动性和积极性；如何发挥学生在学习中的主导地位；为何学生不喜欢用“出题优”软件，回答教师的课堂提问；哪些课程内容适合用“出题优”软件，进行随堂测评；如何组织好传统课堂与慕课（massive open online course，MOOCs）结合的“混合式”教学；如何控制好教学实践，以免出现“前松后紧”的情况；教材建设；如何申报教学成果奖。

（三）设立教师发展基金项目

为实现北京师范大学第十二次党代会和学校“十二五”规划提出的战略目标和任务，积极配合实施《北京师范大学本科人才培养质量提升计划》和《北京师范大学关于进一步深化研究生教育改革的决定》，推进北京师范大学教育教学模式改革，促进教师和学生发展，教师发展中心以“新人类、新理念、新方式”为主题，围绕“新人类特征与现代教学方式创新”组织教师培训和研讨，并设立“教师发展基金”项目，推动广大教师开展专题立项研究。

“教师发展基金”共设立四类项目：第 I 类是作为教改的启动资金鼓励教师运用新的教学方法（含教师发展中心教师培训活动中推荐的方法）于教学中；第 II 类用于“教师教学方法探索”专题活动；第 III 类用于教师发展专业基础研究项目；第 IV 类用于教师发展专业专题研发项目。

（四）建设教师发展资源

1. 教师发展资源平台

为了充分发挥北京师范大学教育学和心理学的学科优势，深入丰富开放资源，整合校内外已有资源，进一步加强资源建设，健全资源管理，提高资源使用效率，使教师能随时随地加以运用。教师发展中心开发了专用教师发展资源平台门户管理系统，提供以视频类和文本类为主的数字化资源，以便为教师相关课程的教学设计及科研活动的创新性思想提供丰富实用的资源素材。

教师发展资源平台提供如下三类资源：视频学习资源、文本资源和模板资源（如 PPT 模板资源）。视频类资源涵盖国内外的优秀教学视频资源，模板资源可以让教师们自己直接利用，通过利用听觉通道、动觉通道和视觉通道，使得教师能够制作出优秀的教学课件。除资源外，平台还为教师讨论教学问题提供“交流社区”。

2017 年，教师发展资源共上传视频 98 个。其中，包含活动视频 26 个；Office 系列微课 72 讲（个）。视频总长为 68 小时 55 分 30 秒（约 4136 分钟），总容量为 20.79GB（flv 格式），视频总浏览量为 400 次。

2．微信平台

2017 年，教师发展中心在微信平台发布推文 75 篇，总阅读量为 21 761。其中，教师发展中心微信平台发布 48 篇，阅读量为 10 800 次；学校官微平台发布 27 篇，阅读量为 12 362 次。教师发展中心目前微信平台关注人数为 1 257 人，中心微信文章曾被 10 所院校的相关公众号转载，转载 23 次。

总之，资源平台将以视频文件为主，文本材料为辅；教师实践为主，专家点评为辅；课堂教学为主，课下学习为辅。并且其采用独特的播放器，以了解教师最感兴趣的部分，可以从资源的角度看教师的需求；还可以根据网络信息，研究教师的学习行为，以期为教师提供更及时、准确的帮助。

3．建设教学名师库

国家级和省市级教学名师是我国优秀教师的宝贵资源。教师发展中心收集了全国的国家级和省市级教师名师的相关信息，包括所在学科、所讲授的课程、取得的成就等，作为今后北京师范大学教师发展工作的后备资源。

此外，积极收集并积累优秀教学资源。除收集已有的优秀教学资源外，教师发展中心还注重积累，将每次教师培训等资源录制，并放在“教师发展资源平台”，供因故没能参加培训的教师自学。

另外，教师发展中心设立中心网站，及时公布信息，截至 2017 年 11 月 22 日统计，网站总访问量 66 704 次；不定期向全校教师提供工作简报，宣传教师发展中心的最新工作动向，选登适时、有针对性、指导性的译文；通过网页、电子邮件、QQ 群、微信发布平台等进行多途径宣传，使校内外的教师均能及时了解中心的活动信息，较好地实现了国际级教师教学发展中心的沟通、交流和辐射的功能。

（五）开展教师发展辐射工作

教师发展中心作为国家级教师教学发展示范中心，受教育部委托，在做好本校教师发展工作的同时，充分利用自身优势，积极主动发挥辐射功能，建立教师发展共同体，与兄弟院校携手共进，共同发展。

教师发展中心通过走出去请进来的方式，与国内外多家高校建立了良好的协作关系，交流机构建制、职能定位、项目运行等方方面面的情况，汲取经验。教师发展中心积极发挥在高校教师发展领域的示范引领作用，创建了与国内外各兄弟院校合作的良好环境。中心教师多次赴校外进行交流、培训等。

教师发展中心积极开展与美国密歇根大学、日本京都大学等海外名校的交流工作，不断提升国际化水平。教师发展中心为支持老区建设，举办“赣南医学院青年骨干教师研修班”；举办“北京高校教师发展战略与实践”研讨会，促成北京高校教师发展中心的区域合作与资源共享，促进北京高校教师发展中心建设；赴重庆大学举办“北京师范大学西部行交流活动—教师教学技能提升系列工作坊”；与南开大学联合举办“京津冀高校教师发展区域合作与资源开发研讨会”；举办第二届北京高校教师发展战略与实践——合作与发展（2016）研讨会等。

此外，教师发展中心在举办一些高水平培训、讲座活动时，注意与兄弟院校的同行建立联系，欢迎他们选派代表参加，实现资源共享。

（六）开展中心自身发展工作

高质量的教师发展服务工作，需要以优秀的教师发展中心的自身建设为保障。为此，教师发展中心不仅开展了国际国内调研，吸取国内外知名教师发展中心的先进经验，并进行相应的学科研究，为教师发展中心的建设提供依据，还开展本校教师发展需求调查，针对本校教师发展的需求有的放矢地设计教师发展活动。

1. 国际调研

教师发展中心通过文本研究，开展了美国高校教师发展工作调研，选取了哈佛大学、加州大学伯克利分校和洛杉矶分校、普林斯顿大学等高校为研究对象，就这些学校的教师发展机构的发展简史、组织结构、项目与计划、活动内容与形式、提供的支持资源等进行了总结、归纳和比较研究，吸收其中便捷有益的成分，为己所用。教师发展中心还访问了日本关西地区大学教师发展机构，充分了解了日本高校近年来教师发展和学生发展的重要进展和举措；参加了澳大利亚悉尼大学的新教师培训活动等。

2. 国内调研

国内高校调研的主要内容包括：受访学校教师发展机构的组织性质、结构、职能、项目、措施以及远景规划，以及今后可能的院校间教师发展工作的合作。教师发展中心由五位教师组成的调研小组，分别对北京师范大学珠海分校、暨南大学、华南理工大学、中山大学、四川大学、上海交通大学、复旦大学等高校的教师发展机构进行了调研。

3. 校内教师发展需求调研

《北京师范大学“十二五”发展规划纲要》指出，把以人为本作为学校各项工作的出发点。坚持以人为本的发展理念，通过深化培养模式改革促进全体学生的全面发展，为教师的专业发展提供系统支持。2013 年，北京师范大学教师发展中心和人事处共同开展了针对全校的“专任教师工作与发展需求调查”，以了解北京师范大学教师目前的工作、学习和发展需求等方面的情况，对教师在职发展提供支持，为教师管理制度改革、教师工作条件改善提供依据。

调查结果表明，在教学方式选择上，78% 的教师经常以系统讲授的方式为主，经常使用案例教学、课堂讨论方式的教师比例比较低，如经常会用到案例教学的教师只有 38% 左右。教师评价学生学习效果的方式也是以闭卷考核方式为主的教师占比最多。将加强教师教学方式方法方面的培训，引导教师在课堂教学中采用多元化的教学方式方法，激发学生的学习兴趣。此外，调查中 70% 上的教师们都表达了对提升学术写作技术、新教学理念、新的教学方法和技术、学术研究方法等与教师在职发展有关的学习需求。其中将学术研究方法列为第一需求的教师比例最高，占比为 40%，远高于排在第二位的教师发展需求，即将新教学理念列为第一需求的教师比例（24%）。因此，教师发展中心在定位教师专业发展时，不仅仅应重视其教学方面的发展，还应该重视教师专业的全面发展。

4. 教师发展专业研究

从事教师发展工作的人员具备专业化知识与能力，能够为教师提供具有专业化水准的教学服务。教师发展中心充分依托北京师范大学教育学、心理学等学科优势，吸收和汇聚了一大批专家学者，成为教师发展中心提供一流教师发展服务的坚实基础；对教师发展进行专业研究，发表了一系列研究论文，资助北京师范大学教师出版了 5 本专著，拟出版 2 本翻译著作（表 1-1）。

表 1-1　北京师范大学教师发展中心教师出版图书

书名	作者	出版社	出版时间
《钢琴教学的系统科学方法》	王海波	人民邮电出版社	2017 年版
《案例研究教学法——以人力资源管理教学实践为应用范例》	李宝元	人民邮电出版社	2017 年版
《教的更少，学得更多：概念地图在学习与教学中的应用》	吴金闪	人民邮电出版社	2017 年版
《基于翻转课堂的同伴教学法：原理·方法·实践》	张萍	人民邮电出版	2017 年版
《互联网 + 教育：教师发展》	李芒	电子工业出版社	2017 年版
《深度学习——以提升能动性为核心》（选题名称）	松下佳代（日）	人民邮电出版社审稿阶段	待定
《美国大学教师发展组织和项目》（选题名称）	林杰	教育科学出版社审稿阶段	待定

（七）开展以学生为对象的教师发展培训

教师发展中心十分注重对研究生助教进行岗前培训，并在国内首创了为博士研究生开设的职前教师发展课程——“大学教师的教学方法与技能”。对助教的培训，举办了优秀助教座谈会、助教经验交流会、“教师如何与助教充分合作”午餐会、助教 Prezi 软件应用讲座、助教“学习风格”工作坊、“助教能力提升培训——办公软件技能实训”系列主题讲座等活动。对博士研究生，中心以国际盛行的教学技能工作坊为蓝本，开设培养未来高校教师的博士生课程《大学教学方法与技能》，课程结束后博士生可获得相应学分认定及教师发展中心证书。

第二章

北京师范大学教学设计的理论与实践

大学教学的特点决定了大学教师必须事先设计为什么教、教什么与怎么教的教学方案。[①]这就是教学设计。本章针对大学教学设计的过程与方法，基于北京师范大学“青教赛”案例，对大学教学设计的理论与实践进行了分析和讨论。

第一节 大学教学设计的过程与方法

教学设计能力是大学教师的一项基本能力，是大学教师教学综合能力的重要组成部分。教学设计工作是决定大学课堂有效教学的核心要素，由于教师教学理念、知识背景、所谙熟的教学策略不同，因此教学设计的过程与方法呈现出个性化特征，需要教师酌情选择。

一、大学教学设计的重要性

美国教育学者费尔德曼在1977年做的一项关于影响高校学生学习效果的教学因素调查中，通过实证研究得出了30项与其相关的内容，并从相关系数的高低进行了排序（本书仅列出前10项）（表2-1）[②]。

① 李芒，孙立会．论大学教师的教学设计力．现代教育技术，2013，23（11）：17-21.

② Feldman k .Identifying Exemplary Teachers and Teaching：Evidence from Student Ratings.in Perry P.and Smart J.（eds）.Effective Teaching in Higher Education：Research and Practice.New York：Agathon Press，1977：368-395.

表 2-1　影响学习效果的教学要素

教学要素	相关系数
教师的准备和教学设计	0.57
说明的准确和易于理解	0.56
按照教学目标授课	0.49
学习成果的明确	0.46
由教师进行的知识刺激	0.38
面向高学习水平的动机	0.38
提问的促进和允许不同的意见	0.36
教师的亲切	0.36
教师的说话方式	0.35
教学目标和履修条件的明确	0.35

从表中可以看出，教学设计在教师影响学生学习效果的诸多教学因素中呈现高度相关，远大于教师的亲切程度和说话方式等。这在一定程度上说明了大学教学设计对教师的重要性。如果大学教师在教学设计上肯下功夫，并且充实其他因素，就一定会显著提高学生的学习水平，从而提高高等教育教学质量。从这项调查数据的时间来看，国外在 20 世纪 70 年代末就已经开始注重大学教学设计，并以此提高教学质量，而我国才处于起步阶段。

2012 年 7 月，教育部和财政部启动了《国家级教学发展示范中心建设工作的通知》。该通知的重点在于提升中青年教师业务水平和教学能力，以此促进和提升本科教学质量和教学改革。大学的重“研”轻“教”的局面开始发生根本性转变，大学教师教学设计的重要性越来越得到关注。对于反思大学的有效教学，这是场“及时雨”。但对于提高大学教师的教学设计能力，不能把希望全部寄托于几次的专家讲座或者高等学校的教师资格培训，还应该从教学实践开始。

二、设计是教学的起点

教学设计是指教师系统的对某个学期担任科目的学习目标、学习内容、学习方法和评价方法等的整体构想。以往大学教学不重视教学设计，经常漫无计划地开展教学。

教学设计中有三个重要的问题：“通过教学，学生达到的目标是什么”“学生是如何达到目标的”“怎样评价学生是否达到教学目标”。简要概括就是“目标、方法和评价”。目标表示方向，按照教学目标组织教学内容，结合教学目标和教学内容设计教学评价，将教学三要素有机整合。

伦敦大学 Laurillard 教授认为："在大学教育领域，虽然我们常常主张大学生在一门学科中批判性地开发自己的观点，而不是接受填鸭式教育，但我们仍然寄希望于正确的答案。这是产生问题的重要原因，比如：我们本科生水平的教育模式常常是更加说教式的，而不是协商讨论式的。教学是多对一，而非一对一，更多时候我们是在控制而不是提供资源。这也是我们作为教师，对学生学什么、如何学承担主要责任的原因。"[①] 教什么和如何教的问题一直是教学中最重要问题。如今，大学教师必须认清，教学已不仅仅是知识的传授，教师也不应该仅仅是"拥有"某种知识。

新任教师或者教学经验少的教师，即使拥有专业领域知识，没有教学技能也很难把学科知识出色地教给学生。大学教师作为一种职业，与中小学教师、医生、律师等显著不同，后几种职业在"入门"之前都应该接受培训并取得相应的资格证，但成为大学教师，却没有经过严格的教职培训。培训体系的不完善让大部分大学教师，特别是新任教师，在教学上感到紧张和不安。一名卓越的大学教师必须掌握教学的知识和技能，掌握好传递学术领域知识和技能的"工具"。

简单来说，"设计"是一种有目的的创造性行为，是把思想通过视觉的形式表示出来，是一种创造性活动。教学的第一步是对教学进行整体设计，把教学中诸多因素按照一定规则有机组合在一起，其中要体现教师的思想，更要注重整个教学之"魂"，如果没有"魂"，只能是漫无目的的教。设计的好坏决定了教学的成败。

刚开始担任教学工作的教师，尤其需要为教学准备留足时间。在推敲教学构想时，新任教师会发现许多需要反复打磨的问题。新任教师可以从课程前任教师处询问教学经验，尽量收集到前任教师的教学大纲、课题、参考资料、考试题目、成绩评价分布等资料。如果是开设新课程进行教学，新任教师也可以参考其他大学类似的课程，做好教学准备。

三、教学大纲是教学的蓝图

教学大纲是学生学习过程和教师教学过程的指导性文件。目前，我国大学的教学大纲主要是教学内容目录，而缺少教学活动安排和教学过程说明。

美国大学的"教学要览"实际上更符合教师需求。"教学要览"是记录大学所有课程纲领的小册子，帮助学生选择课程，是按照大学规定制定的计划书。我

---

① 戴安娜•劳里劳德. 反思大学教学. 童康译. 上海：华东师范大学出版社，2011：2.

国大学的教师可以按照大学教务部门的规定制作自己的教学要览，按照自己的教学理念制作供教学参考的教学大纲。

（一）对教学大纲的认识

教学大纲是每门学科的教学纲要。各个教学科目的详细计划，通常是关于大学教授课程的名称、担任教师的名字、讲义目的、每次的教学内容、成果评价方法・标准、准备学习等具体的指示，以及教科书、参考文献、履修条件等。这是学生学习各学科的基础。在学习过程中，教师要根据学生的需求调整教学内容，并且将此作为对学生评价的指标等。可见，在大学教师制作教学大纲时，最重要的考虑因素是如何支持学生学习，教师应把支持学生学习的各种要素优化组合。

日本名古屋大学高等教育研究中心夏目达也教授认为，教学大纲有三个作用。① 第一，作为教师和学生的契约。例如，如果学生说“今天提出的问题不清楚”，教师就可以告知“请参考第一次上课时发的教学大纲”。当然，教师也有按照教学大纲进行教学的责任。总之，教学大纲是学生和教师双方为教学成立而定下的契约。第二，作为学生学习入门的参考资料。每次的教学内容、参考文献、课题等都在教学大纲中清楚地呈现，这既能表示教学过程的整体性，又能指导学生通过教学大纲进行课外的自主学习。第三，作为面向学生事务的联络文件。把教师的联络方法、个别指导、提交报告（作业）的方法和期限、教室内遵守的规则等告诉学生。

（二）制作教学大纲的意义

制作教学大纲有助于高效地支持学生学习，帮助教师进行教学，提高教学效果，回应学生对教学的期待。教学大纲能够提供教师教学和学生学习的来龙去脉。教学大纲上列出的课外学习活动或参考文献等，也能促进学生的自主学习。此外，教师能够通过制作教学大纲，更加全面、具体地了解教学整体，系统地对教学进行设计，提高教学效果。教学大纲是代表教学质量的重要资料，通过教学大纲可以对大学课程设计进行评价，还可以促进大学校际交流。

（三）教学大纲中包含的基本内容

教学大纲应列出的基本信息如表 2-2 所示。除此之外，教师还可以加入通过

① 夏目達也，近田政博，中井俊樹，齊藤芳子．大学教員准備講座．日本：玉川大学出版部，2010.

教学产生的重大问题、自己的教育观、教学需要的工具、过去考试内容、报告的书写方式、需要特别学习支援的学生的辅导方法、读书导引和希望参加的比赛项目等。教学大纲撰写不限于文字，可以加入和教学内容有关的绘画、照片等。

表 2-2　教学大纲中的基本信息

信息名称	具体内容
与教学有关的基本信息	学习目标、通过教学处理的内容
与教师相关的信息	名字、研究室地点、电话号码、电子邮件、传真、联系地址
与教学计划相关的信息	每次学习的内容、每次进行的课题内容、课题提出的方法和日期
与学生相关的信息	学生需要的知识与技能、履修条件
与成绩评定相关的信息	评价标准、评价方法
与教材相关的信息	教科书和其获取方法、其他的辅助教材和其获得方法、参考图书、参考网址
学生规则相关的信息	课堂中应遵守的规则、分发资料的规则、课题提出的规则、与教师接触的规则

四、教学设计的要点

（一）设定适当的学习目标

在设计教学时，首要考虑的因素是学习目标是否恰当。以学习目标为出发点，可以从多个角度设计教学大纲。第一，从课程视角出发。通过整体的大学课程，明确要培养什么样的人才；在课程中怎样进行评价；学生期待什么；与学生学习的其他课程有什么样的关联。第二，从学术领域视角出发。明确自己教学的学术领域主题中最重要的本质是什么；是重视教学学术领域的研究成果还是重视学术领域特有的思考方式和研究方法。第三，从学生视角出发。明确学生接受课程教学时，具有怎样的预备知识和能力；他们关心什么；有什么样的学习习惯；毕业后打算选择什么样的职业。第四，从环境制约条件视角出发。明确在什么样的教室上课；利用什么样的设备传递信息；想得到教学机器支持吗；预计听课的人数是多少；这些环境制约条件中，实现的可能性怎么样。

（二）明确学习目标

明确学习目标需要注意以学生为主体、通过学生的行动表示目标、设定条件或程度。学习目标的表述方式不同于教师教学目标，不应表达为“教什么”“介绍什么”。教学设计不应把教师作为主体，而应把学生作为制作学习目标的主体。把学生作为主体记述学习目标的方式能使学生更加明确自己通过学习会达到的程度。在学习目标之外，还应该写上“这门课结束时，所有学生会学到如下知识、技能和态度”等。“观察”或“概括”这样的学习目标，教师很难对学生学习效果进行评价。教师可以根据学生行动确定学习目标，如“能说明什么”“能分析什么”“能根据什么阐述自己的意见”等表述方式，增强学习目标的可操作性。明确学习目标的条件和程度。如学习目标“以自由泳的姿态 60 秒内能游 50 米”，条件为“以自由泳的姿态”，程度是“60 秒以内游 50 米”。对学习者而言，清晰的学习目标更具有可操作性。为了确定学习目标设定的适当性，可以使用由彼得·德鲁克（Peter Drucker）提出的 SMART 原则进行核对①（表 2-3）。

表 2-3　SMART 学习目标核对表

SMART	具体内容
specific（具体的）	设定具体的获得知识和技能了吗
measurable（可测量的）	学习目标是否达成的评价具有可操作性吗
achievable（可完成的）	学习者能完成吗
relevant（相关的）	是学生需要的吗
time-bound（时效性的）	是社会和时代需要的吗

（三）从学习成果倒推的思考

加涅和梅瑞尔认为，由目标倒推至所要求的教学事件的工作程序，是最有效和最广泛使用的技巧之一。根据每一个单一类别的学习产出，设计者能够分析和规定有效学习必要的教学条件。②具体而言，教学结束后，教师可以从学生掌握了怎样的知识、技能和态度出发回顾教学过程，分析达成学习目标的必须要素和要素间关系，用本次的教学经验为今后的教学提供指导。

（四）充实教学时间之外的学习

学生需进行课内外学习，不能完全依赖于课堂时间。按照大学课堂标准，一节课的教学需要完成 50 分钟教学内容。大学教学多为一次 100 分钟，一学期 15 次。因此，除教学时间外，学生大部分学习过程都在课余时间完成。教师需要促进学生课堂时间外的学习，安排预习、复习活动，小组讨论活动，课后与教师的交流讨论等。

① 绩效管理百科．什么是 SMART 原则？ http：//jixiaoguanli.baike.com/article-703023.html.2017-04-07.

② Gagne R M，Merrill M D.Integrative goals for instructional design.Educational Technology Research and Development，1990，38（1）：23-30.

（五）参考其他教师的教学设计

第一次教学的教师，可以参考他人优秀的教学设计。利用网络资源，新任教师可以浏览到大量的教学大纲，但要注意选择高质量的教学大纲设计，并根据实际课堂情况进行有针对性的调整。

如今，不仅教学大纲，公开笔记、课题、考试等内容的大学也在不断增多，如麻省理工学院的开放式课程①（OpenCourseWare）等。教师要提高信息检索的能力，学会参考其他教师的教学设计。

五、提高教学设计能力

日本名古屋大学池田辉政教授认为，教学创新依赖于教学方法与策略。教学的优劣和专业知识的多寡并不是教学成功的主要原因。教学的成功需要教师的设计力。把课程目标和学习者放在心中的同时，还要把教学的轮廓和各个要素的组成表现在教学大纲中，这才是设计力的表现。②出色的教学设计需要专家的学术观和教育观。即使是极为普通的教学设计，也不能忘记其中可能会包含很有意义的课题。教学既应该反映学术领域的本质，又应该考虑学生必须掌握的知识、培养的能力。

教学不是一门能够完全将一个主题精确地教给学生的科学。但不可否认，教学有一定的规律，探寻教学设计过程中的客观规律，有助于提高大学教师的教学设计能力。

第二节　可视化教学设计

思维导图和概念图的出现为大学教师教学设计提供了可视化工具，使得大学教学设计具有了“所见即所得”的可能性。可视化教学有助于减少学生的注意

① 麻省理工学院．开放式课程．https：//ocw.mit.edu/index.htm.2018-01-05.

② 池田輝政，戸田山和久，近田政博，中井俊樹．成長するティップス先生ー授業デザインのための秘訣集．町田：玉川大学出版部，2001.

分散，促进深度学习，拓展工作记忆容量，避免冗余效应。

一、可视化教学设计概述

可视化是把数据、信息和知识转化为可观察的表示形式并获得对数据更深层次认识的过程[①]，是将思维进行外化呈现的过程。从上述定义可以看出，可视化有三个主要特征：其一，可视化是一种图形技术；其二，可视化是一种简化知识表述的方式；其三，可视化是一种深层次加工信息的方法。可视化的普遍应用和视觉文化传播时代的来临，不但标志着一种文化形态的转变和形成，也标志一种新传播理念的拓展和形成，更意味着人类思维范式的一种转换。

教学设计的可视化是一种简化策略，是对复杂知识的提炼、概括和再加工的过程。杨乐院士举了一个三角形的例子，任意三角形三个内角之和等于180°。这一概括很简单，但越是简单，越显示了不可动摇的威力——这个定理是公理性的。[②]可视化教学设计正是以其简单方便的操作方法显示了不可动摇的威力。当今时代已变为“图像社会”，将一切生产、流通和消费行为都转化为形象。“商品的交换价值不只取决于它的使用价值，更有赖于其形象价值。”[③]可视化教学设计的形象价值在于每一位教师都能成为设计者，并赋予形象以创造性知识。正如米歇尔所言：“无论图像转向是什么，我们都应该明白，它不是向天真的摹仿论、表征的复制或对应理论的回归，也不是一种关于图像‘在场’的形而上学的死灰复燃；它更应该是对图像的一种后语言学的、后符号学的再发现，把图像当作视觉性（visuality）、机器（apparatus）、体制、话语、身体和比喻（figurality）之间的一种复杂的互动。”[④]

可视化方法证明，“图”对人类逻辑思维不是起到倒退的作用，而是一种有力的补充。有效地利用图像，可以系统深化人类知识，不断创新。可视化作为一种知识和对象的新的存在方式，衍生于对文本、思维想象的形象解读，反过来又影响着人们对文本、思维想象的再认识，使图像加工成为一种创造性的思维活动。

信息图表是一个信息传播领域可视化运用的例证。不限于常用的数据图表，信息图表将视觉审美艺术同量化、准确的数字文本信息结合在一起，用适当的视觉语言将数字与数字间的关系有效地组织和归纳，形成既易于理解又具有戏剧化

① 洪文学，王金甲. 可视化和可视化分析学. 燕山大学学报，2010（3）：95-99.
② 王光明，胡越. 我们时代的文化症候. 北京：社会科学文献出版社，2005：172.
③ 金元浦. 消费美丽：时代的文化症候. 粤海风，2005（4）：57-63.
④ Mitchell W J T. 图像理论. 陈永国等译. 北京：北京大学出版社，2006：7.

色彩的图形格式，使人们以最小的时间消耗和最大的趣味性去理解文本、数据所传达的趋势、差别、变化，帮助读者理解过于乏味的描述性文字。思维科学和学习科学领域的思维导图、概念图和思维地图也是视觉文化的产物。它们有一个共同的特点就是将文本形象化、时空层次化、信息秩序化，通过对图像、文字、符号、色彩等视觉元素的综合运用来处理一些单靠文本或数据很难解释的信息间的相对关系，并试图通过视觉语言提高信息传达的感染力、丰富性及交流效率。

总之，相对普通文本来说，在陈述事实时，视觉化信息将各类观点更加紧密地进行压缩，表现得比文字更直观、生动、快速。如以下示例。

确定开会时间：

A 说不能参加今天下午 3 点的会议；

B 说明天开也可以，但明天 10 点以前不行；

C 说明天晚上才能回来；

秘书说，明天的会议室已经有人预定，但后天还没有预定。

会议决定安排在后天上午 11：00 比较合适。

图 2-1 是对文字信息的加工，以确定开会时间的思维过程，比文字信息更清晰、更有逻辑；而图 2-2 更加直观地显示了确定开会的时间和依据，凝炼了信息，突出了重点。

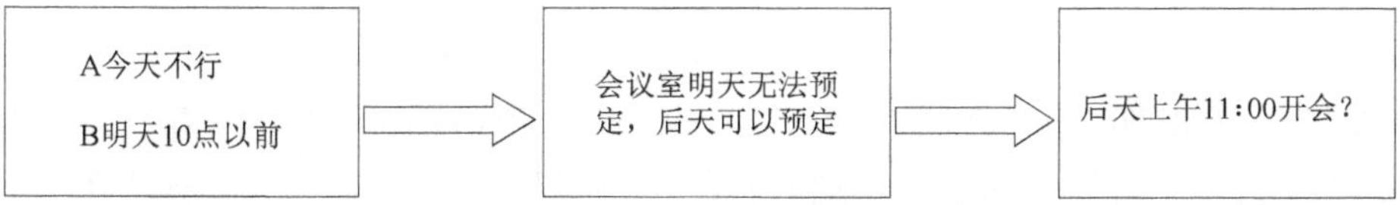

图 2-1　确定开会时间的思维过程

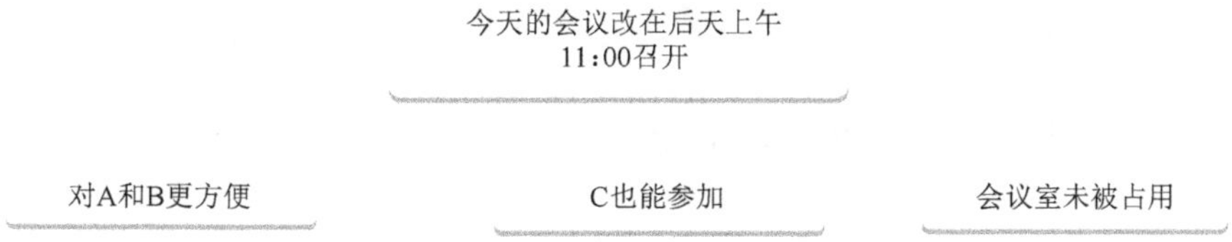

图 2-2　确定开会的时间和依据

二、可视化教学设计的理论和方法基础

教学设计反对死板、容易复制的结论。从本质上讲，每一个教学设计项目

都会有新的创造。使用者不能每一次都遵照相同的方式进行教学，即使采用相同的方式也不一定能取得同样的教学效果。教学设计需要的是问题解决技能。

可视化有助于学生进行良好沟通，例如画草图。设计者为了把设计向前推进，需要提出假设并且做出“最好猜测”的决定，随着自己理解的增加，去证实或者修改决定，由不太准确的草图过渡到针对性强的工作模式。在整个教学设计过程中，设计者将根据某一时刻所占有的信息，做出即时的决定，起草设计一些材料，然后向客户、学科专家或学习者陈述其内容，从而获得及时的反馈，根据各方面的反馈意见修改原来的设计。画图是完成这一过程的最高效方式，图可以使交流清晰、简练而及时。图的形式多种多样，可概括为上下、左右和内外三种组织方式。

可视化是对理论认识的一种外显方式，也是理论指导实践过程的具象化。图解的过程是对理论吸收消化的过程，画图也是一种最能厘清问题的有效工具，文字符号在这方面的表现要逊色于图表等符号。Robert Horn 在 *Visual Language* 中指出，尽管人们日常的工作场所大多是语言性或非图视化的，如口语、文字和数字等，但事实上人脑 80% 的功能都用于处理视觉信息。因此，Robert Horn 把使用视觉语言展示观点的优点简要概括为：帮助决策、提升印象、缩短交谈、促进共识和利于说服等。①

教学设计是一个问题解决的过程，而画图是一种很有效的思维工具，它可以帮助设计者进行创造性思维。通过画图，设计者能够分清主次，更快、更清楚地看清主要思想如何彼此关联，形成组织思想并加以深化提炼的能力。图形为学校教师提供了有用的中间平台，使其在思维过程与教学决策之间平稳过渡，而不再重复耗时费力的起草过程。利用思维导图可以快速、高效地准备讲课教案，并且思维导图教案方便教师对授课内容进行浏览，有助于教师把握教学内容，分配讲课时间，提高课堂效率。②

三、可视化教学设计方法

可视化教学设计在呈现学习内容时，突破传统的线性文本形式，通过画图促进内容呈现的直观性和有效性，加强学习者的创造性思维和记忆力，有助于发展学习者的思维能力、感知能力、创造力和自信心。Anderson-Inman 和 Zeitz 研

① 转引自：熊频，胡小勇. 可视化思维支架：概念图研究的新视角. 信息技术教育，2005（10）：54-56.
② 王功玲. 浅析思维导图教学法. 黑龙江科技信息，2000（4）：66

究发现，当要求学习者在学习的不同阶段创作他们自己的概念图时，学习者受益最多，在这个过程中，学习者最容易变成积极的参与者①。

通过让学习者对学习内容画图的方式可以很好地了解他们的学习情况。从知识表示的能力看，概念图能够构造一个清晰的知识网络，便于学习者对整个知识架构的掌握，有利于直觉思维的形成，促进知识的迁移。思维导图呈现的是一个思维过程，学习者能够借助思维导图提高发散思维能力。通过画概念图和思维导图可以直观快速地检测到学习者是否把握了一个概念体系。概念图和思维导图创作连接着学习者的理解、解释、认知转换以及创造力②，反映了学习者思维的流畅性、灵活性和独创性③。

可视化可以促进头脑风暴会议的展开。

一位教学设计者决定利用一次头脑风暴会议来帮助团队突破原来的想法，以概念图为原理，绘制了如图 2-3 所示的基本活动思路④。

可视化教学设计有利于设计团队和个人计划的修订完善。Flower 等的研究发现，在组织信息和材料时，许多教师使用概念图这种策略作为工具来达到“头脑风暴”的目的，即思维高度活跃，打破常规而产生大量创造性设想。⑤

概念图（concept map）是 20 世纪 60 年代康奈尔大学的约瑟夫•诺瓦克（Joseph Novak）博士设计的一种教学技术，用来组织和表征知识。它通常将某一主题的有关概念置于圆圈或方框中，然后用连线将相关的概念和命题连接，连线上标明两个概念之间的意义关系。作为一种科学的教学策略，教师可以自觉地在教学活动中利用概念图来提高教学质量。常用的概念图有事件链图、对比矩阵、连续体、鱼骨图、主题树、流程图、对比图、圈图等。

思维地图（thinking map）是 David Hyerle 博士在 1988 年开发的一种用来进行建构知识，发散思维，提高学习能力的可视化工具。基于对大脑接收信息机制的研究，思维地图主要有八种类型，分别是圆圈图、起泡图、双起泡图、树型图、括号图、流程图、复流程图和桥型图。它们对应人在思考时的八种思维过程，分别用在事物的定义、描述、比较、分类、层级、顺序、因果及类比的过程

① Anderson-Inman L，Zeitz L. Computer-based conceptmappingactive studying for active learners. The Computer Teacher，1993，21（1）：6-11.

② Robinson A H. The Look of Maps：An Examination of Cartographicdesign.Madison. WI：University of Wisconsin Press，1982：55-58.

③ Wandersee J H. Conceptmapping and the cartography of cognition. Journal of Research in Science Teaching，1990，27（10）：923-936.

④ 琴纳莫，考克 . 真实世界的教学设计 . 蔡敏主译. 北京：中国轻工业出版社，2007：160.

⑤ Flower L，Hays J R. Images，plans，and prose.Written Communication，1984，1（1）：120-160.

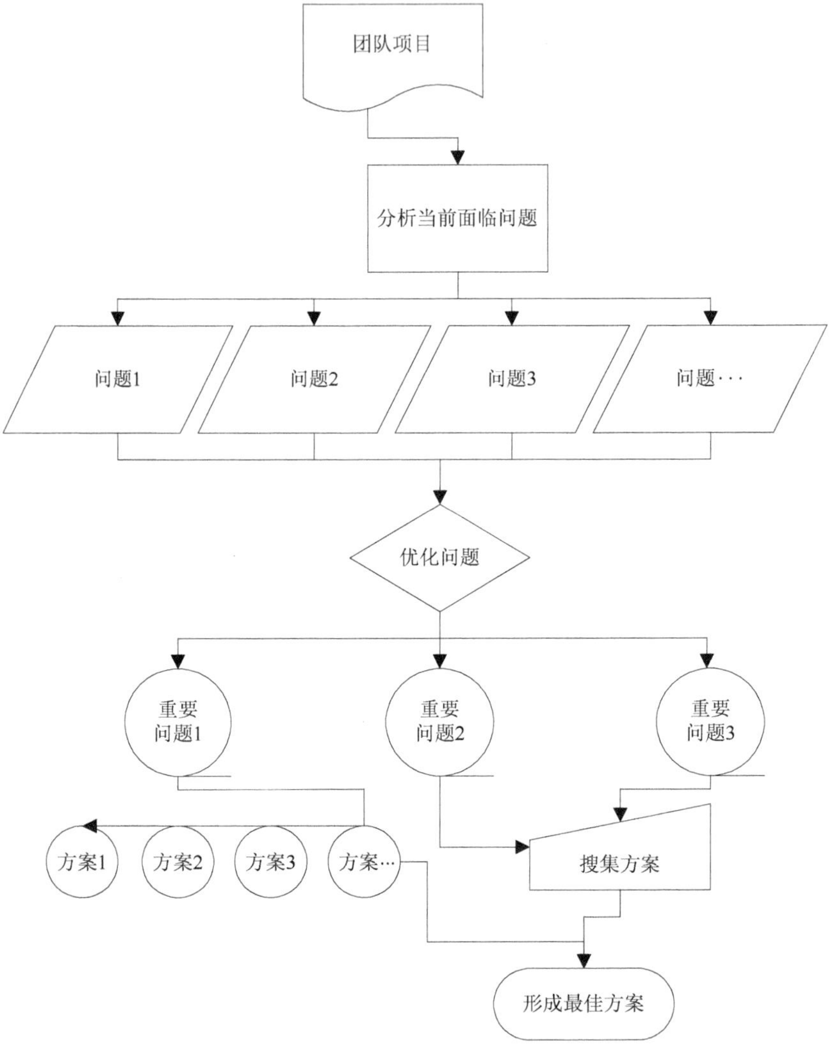

图 2-3　团队基本活动思路

与关系中。八种思维地图就像八种基本的工具，在不同的情况下选用适用的工具，可以提高学习者阅读、写作、数学、逻辑思考等方面的能力。

思维导图（mind map）是 20 世纪 60 年代由英国人东尼•博赞（Tony Buzan）提出的一种记笔记的方法，其有四个基本的特征：①注意的焦点清晰地集中在中央图形上；②主题的主干作为分支从中央向四周放射；③分支由一个关键的图形或者写在产生联想的线条上面的关键词构成，比较不重要的话题也以分支的形式表现出来，附在较高层次的分支上；④各分支形成一个连接的节点结构。思维导图呈现的是一个思维过程，学习者能够借助思维导图提高发散思维能力，可以通过思维导图理清思维的脉络，并可供自己或他人回顾整个思维过程，因此思维导图在表现形式上是树状结构。思维导图利用了与创造力(特别是想象力和灵活性)相连的一些技巧。

概念图、思维地图和思维导图都是当前运用较多的可视化教学设计工具，它们成功地实现了知识内容和思维过程及结果的可视化。但同时，它们各有侧重，适用层次也不相同。概念图促进了教学内容的结构化，明晰了概念之间的关系，有利于学习者概念掌握。思维导图以其放射状的形态，不仅提高了学习者的发散思维能力，使其学习内容紧密相连，便于学习者记忆内容的唤醒，还将整个思维过程直观地呈现出来，有利于对其学习过程做出评价。思维地图是对思维导图的具体应用。思维地图跳出树状结构的固定模式，针对具体问题，创设了八种思维工具，以提高解决问题的能力。总之，概念图强调知识的组织化，而思维地图和思维导图强调思维的过程性，但殊途同归，最终都以图形方式表示某种关系状态。

随着图形技术的发展，各类计算机辅助画图软件也层出不穷，用于知识可视化的工具软件有Mindmanager、MindGenius、Mindmapper、Inspiration、Freemind等。其中，有些软件既可以绘制图形，也可以将其结果转化成文本或幻灯格式，很好地实现了文字和图形转换结合。虽然软件是教学设计不可或缺的工具，但是媒体的软件确定了教学设计的结果形式，并根据自身偏好自动进行完善，反而限制了教学设计的创造性。

第三节　对北京师范大学“青教赛”教案的分析

哈佛大学前校长布莱恩特·科南特（Bryant Conant）曾说：“大学的荣誉，不在于它的校舍和人数，而在于它一代又一代教师的质量。一个学校要站得住，教师一定要出色。”① 虽然衡量教师质量的要素很多，但是教学设计能力始终是关

① 转引自：张将星，王占军. 美国高校教师绩效评价：主体、内容与方法. 中国大学教学，2011（5）：90-93.

键性要素之一。大学教师必须对学生学什么、如何学承担主要责任。①教师必须追问大学教学设计是什么、如何进行大学教学设计，提高大学人才培养质量。

一、北京师范大学“青教赛”基本情况简介

北京师范大学从1991年开始，就举办了第一届“青教赛”。多年来，学校工会紧紧围绕高等教育发展的大局开展工作，把加强教师队伍建设作为基础性、战略性工作，为青年教师搭建成长舞台，在高校建设中发挥了重要作用。自“青教赛”开展以来，一大批优秀青年教师从中脱颖而出，经过大赛的历练，大多已成长为高校的教学名师、管理骨干、科研专家等。目前，“青教赛”已经成为北京师范大学组织围绕高校教育教学开展的一项品牌工作，为提高教师人才培养质量发挥了积极的作用。

“青教赛”旨在通过比赛使优秀人才脱颖而出，提高青年教师的基本功和教学水平，增强教师的整体素质，提高教学质量，也鼓励教师在教学方面投入更多精力。然而，随着教师数量的不断增加和教师发展不断国际化的趋势，需要对这种促进教师持续发展的方式进行进一步总结思考，并寻求新的突破。

二、“青教赛”教案分析

（一）第一届至第七届

这几届教案主要以手写为主，教案内容主要是上课中教师讲授的内容，更确切地说是教师上课的提纲。教案很少涉及学习者分析、教材分析、教学策略的选择和教学评价等教学设计的基本要素。这种课堂教学主要关注教学目标的达成以及教学重难点分析，注重教学信息的传达；而很少去探索如何提高传递“信息”的效益和效果，如何促进学生情感、态度、价值观等方面的发展，如何引导学生进行人生规划，如何培养学生“齐家治国平天下”的社会责任感和鸿鹄之志。

有观点认为，教师在课堂完成既定教学内容就实现了教学目标，并不在意课堂中教学目标的达成效果。在传统课堂中，师生关系是单向度的说教关系，而非沟通式的“对话”关系。

这一时期的教学方法主要以讲授法为主，教具主要是黑板、粉笔和幻灯机等，没有过多的对教案进行整体设计，更没有把教学方法与教学目标和学科特点

① 戴安娜•劳里劳德. 反思大学教学. 童康译. 上海：华东师范大学出版社，2011.

进行关联分析研究，而是把更多的注意力放在“讲”上。不管是文科还是理科，程序性知识还是陈述性知识，教师都以讲授为主。教学方法的单一性使得课堂较为呆板，这种完全依赖教师教学“魅力”的课堂，很难激发学生的积极性，更不利于学生创造性思维的培养。

教师对课程缺乏精心设计，导致教师上课较为随意，缺乏针对性。不了解学习者的基本特征也导致课堂教学事倍功半。教学方法的单一性使大学课堂缺乏原本应有的活力。这种以“教”为主的教学过程,“灌输”式地把知识强加给学生，既不能充分体现学生的主体地位，又不利于学生的主动探究、反思和知识迁移。

在第一届到第七届大赛中，学校并没有给参赛教师统一的具有可操作性的教学设计模板，学校旨在通过“评课”促进教师与教师的互相交流；通过专家指导促进教师的专业发展。但很多青年教师由于没有“讲台”经验，不会备课，更不知道如何讲课、如何设计教案。因此，为教师提供具有专业性的、可操作性强的教学设计模板格外重要。

（二）第八届至第十二届

自 1995 年起，北京师范大学开始在教室中配备多媒体计算机。2000 年举办第八届“青教赛”时，北京师范大学教室已经基本安装多媒体计算机。此时，教师教学设计对计算机多媒体的依赖性很强。从第八届开始，工会制定了专门的教学设计模板，并在教学目标、学生特点、教学内容分析及课堂重点与难点、教学策略、教学方法与手段、教学过程、参考资料及学生阅读资料、板书设计或电子演示文档等方面对教学设计做了指导。

从工会教学设计的模板可以看出，大学教师教学设计与中小学教学设计并没有显著区别。这一时期，教学设计特点主要围绕课改中的新三维目标（知识与技能、过程与方法、情感与态度）展开，并且越来越重视教学目标与教学方法、学科特点的关系。

大学教学有其本身的特殊性，虽然在第八届比赛以来，受多媒体技术影响，课堂出现了一些改变。但大多数教师只是把 PPT 变成了教案，把念讲稿变成了念 PPT，从“人灌”转变为“电灌”。还有不少教师常年不备课、不修改内容，导致虽然时代在变、学生在变，但是教师讲授的内容没有变。

（三）对分析结果的证明

为了进一步验证教案分析结果的合理性，笔者选取了第十届专家对教案的评语作为调研对象，并将专家对教案的评分进行了排序，把专家评语中的关键词进行了抽取，以此来分析优秀教案与普通教案的区别，并通过哪些方面来判断教案的优劣（表 2-4）。

表 2-4　第十届北京师范大学“青年教师基本功比赛”专家点评

得分（总分 30 分）	专家点评	关键词抽取
20	没有以教案的要求撰写，但教学目标和重点难点均提出来了。从 PPT 的内容来看，对教学过程也进行了设计。建议该老师加强对教案的认识，学会撰写教案的方法，了解教案的内容，而且要加强对各种教学策略、方法和手段的研究	教学目标 教学过程 教学策略 教学方法 教学手段
22.5	教学目标明确，对教学内容中的难点也进行了分析，采取教学策略基本得当。虽然对教学过程有一个简单的设计，但过于简单，没能体现出如何实现给定的教学目标。希望进一步把握对教案的认识及撰写方法	教学目标 教学内容 教学策略 教学过程
23	教学目标明确，分析了教学内容的重点和难点，提出了教学策略。总体上说该教案没有完成，除对教学目标和教学内容写得比较清楚外，对于教学策略教学过程仅写了个标题	教学目标 教学内容 教学策略 教学过程
23.5	教学目标基本明确，教学内容适量，针对教学内容的特点制定了多种教学策略和方法。但对教学过程的设计太简单，不能体现教师如何完成教学任务	教学目标 教学内容 教学策略 教学过程
25.1	教案书写较为规范。教学目标明确，内容较为充实，科学性较强，重点较为突出。教学过程中能采用多种教学策略组织教学，主义调动学生的积极性、主动性。能运用 PPT、板书等教学媒体手段进行教学。文字表达准确，阐述较为清楚	教学目标 教学内容 教学策略 教学过程 教学媒体
25.5	教学目标基本明确，根据教学内容的特点选择较好的教学推导方法基本得当。对于推导过程和方法设计比较具体。希望能加强对教学重点难点的分析研究。而且要在教学过程中将运用的策略和方法明确体现出来。教案撰写得认真，但应进一步研究教案的撰写方法	教学目标 教学内容 教学策略 教学过程
25.5	教学目标基本明确，教学内容充实，注意把握教学内容中的重点难点。根据教学内容的特点在教学策略上主要采取理论推导的方法基本上是适宜的。对于教学过程中如何积极引导和启发学生的思维还不够。如何解决重点难点问题也应在教案中合理体现。该教案基本正确，文字表述正确通顺，板书设计具体	教学目标 教学内容 教学策略 教学过程
26	教学目标明确，实验教学的步骤安排合理，要求明确。该实验还应对试验中的难点和容易出现的问题提出解决的方案。此外，对于通过该实验如何在能力培养上更能明确一些也是必需的。教案撰写的清楚，但不够完善	教学目标
26	教学目标明确，教学内容较充实，重点难点明确，能根据教学内容的特点选用了一些适宜的教学策略。对于教学过程能大体计划几个阶段，但过于简单。能很好地解决教学中的重点难点。教案撰写的简明、文字表达清楚	教学目标 教学内容 教学策略 教学过程

续表

得分（总分30分）	专家点评	关键词抽取
27	教学目标明确，该教案的突出特点是教学过程的设计精细，紧紧围绕大家都有亲身经历的高考志愿填报引导大家来具体讲解测量与评价的意义与区别。生动活泼能调动学生的积极性。但该教案也有几个问题：一是教学内容不够充实。大学本科课堂的50分钟时间新学内容不够。二是参赛的课题名称不够严谨，应写上教案测量，因为一般的“测量”的含义与该课不一样。三是该课内容似无难点，而教师把所讲的内容都列为难点，因此教师对难点的把握不够	教学目标 教学内容
27	教学目标明确，内容充实，重点难点明确。能根据教学内容的实际情况制定多种相应的教学策略、方法和手段。教学过程的设计思路清晰。但教学过程中对于重点和难点问题解决的体现不明显，教学过程的设计还应更清楚和细化一些。	教学目标 教学内容 教学策略 教学方法 教学手段
27	教学目标明确，教学内容基本充实。教学内容的重点难点明确。能根据教学特点选用多种适宜的教学方法。注意师生在教学过程中的互动。该教案写得简明，文字表达准确	教学目标 教学内容 教学方法
27	教学目标明确，内容充实。重点难点清楚，采取教学策略和方法适宜。教学过程的设计思路清晰简明，但对教学过程的设计还应再具体些。应把多个教学环节中如何实现教学目标特别是在教学内容的重点与难点上如何通过自己的教学策略和方法的采用而实现体现出来。该教案撰写得认真、简明，文字表达清楚准确	教学目标 教学内容 教学策略 教学过程
27	教学目标明确，内容充实，重点难点清楚，选定的教学策略、方法和手段多种，均适于课程内容的教授。教学过程的设计能体现出其教学策略的运用情况	教学目标 教学内容 教学策略 教学过程
27	教学目标明确，教学内容充实。分析把握了教学内容中的重点和难点。采取的教学策略适宜，教学过程的设计清楚、有条理。教学过程的设计可以再明确些。要从大的阶段考虑，并把如何解决重点和难点的教学策略更明确地予以体现。教案撰写认真，文字表述清楚、准确	教学目标 教学内容 教学策略 教学过程
27.5	教学目标明确，内容比较充实，教学内容的重点难点明确，选用的多种教学策略和方法较为适宜。注意调动学生的积极性。但其中个别活动不一定合适。教案撰写认真，条理清楚，文字表述准确通顺	教学目标 教学内容 教学策略 教学过程
27.5	教学目标明确，教学内容充实，明确教学内容中的重点与难点，能根据教学内容的实际情况制定多种教学策略、方法和手段，用PPT、模型、实物、板书、互动等，这些策略的优化组合对于“结构”的突出会有很好的效果。教学过程的设计合理。教案撰写认真、简明，文字表述准确，思路清楚	教学目标 教学内容 教学策略 教学过程
27.5	教学目标明确，内容充实，重点难点清楚，采用的教学策略、方法和手段适用于本科教学内容。教学过程的设计重点清晰，但还应再具体、明确些	教学目标 教学内容 教学策略 教学过程
27.5	教学目标明确，从“新闻观潮”引入的教学策略很好。既密切联系了我国实际，又可调动学生的积极性和激发学生的兴趣。对于教学过程的三段设计也较为合理。但对教学过程的设计还不够细微，对“新闻观潮”的内容如何计划安排，从PPT资料看有多个内容，是几次让学生看完，还是围绕一个主题看一个方面的内容，计划安排不同，其效果肯定不一样	教学目标 教学策略 教学过程

续表

得分（总分30分）	专家点评	关键词抽取
28	教学目标明确，教学内容充实，能根据教学内容的特点制定多种教学策略、方法和手段。该教案的突出特点是对于教学过程的设计很好，各种教学策略与手段的应用配合和安排得较好。比较重视学生的主体性和调动学生的积极性。教案撰写得认真，比较规范，文字表述准确	教学目标 教学过程 教学策略 教学方法 教学手段
28	教学目标明确，内容充实，能把握教学内容的重点难点，能根据教学内容的具体特点制定相应的教学策略和手段，特别是具体设计了 PPT 和板书如何集合与互补较有特色。教学过程的设计思路清晰、流畅。注意教与学的互动，并能体现学生的主体性。教案撰写得规范，条理清楚，文字表述准确、简明	教学目标 教学过程 教学策略 教学方法 教学手段
28	教学目标明确，内容充实。重点难点清楚。根据教学内容的特色选定了适宜的教学策略和教学方法。对教学过程的设计比较清晰具体，注意对学生启发引导。教案撰写认真、规范，文字表达清楚、准确	教学目标 教学内容 教学过程
28	教学目标明确，教学内容充实，能把握教学内容中的重点与难点。能根据教学内容的实际选用多种教学策略、方法和多媒体手段。注意教与学的互动，特别是重视理论联系实际，选用实际案例是教案的一个特色。教案撰写规范、条理清楚，文字表达准确	教学目标 教学内容 教学策略 教学方法 教学手段
28	教学目标明确，教学内容充实，重视理论联系实际，能根据教学内容特点选用相应的多种教学策略、方法和手段。特别是采用“头脑风暴”“小组讨论”等策略可很好地调动学生学习积极性，还安排了课后的咨询实践活动，这是该教案的特色。教案撰写基本规范，文字表达清楚	教学目标 教学内容 教学策略
28.5	教学目标明确，教学内容充实。能把握教学内容的重点和难点。能根据教学内容的特点选用使用的教学策略方法和手段。教学过程设计得很好，重视教学环节的引入和转换，重视理论联系实际。注意师生互动，重视培养学生分析问题的能力。教案撰写得认真、规范，清晰条理，是一个较好的教案。文字表述准确、通顺	教学目标 教学内容 教学策略 教学方法 教学手段
29	教学目标明确，教学内容充实，科学性强，能把握教学内容的重点和难点。特别是能从具体教学内容的特点出发，制定相应的多种教学策略。注意理论联系实际。教学过程能突出学生的主体性，重视教与学的互动结合和调动学生的积极性，能正确选用多媒体等不同的技术手段。教案书写规范，思路清晰，文字表达准确、简洁	教学目标 教学内容 教学策略 教学方法 教学手段 教学过程
29	教学目标明确，教学内容充实，科学性强。能把握教学内容中的重点难点。能根据教学内容的实际特点制定相应的多种教学策略和教学方法。特别对教学过程中如何引入，如何调动学生的积极思维和积极性，以及如何使用 PPT 等均做了较认真而具体的计划。教案撰写得规范、认真，清晰条理，设计有些新意，文字表述准确、通顺	教学目标 教学内容 教学策略 教学方法 教学手段 教学过程

对教案进行评价，首先需要看教学目标是否达成。教学目标是学习者通过教学后应该表现出来的可见行为的具体、明确的表述，它是预先确定的、通过教学可以达到的并且能够用现有技术手段测量的教学效果。为了完成既定的教学目标，需要对教学内容进行设计与安排，并采取相应的教学策略、方法和手段等。

一个优秀的教案在这几方面都能得到体现，而一个不合格的教案往往没有经过教师的精心设计，甚至缺少分析重难点的部分。

（四）未来教学过程中存在的问题与挑战

为了提高高等教育的教学质量，国家投入了大量经费，教室的配置已经达到现代化水平。学习环境由传统教学环境→多媒体教学环境→信息化学习环境转变，但教师的教育教学理念依然停留在过去的层面。虽然教师并不排斥技术，但并没有深入思考应该如何更好地利用技术。因此，大学的课堂出现了“望屏解读”“拉‘洋片’”的现象。具体问题包括：多媒体内容“堆砌”，妨碍了学生对内容的“消化”；多媒体呈现工具“间断性”展示，割裂了教学内容的前后联系；教师固定在讲台位置，限制教师课堂教学能力的发挥；朝向固定方向的座位布局，不利于多种教学活动的展开，不能满足学生在网络教室进行活动的需要；电子白板的教学应用与预期的深度教学互动存在一定差距。

（五）优秀案例分析

此处选取北京高校第五届青年教师教学基本功比赛的最佳教案①为研究对象，授课教师为北京林业大学的岳瑞锋。教案的课程名称为运筹学。授课章节为：《图论》第一节“图的基本概念”。授课对象为：非数学专业本科二年级。授课时间为 50 分钟。

优秀案例展示：

【教学目标】

（1）认知层面：通过七桥问题掌握欧拉定理，并利用中国邮路问题理解欧拉定理在解决实际问题中的作用。掌握关于图的一些基本概念和结论。体会图论中对图的讨论和传统几何学的不同之处，认识到对图的这种分析角度打开了一个新的视野。

（2）能力层面：通过解决七桥问题和中国邮路问题，培养学生将实际问题抽象化、建立一般模型的能力。学习利用数学知识，分析和解决模型，并最终回到实际问题。

① 北京市高校第五届青年教师教学基本功比赛最佳教案.https://wenku.baidu.com/view/c00de98265ce0508763213ac.html.2018-04-23.

【教学内容】

（1）七桥问题与欧拉定理。

（2）中国邮路问题的解法。

（3）图的基本概念和结论。

【教学重点与难点】

（1）**教学重点**：欧拉定理，中国邮路问题，图的有关概念。

（2）**处理方法**：重点讲解；启发主动思考；提供学生参与机会。

（3）**教学难点**：中国邮路问题算法过程；关于图的三个定理。

（4）**处理方法**：根据学生反映，把握讲解速度；结合多媒体课件；利用提问方式，随堂检验学生掌握程度。

【教材分析】

图与网络分析是运筹学的重要内容之一。它以图为研究对象。1936年，D. 柯尼希发表了图论的第一本专著《有限与无限图理论》，这时图论才成为一门学科。自近代以来，由于生产管理、军事、交通运输和计算机网络等方面出现了大量实际问题，特别是许多离散化问题的出现，以及由于大型高速电子计算机而使许多大规模问题求解成为可能，图论的理论及其应用研究得到飞速发展。

本次课是图论的第一节内容。图论直接从现实问题入手，经过抽象构建一般理论。对学生而言，除了比较基础的线性代数知识外，对其他分支的数学内容要求不高。但图论中对图的分析视角完全不同于传统几何学，从认知水平上，属于全新的认识角度。为了构建这门学科体系，学习图论之初要涉及大量的概念和定义，这将使得本来生动活泼的图论显得枯燥乏味。为了能够引起学生的学习兴趣，可从图论的一些经典问题入手，在此基础上，逐步引入重要的概念和结论，为后续的有关图的一些算法做准备。例如，用七桥问题和中国邮路问题引入课程内容，逐步引导学生从实际问题中抽象出一般的图，并体会如何通过对图的讨论来解决现实问题。

本部分内容一方面具有较为直观的意义；另一方面，如果上升为数学上的一般结论，又不得不借助于大量的符号语言和逻辑推理。在教学过程中，应恰当处理借助图形直观含义和严密的数学推理之间的关系。既要引导学生从直观上发现问题的实质，也要注意对某些关键结论进行缜密的逻辑推理。例如，欧拉定理和中国邮路问题的算法过程的直观意义相当明显，但要进行数学证明则需要借助许多相关的概念和结论，证明过程反而掩盖了其数学本质，这时候就不易进行数学证明。

【设计思路】

（1）设计要点一：通过介绍七桥问题引入本课内容，一方面有助于引起学习兴趣，另一方面使学生初步体会认识图的新视角。

设计依据：创设问题情境，引起注意和好奇心理，是激发学习动机，进行有效学习的重要因素。

（2）设计要点二：利用中国邮路问题阐述欧拉定理的应用，进一步体会图论和传统几何学对图的分析视角的重要区别。在完成中国邮路问题的算法过程之后，引导学生自主分析这种区别并进行归纳，从而完成从直观感觉到认知水平的升华。

设计依据：学习的过程不仅仅简单掌握方法，更重要的是原有知识的重新体认，是认知结构的重塑和提升。

（3）设计要点三：七桥问题和中国邮路问题的解决过程都遵循了“实际问题—建立模型—分析模型—解决问题”的思维方式。通过这种方式的教学，在潜移默化中培养学生利用已有知识解决现实问题的能力。

设计依据：授课过程不仅要传授知识，而且要注重能力的培养。

（4）设计要点四：上述两个问题有助于让学生认识到图论既有意思也很有用处，从而激发其求知欲望，这时恰当把握时机，将求知欲望转为学习动力，完成从“现实问题”到“数学理论”的升华，转入下一部分图的基本概念和结论。

设计依据：每节课都有其内在旋律，掌控其起承转合才能把握学生心理。适当情景下的转折是提升课堂内容水平的关键。

【教学模式和手段】

（1）教学模式：问题导入—启发思考—共同分析—构建知识。

（2）教学手段：动态多媒体课件和板书结合。

【教学过程】

教学过程如下表所示。

教学步骤	教学内容	设计意图 表达方式
1. 提出问题，导入本课内容	**一、引例：七桥问题（10 分钟）** 在哥尼斯堡镇（Konigsberg）的旁边有一条河流，河中有两个小岛，通过 7 座桥梁相连。有人提出这样一个问题：能不能不重不漏地走过每一座桥梁，并且再回到起点？有人写信请教当时在彼得堡科学院任院士的数学家欧拉，请他帮助解决这个问题（图 1） 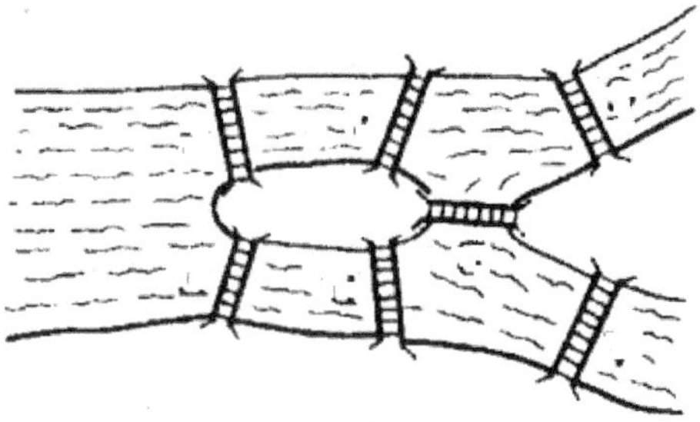 图 1	利用多媒体课件，介绍问题背景，用问题激发学生兴趣
2. 分析问题特征，总结得到欧拉定理，并利用欧拉定理解决七桥问题	**1. 建立模型** 首先，欧拉试图将这个问题做一些抽象，将河的两岸和两个小岛分别看成点，将七座桥看成点之间的连线，于是，七桥问题就抽象为下列问题： “在图 2 中，能不能从某点出发，不重不漏地走过每一条边，再回到起点？” 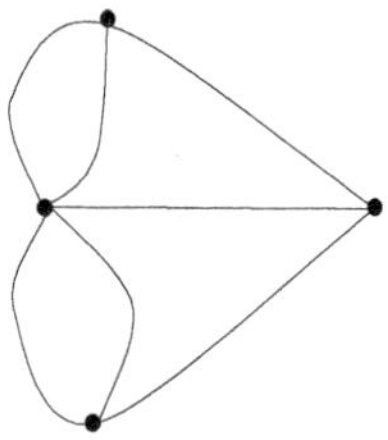 图 2	将问题加以抽象，建立一般模型，在此过程中注意提醒学生思考问题的解决方法（课件演示）
	2. 解决问题的准备——几个概念 （1）图（graph）：一个图 G 包含两种元素：顶点集合 V（vertex）和边集合 E（edge），即 G={V，E}。 （2）路（path）：在图 3 中，若干条边相连，形成路。 （3）连通图（connected graph）：任意两点之间都有路相连的图。 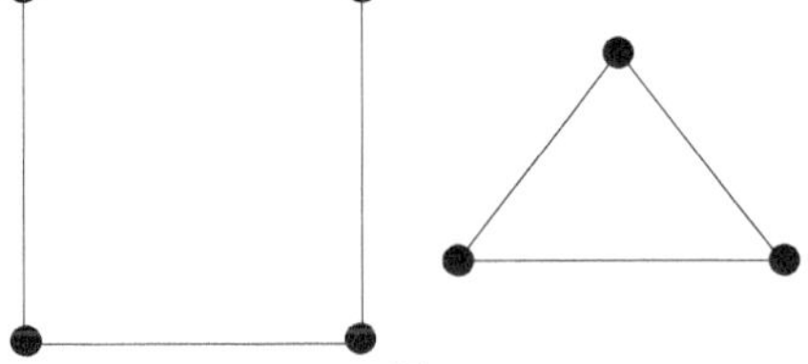 图 3 （4）奇顶点和偶顶点（odd vertex and even vertex）：如果从某个顶点出发的边数是奇数，称这个顶点为奇顶点；否则称为偶顶点。 注意：奇偶顶点的分类，对于解决七桥问题至关重要	利用课件中的图，学习这几个概念 启发学生思考奇偶顶点的区别

续表

教学步骤	教学内容	设计意图 表达方式
2. 分析问题特征，总结得到欧拉定理，并利用欧拉定理解决七桥问题	**欧拉的结论：** （1）起点和终点不是同一点：只能有两个奇顶点，如图 4 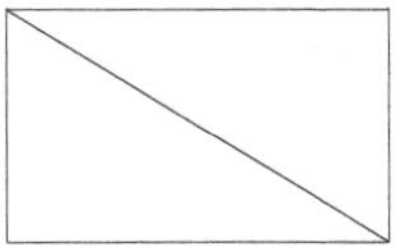 图 4 （2）起点和终点是同一点：不能有奇顶点，如图 5。 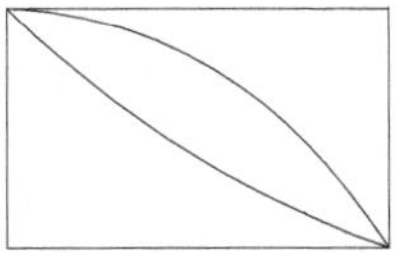 图 5 **欧拉定理：**连通图可以不重不漏地走过每一条边的充分必要条件是图的奇顶点的个数为 0 或 2，并且，当且仅当奇顶点的个数为 0 时，可以回到起点	结合学生讨论，总结欧拉定理。利用动画演示行进路线
	3. 解决七桥问题 在上述“建立模型”的图中，由于 4 个顶点均为奇顶点，所以，不存在不重不漏地走过每一条边并回到起点的走法。实际上，根据欧拉定理，即使不要求回到起点，也不存在不重不漏的走法	从实际问题出发，还要回到实际问题中来
	4. 知识扩展 1921 年，Fleury 给出了欧拉回路的一般算法，详细资料可参见 http://www.algorithmist.com/	延伸课堂内容，供学有余力的同学拓展知识面
3. 利用欧拉定理解决中国邮路问题	**二、欧拉定理的应用——中国邮路问题（15 分钟）** **问题描述：**邮递员送信，怎样安排路线使他以最短距离走遍每个街道，最后再回到起点？ **背景介绍：**由山东师范大学的管梅谷于 1962 年提出并解决，所以被称为中国邮路问题。	根据杜威的学习观，必须经过检验才能获得新知识
	1. 建立模型 像解决七桥问题那样，将送信问题抽象为图。在图 6 中，顶点 K 表示邮局所在位置，边上的数字表示每一条街道的长度，邮递员需要从 K 出发，走遍每一条边之后，再回到 K。从而问题转化为： 给定一个具有非负权的图 G，求 G 的一个 Euler 赋权母图 G*，使得 $\sum_{e\in E(G^{*})\setminus E(G)} w(e)$ 尽可能小。 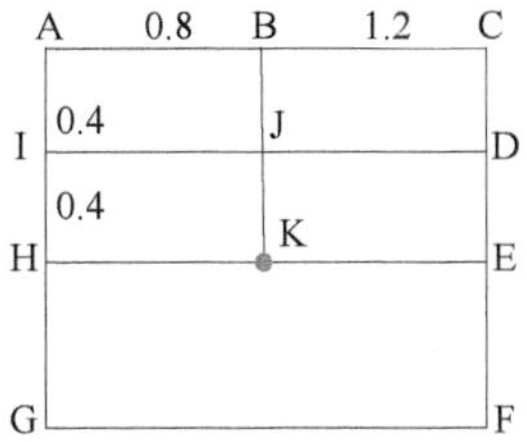 图 6	与七桥问题类似，同样采用“问题—抽象—解决”的过程，目的是为了培养学生解决问题的能力 课件演示

续表

<table>
<tr><th>教学步骤</th><th>教学内容</th><th>设计意图
表达方式</th></tr>
<tr><td rowspan="4">3. 利用欧拉定理解决中国邮路问题</td><td>课堂讨论：如果图中不存在奇顶点，根据欧拉定理，必存在不重不漏并且回到起点的走法，这种走法就是问题的最优方案。但如果图中存在奇顶点呢？
问题 1：在 1-6 图中，是否存在不重不漏的走法？为什么？
结论：根据欧拉定理，不存在。这意味着，要想走遍每条街道，某些街道必须重复。
问题 2：直观上看，应该重复哪些街道，才可以使得总路程最短？
结论：应该重复那些比较短的街道。
问题 3：那么该如何实现这种想法？（不形成结论，转入下一部分）</td><td>结合课件演示，提出问题，引起讨论，启发学生思考

注意引导学生的讨论方向</td></tr>
<tr><td>2. 分析问题
已经知道：第一，必定要重复走过某些街道。第二，最好重复走那些比较短的街道。在图中，可以用添加边的方式表示重复走的那些街道。如图 7，表示计划重走 H-K 街道
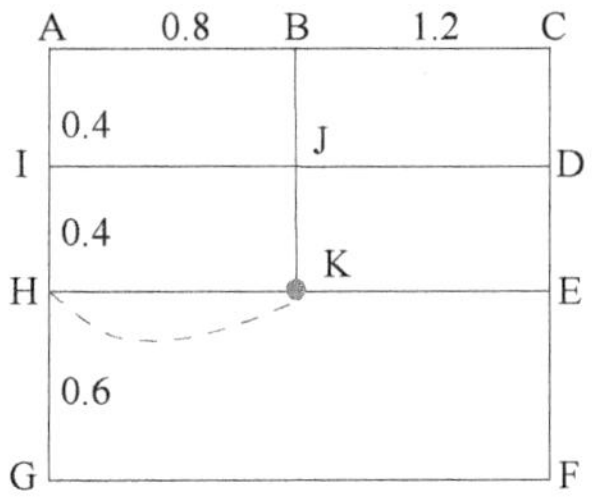

图 7</td><td>摆脱实际问题背景，直接从图上分析

课件演示</td></tr>
<tr><td>3. 加边原则
原则 1：加边是为了去掉途中的奇顶点。因为根据欧拉定理，只有在图中不存在奇顶点时，才存在不重不漏并且回到起点的走法。
问题：如果按图 8 的形式加边，能不能保证总路程最短？
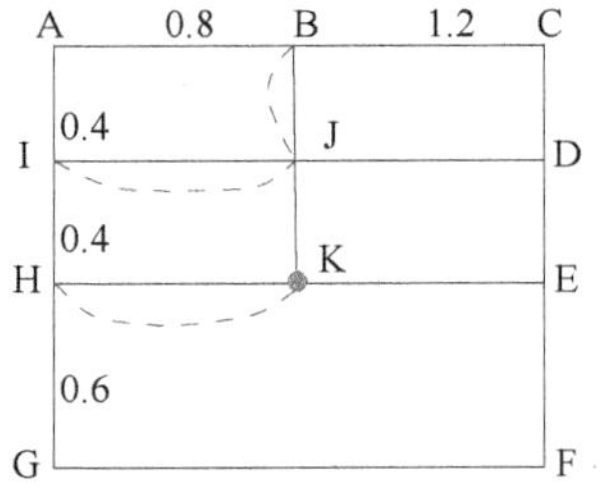

图 8
结论：不能，因为可以在圈中加另外的边。
原则 2：每个圈上所加的边长之和不能超过圈的一半。
问题：怎样加边才可以使得总路程减少？
结论：如果某个方案在某个圈上所加的边长超过圈长的一半，则应该改进。
原则 3：如果超过，则去掉原来所加的边，在圈中剩余路线上加边。
总结：加边的这三个原则就可以使得既减少了奇顶点的数目，又可以使得总路程最短</td><td>结合课件，依次提出问题，师生共同参与讨论，归纳三原则</td></tr>
<tr><td>4. 解决问题
（1）寻找初始可行方案（feasible scheme）。在图 9 中，任意确定一种加边方式</td><td>根据加边原则，解决中国邮路问题</td></tr>
</table>

续表

<table>
<tr><th>教学步骤</th><th>教学内容</th><th>设计意图
表达方式</th></tr>
<tr><td rowspan="2">3. 利用欧拉定理解决中国邮路问题</td><td>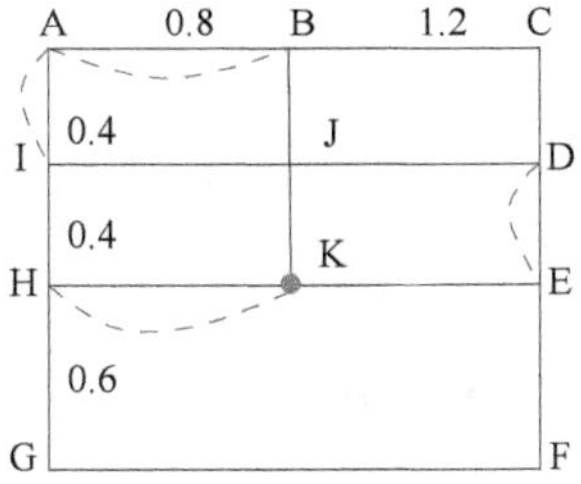

图 9
（2）方案的迭代（iteration）。由于在圈 ABJKHIA 中，所加边的总长超过圈长的一半，根据加边原则，去掉所加边 AI，AB，HK。用边 HI，BJ，JK 迭代。得到图 10
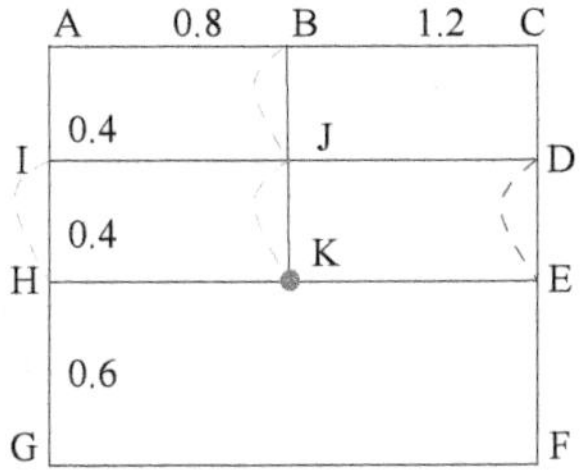

图 10</td><td>体会初始解和解的迭代思想</td></tr>
<tr><td>（3）得到最优方案（optimal scheme）。在上图中，不再含有奇顶点，并且每一个圈上所加的边长总和不超过圈长的一半。于是如图 11 所示的行进方式就是邮递员走过每一条街道，回到邮局的最佳路线之一
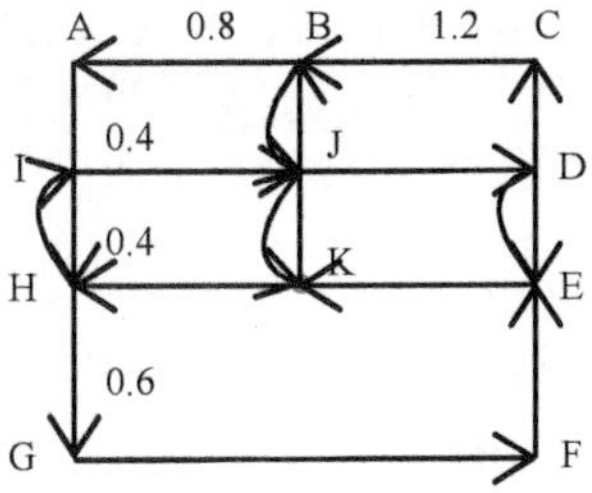

图 11
总结：以上通过对图的讨论解决了七桥问题和中国邮路问题。和传统几何学一样，现在也是在讨论和分析一些几何图形，但是分析的方法和视角和传统几何学却不一样。这是七桥问题的意义所在</td><td>动画演示最优方案

小结并过渡，完成课堂内容的转折</td></tr>
<tr><td></td><td>知识扩展：
中国邮路问题是 NP 难度问题。上述算法过程中，在每一次方案迭代时都要检查每个圈，当图较为复杂时，算法的效率很低。1973 年，著名的组合数学家 J. Edmonds 和 Johnson 结合 Fleury 算法给出了解决一般邮路问题的更好的算法。对这个算法的详细资料可参考《算法分析导论》（Robert Sedgewick）</td><td>延伸课堂内容，供学有余力的同学拓展知识面</td></tr>
</table>

续表

教学步骤	教学内容	设计意图 表达方式
4. 总结上述两个问题的解决过程，引导学生以新的视角来认识图	**三、七桥问题的意义（4 分钟）** **1. 一种新的几何学——拓扑学（topology）** 欧拉认识到，虽然七桥问题也是对图形的讨论，但是现在的视角和传统的几何学不同。初等几何研究的是在刚性变换下的图形的不变性质，如长度、角度、面积。射影几何研究的是在射影变化下图形的不变性质，如点、直线和交比。现在关注的是图形的顶点和边之间的关联和邻接关系是否存在。这种新的视角促进了一种新的几何学——拓扑学的诞生。拓扑学研究的是在拓扑变换下图形的不变性质。因为一个圆可以经过连续的变换，得到一个三角形，所以在拓扑学看来，圆和三角形就是拓扑等价的（图 12） 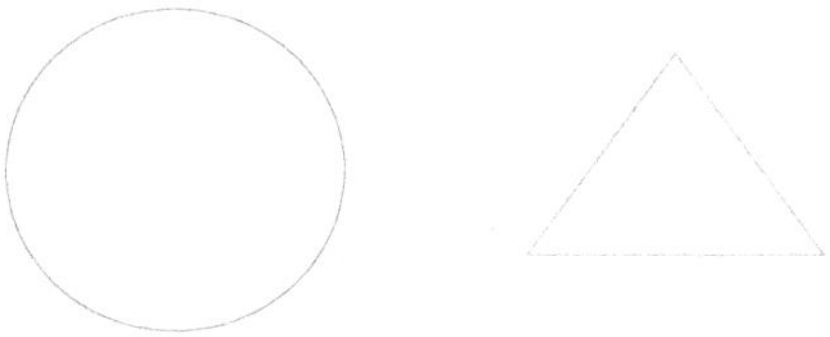 图 12	结合课件概括介绍拓扑学，但本部分不是本课的核心，只是提供一个思考的视角，意义 2 才是本部分的目的
	2. 图论的产生 因为拓宽了数学的视野，所以对图的讨论在数学理论上有着重要的意义，同时随着对图的深入研究，人们逐渐认识到，许多现实生活中的问题都可以经过抽象而最终归结一个图。比如运输问题，网络流量问题，最优的生产安排问题，等等。而研究如何通过对图的讨论解决现实中的一些优化问题，就是现在要学习的运筹学的分支——图论的研究内容。	这部分即是课堂的又一个转折点，也是课堂内容的升华
5. 进一步学习图的有关概念	**四、图的基本概念和结论（20 分钟）** 1. **空图和平凡图**：没有边的图称为空图；只有一个点的图称为平凡图。 2. **简单图**：任何一条边的两个端点都不重合，任何两条边都没有连接同一对点的图。图 2 显然不是简单图。而图 6 则是一个简单图。若图 $G=\{V,E\}$是简单图，则$\|E\|\leqslant\frac{\|V\|(\|V\|+1)}{2}$，其中$\|E\|$,$\|V\|$分别表示 E 和 V 中的元素个数。 3. **完全图**：每对点之间均有边相连的简单图。有 n 个顶点的完全图记为 K_n，显然 K_n 有$\frac{\|V\|(\|V\|+1)}{2}$条边。 4. **二分图**：图 $G=\{V,E\}$，如果存在 V 的一个划分（S，T）使得 G 的每条边均有一个端点在 S 中，一个端点在 T 中，称 G 为二分图，也叫偶图。比如图 13 就是一个二分图： 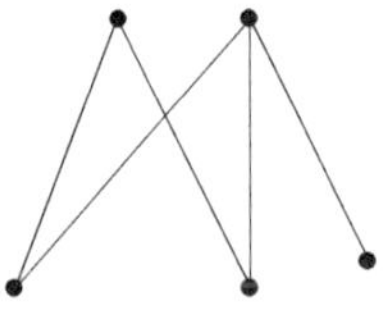 图 13 5. **补图**：图 G 的补图$\overline{G}$是与 G 有相同的顶点集合简单图，并且$\overline{G}$中的两个点有边当且仅当它们在 G 中没有边。图 14 中的两个图就互为补图。	之前的内容既是为了概括介绍图的新的认识角度，也是为了激发学习兴趣。从本部分开始转入图论的理论学习 内容稍显枯燥，注意结合课件和直观作图

续表

<table>
<tr><th>教学步骤</th><th>教学内容</th><th>设计意图
表达方式</th></tr>
<tr><td>5. 进一步学习图的有关概念</td><td>
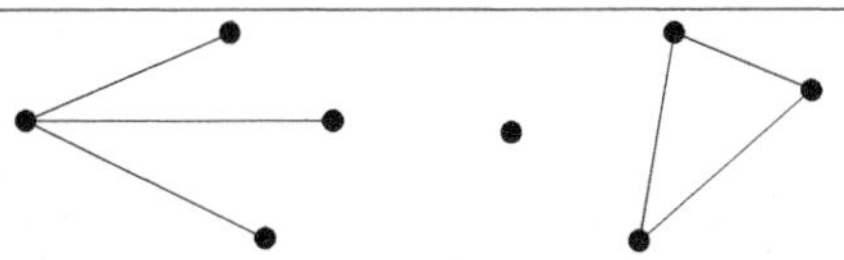
图 14
6. 关联矩阵：简单图$G=\{V,E\}$与一个矩阵$B=(b_{ik})_{|V|\times|E|}$对应，其中$b_{ik}=\begin{cases}1，i与边k关联\\0，否则\end{cases}$。例如，图 2-4 对应着以下矩阵：
$$\left(\begin{array}{c|ccccc} & AB & AC & AD & BC & DC \\ \hline A & 1 & 1 & 1 & 0 & 0 \\ B & 1 & 0 & 0 & 1 & 0 \\ C & 0 & 1 & 0 & 1 & 1 \\ D & 0 & 0 & 1 & 0 & 0 \end{array}\right)$$
7. 邻接矩阵：简单图还对应着另一种矩阵$A=(a_{ij})_{|V|\times|V|}$，其中
$a_{ij}=\begin{cases}1，点i与点j邻接\\0，否则\end{cases}$，例如，图 1-4 对应着以下矩阵：
$$\left(\begin{array}{c|cccc} & A & B & C & D \\ \hline A & 0 & 1 & 1 & 1 \\ B & 1 & 0 & 1 & 0 \\ C & 1 & 1 & 0 & 1 \\ D & 1 & 0 & 1 & 0 \end{array}\right)$$
明显，邻接矩阵是一个对称矩阵。
结论：给定一个简单图，一定可以写出其关联矩阵和邻接矩阵。
问题：如何从简单图的关联矩阵和邻接矩阵中计算顶点的奇偶性？
课堂讨论。
提示：从矩阵的行元素来考虑
结论：如果关联矩阵和邻接矩阵的某行元素的和为奇数，则相应的顶点为奇顶点，否则为偶顶点。
</td><td>此时应提醒学生注意，虽然图有不同的类型，但在这些概念的基础上，就能够用代数的方法来表示图</td></tr>
<tr><td>6. 学习关于图的几个结论</td><td>
定理 1：G 是二分图，当且仅当 G 的邻接矩阵可表示为$\left(\begin{array}{c|c} O & A \\ \hline A^T & O \end{array}\right)$。其中，$O$表示零矩阵。
课堂练习：写出图 1-13 的邻接矩阵。
一般的，与简单图的顶点 i 相关联的边数称为顶点 i 的次，并用d_i表示，则有以下定理成立。
定理 2：（1）$d_i=\sum_k b_{ik}=\sum_j a_{ij}$
（2）$\sum_i d_i=2|E|$.
定理 2 的证明作为课下练习。
定理 3 任何一个图中，奇点的个数为偶数。
证明：设 V_1, V_2 分别为图中奇顶点和偶顶点的集合，由定理 2，得到
$\sum_i d_i=\sum_{i\in V_1}d_i+\sum_{i\in V_2}d_i=2|E|$因为$\sum_{i\in V_2}d_i$, $2|E|$均为偶数，所以$\sum_{i\in V_1}d_i$也是偶数，所以 V_1 中元素的个数为偶数
证毕
</td><td>在前述概念的基础上，学习这些结论的同时体会如何用数学表达式表现图的性质</td></tr>
</table>

续表

教学步骤	教学内容	设计意图 表达方式
7. 通过小结，概述本课内容，并布置作业和预习任务	**五、课堂小结和课下作业（1 分钟）** **1. 小结：** 本节课通过七桥问题引入了对图的讨论，并且总结得到了欧拉定理，利用欧拉定理，解决了中国邮路问题。通过这两个问题，我们体会到了分析和研究图的一种新的视角，这是在本章所要学习的内容：图论。在此基础上，引入了一些图论的基本概念，主要有图，图的路，连通图，奇偶顶点，简单图，完全图，二分图，关联和邻接矩阵，并且总结得到了有关图的几个命题。这些概念和命题是进一步分析和研究图的基础 **2. 作业和预习要求** 课下复习回顾本节内容，掌握有关概念，并预习第二节：图的连通与割集 **六、课后反思和总结**	通过课堂总结，让学生对本节课内容形成整体认识 课程结束后，反思整个教学过程，总结经验和教训

【板书设计】

由图 2-4 可以看出，优秀案例的教学目标非常清晰，并且把教学目标分为认知层面和能力层面，细化教学目标，有助于整体教学目标的达成。合理地设计教学内容同样关键。在 50 分钟的课堂教学过程中，内容不能过多也不能过少，不仅要将教学内容分为重点难点，还要将重点难点的解决方法表现出来。为了便于学生理解教材，教师也应对教材进行详细分析，这对学生课后的复习起到一定的促进作用。

在大学教学中，把课堂变得生动有趣十分重要。在课堂的一开始，教师应采取能提高学生学习兴趣的“导入”方法。这个案例通过一个“引例”，用思考性的问题将学生引入学习情境，同时设计了详细的教学过程，充分利用了 50 分钟的课堂时间，并将多媒体与板书进行了良好结合，最后通过提问给学生留下思考空间。

§1·········· 图的基本概念

一、引例：七桥问题···················· 四、图的概念和结论

欧拉定理···················· 五、小结

二、应用：中国邮路问题

三、意义：

（配合课件的板书区）

图 2-4 教学案例板书设计

第三章

北京师范大学教师的教学方法

一切理论和实践的探究，说到底都是对方法的探究。大学教学方法是教学活动的重要组成部分，涉及教师教和学生学的互动，旨在通过设计和实施教学活动，培养学生的自主性、合作性、研究性和创造性。

教学方法具有三大特点。一是多元性。教学方法既包含系统、完整、理性的方法，也包含片段、经验、直觉的方法。二是创新性。任何教学活动都难以按照固定的、唯一的、现成的教学方法实施，必须基于已有的方法创造出具有针对性的新方法。三是开放性。教学方法系统向所有新方法敞开大门，兼收并蓄，博采众长，针对不同的教学问题可选择不同的教学方法。

第一节　北京师范大学教师教学方法的习得

2011年，通过对我国45所学校2405份问卷进行分析得出[①]，受调查教师常用教学方法的主要来源有：30.0%的教师认为其现行教学方法来源于专门培训，而来源于承袭教师的占43.6%，来源于自我学习与摸索的占83.7%，来源于观摩借鉴同事的占65.3%，其他来源占11.6%。由此可见，之前的相关培训对我国教师教学方法的影响较小。

① 邵士权．我国高等学校教学方法创新研究．华中科技大学博士学位论文，2011.

关于北京师范大学教师是否接受过高等教育理论与教学方法方面的专门培训，问卷分析结果显示，在选取的样本中，参加过的教师与未参加过的教师数量相当：48.3% 的教师参加过该方面的专门培训，51.7% 的教师没有参加过。

关于大学教师经常使用的教学方法的来源，有 80.5% 的教师选择了“自我学习与摸索”，49.4% 的教师选择了“观摩与借鉴同事”，33.1% 选择了“承袭老师”，只有 8.4% 选择了“专门培训”。可见，北京师范大学在培训教师教学方法方面，还有很大的发展空间。

在被访教师中，34.4% 参加过“青教赛”，65.6% 没有参加。对于“青教赛”能给教师的教学方法带来什么样的变化，参加过比赛的教师认为，“青教赛”能够帮助“反思优化原来的教学方法”，而未参加的教师认为如果能够参与“青教赛”，则有助于“学习其他参赛者的教学方法”。

根据以上分析可见，北京师范大学教师的教学方法主要来源于自我学习与摸索，北京师范大学有 80.5% 的教师认为“自我学习与摸索”是其教学方法的来源之一，在各选项中最高。反观教学方法的培训对多数教师而言没有起到明显的作用。北京师范大学有 48.3% 的教师接受过高等教育理论与教学方法方面的专门培训，但只有 8.4% 的教师认为培训是其教学方法的来源之一。

参加“青教赛”给教师教学方法带来的最大改变是促进反思优化其自身的教学方法。虽然未参加过“青教赛”的教师设想最多的变化是“学习其他参赛者的教学方法”，但真正参加过“青教赛”的教师中，选择“反思优化原来的教学方法”的比例最高。

第二节　北京师范大学教师教学方法的应用状况

一、数据统计与分析

2014 年，对于北京师范大学教师在课堂使用教学方法的实际情况进行调查，回收教师版有效问卷（附录十）154 份，学生版有效问卷 302 份（附录十一）。

（一）样本基本情况

1. 教师基本情况

被调查教师的基本情况同第一章第二节的调查对象情况。

2. 学生基本情况

被访学生中，男生占 25.5%，女生占 74.5%。被访学生的男女比例与北京师范大学学生性别构成的实际情况基本一致。大一新生占 20.6%，大二学生占 23.6%，大三学生占 10.6%，大四学生占 13.3%，研究生占 31.9%。此次问卷调查以本科生为主，兼顾研究生。学生所在的学科门类以理学、教育学、管理学、文学、工学居多。被访学生所在学科门类与实际在校学生所在学科门类比例相近。

（二）大学教师使用教学方法的基本情况

1. 师生对当前使用的教学方法的满意度

从整体来看，教师对自己目前使用教学方法的情况比较满意：41.6% 的教师表示满意，57.1% 的教师表示一般满意，只有 1.3% 的教师表示不太满意，没有教师表示很不满意。

从整体来看，在校学生对教师目前使用的教学方法比较认可：3.7% 为满意，53.2% 为比较满意，36.9% 为一般满意，5.0% 不太满意，仅有 1.3% 表示不满意。

2. 大学教师常用的教学方法

教师问卷的问题是“在教学中，您经常采用哪些方法”（现状），学生问卷的问题是“在高校课堂中，你认为哪些教学方法最好”（学生喜好）。该问题为多选题，选项均为：讲授法、问答法、演示法、参观法（现场调查法）、实验法、练习法、讨论法、读书指导法、实习作业法（课后复习法）及其他。这里对各种教学方法的使用现状及学生喜好进行了对比。教师最常用的方法是讲授法和讨论法，学生最认可的是讨论法和讲授法，二者的观点是比较一致的。

针对教师调查的结果显示，94.8% 经常使用讲授法，48.1% 经常使用讨论法，39% 经常使用问答法，38.3% 经常使用演示法，选择其他方法的教师较少。学生中，61.6% 选择了讨论法，50.7% 选择了讲授法，32.8% 选择了实验法，30.1% 选择了演示法，29.8% 选择了实习作业法，23.8% 选择了问答法，选择其他方法的学生较少。

由此看出，目前北京师范大学大部分课堂都在使用讲授、问答和演示的教学方法，而学生期望这三种教学方法的比例有所下降，并期望其他方法，如讨论法、现场调查法和实验法等更多地融入和应用于课堂。

另外，在教师问卷中，还询问了教师从教前五年经常采用的教学方法，将其与目前经常使用的教学方法进行对比后得出，“以前和现在都经常使用讲授法”的教师占到 92.2%，说明讲授法一直是最主要的大学教学方法；“以前不经常使用，现在经常使用问答法、演示法和讨论法”的教师都超过或接近 10%，说明使用这几种教学方法的教师越来越多；对于其他方法，“以前和现在都不经常使用”的教师占大多数，说明使用频率较少。

3. 大学教师教学方法的具体表现

58.4% 的教师在上课时经常向学生提问，35.1% 的教师偶尔提问，5.8% 的教师较少提问，仅有 0.6% 的教师基本不会向学生提问。6.6% 的学生在上课时经常向老师提问，48.5% 的学生偶尔提问，36.5% 的学生很少提问，8.3% 的学生从不向老师提问。由此可见，现在的课堂主要表现为“教师问、学生答”的教学方式。

59.7% 的教师在上课时经常让学生表达自己的观点，37.0% 的教师偶尔让学生表达自己的观点。但是，学生中认为自己经常在上课时表达自己观点的仅占 6.6%，偶尔表达自己观点的占 53.3%，很少表达自己观点的占 34.1%，从不表达自己观点的占 6.0%。由于大学普遍采用大班教学，即便教师经常给予学生表达自己观点的机会，给予每位学生的机会很有限。

从学生的视角也可看出，课堂中师生互动较少。56.0% 的学生认为课上偶尔互动，23.2% 的学生认为很少互动，2.6% 的学生认为从不互动，仅 18.2% 的学生认为课上经常互动。

教师回顾自己课堂上给学生自由讨论的时间占总课时的比例，19.6% 的教师认为在 5% 以下，即这些教师几乎不会让学生自由讨论，49.0% 的教师认为在 5%～25%，26.1% 的教师认为在 25%～50%，仅有 4.6% 的教师认为在 50%～75%，0.7% 的教师认为在 75% 以上，即几乎是讨论课。可见，近 70% 的教师给予学生自由讨论的时间很少，即生生之间互动较少。

在教师让学生进行小组讨论时，就组织讨论的形式分别询问了教师和学生的看法，结果比较一致，最常采用的方式是让学生自由组合、自选组长。

教师对课堂上传授知识的时间与训练学生思维、能力等的时间进行比较，17.0% 的教师认为前者远多于后者，44.4% 的教师认为前者多于后者，32.0% 的教师认为二者相当，仅有 5.9% 的教师认为前者少于后者，0.7% 的教师认为前者远少于后者。可以发现，目前的大学课堂教学仍然是以传授知识为主。

4. 大学教学方法的选用效果

29.9% 的教师认为教学方法的选用对学生学习影响很大，65.6% 的教师认为有些影响，4.5% 的教师认为影响不大。大多数教师认为教学方法会影响学生学习，但不会有很大影响。

在校学生对教师目前使用的教学方式较为适应。其中，5.3% 表示完全适应，82.5% 表示基本适应，11.6% 表示不太适应，只有 0.7% 表示完全不适应。

问卷同时收集了学生对教师教学方法的启发性和艺术性的评价。46.0% 的学生认为教师的教学方法较有启发性，45.0% 的学生认为启发性一般；57.9% 的学生认为教师的教学方法艺术性一般，30.8% 的学生认为艺术性较好。可见教师教学方法的启发性和艺术性基本得到学生认可，而且启发性得到了学生较高的评价。

（三）大学教师对教学方法的研究和创新

1. 教师对教学方法的认识

教师在评定教学方法效果时，最关注的是学生在课程领域的学科思维、认识与分析能力技艺等是否得到训练和提高，以及是否掌握了课程所涉及的基本理论、基础知识与基本技能，选择这两项的人数分别占到 62.3% 和 57.8%。

教师在选用教学方法时，考虑最多的是课程与教学内容，有 71.4% 的教师选择该项；然后考虑的是学生的基础与接受能力，有 42.2% 的教师选择该项。其次才考虑自己的教学习惯、教学设施与条件、符合教学管理要求等条件。

学生在回答“你认为教师选择所采用的教学方法是为了”的问题（多选）时，33.1% 的学生选择了“培养学生的专业能力”，27.5% 的学生选择了“方便对学生灌输知识”，25.8% 的学生选择了“促进学生的全面发展”，22.2% 的学生选择了“完成教学任务”。由此可见，多数学生认为，教师是为了让学生掌握专业能力和基础知识而选用教学方法。

2. 教师教学方法的创新研究

16.2% 的教师表示经常变换授课方法，74.0% 的教师偶尔变换，9.1% 的教师很少变换。可以看出，授课方法一成不变或经常改变的教师都很少，大部分教师会变换授课方法，但变换频率较低。

12.3% 的教师长期坚持教学方法创新研究与实践，38.3% 的教师经常进行，46.8% 的教师偶尔进行，仅 2.6% 的教师从未进行过相关研究与实践。这说明北京师范大学教师对于教学方法比较重视，绝大多数教师都进行过教学方法创新研究与实践，有超过一半的教师经常进行教学创新。

3．教师的教学研究成果

近五年来，5.9% 的教师获得过教学研究与改革方面的国家级奖励，7.9% 的教师获得过省（市、区）级奖励，26.3% 的教师获得过学校级奖励。可以看出，教师中获得教学方面奖励的比例较高。37.3% 的教师在近五年内发表过在课程与教学方法改革研究方面的文章，其中，13.1% 的教师发表过 3 篇以上。可见，北京师范大学教师十分关注教学学术。

二、问卷分析总结

此次问卷样本具有代表性，对以上问卷分析结果进行归纳，可以简要描述北京师范大学教师教学方法的现状。

（一）师生对当前教学方法的使用情况较为满意

从教师及学生两方面的态度来看，北京师范大学教师的教学方法在总体上比较令人满意。有 98.7% 的教师对自己目前使用教学方法的情况表示满意或一般满意，93.7% 的学生对教师使用的教学方法表示满意或一般满意。但是，教师中表示“满意”的占 41.6%，学生中表示“满意”的只占 3.7%，可以认为教师对教学方法的自我评价要高于学生的评价。教师的教学方法要真正做到让大多数学生“满意”，还有很大的提升空间。

（二）教师最常用的教学方法依次是讲授法、讨论法、问答法、演示法

讲授法一直以来就是北京师范大学教师最主要的教学方法。有 94.8% 的教师经常使用讲授法，而且有 92.2% 的教师是“以前和现在都经常使用”。讲授法也比较受到学生认可，有 50.7% 的学生认为它是最好的教学方法之一。

讨论法是北京师范大学教师的常用教学方法之一，而且近年来使用范围明显扩大。48.1% 的教师目前经常使用讨论法，从使用比例上看仅低于讲授法。有 18.2% 的教师“以前不经常使用，现在经常使用”，说明讨论法越来越得到教师的认可。而且，讨论法的广泛使用与学生的喜好相一致，61.6% 的学生认为讨论

法是最有用的教学方法之一，在各方法中所占比例最高。

问答法和演示法也是北京师范大学教师比较常用的教学方法，近年来使用范围也在扩大。39% 的教师经常使用问答法，38.3% 的教师经常使用演示法，远高于实验法、练习法、参观法等。有 14.3% 的教师“以前不经常使用，现在经常使用”问答法，有 9.7% 的教师“以前不经常使用，现在经常使用”演示法，说明使用这两种方法的教师越来越多。

综合来看，教师最经常使用的是讲授法，但学生最喜欢的是讨论法，稍有偏差。可见，新时代的学生具有更强烈的主体意识，更希望在课堂上表达自己的观点与思想。

（三）课堂师生互动不足，以单向传授知识为主

在大班教学的情况下，学生个体向教师提出问题或发表自己意见的机会较少。问卷显示，有 58.4% 的教师在上课时经常向学生提问，而只有 6.6% 的学生会经常向教师提问。有 59.7% 的教师在课上经常让学生表达自己的观点，但只有 6.6% 的学生认为自己经常表达观点。

在询问课堂师生互动频率时，18.2% 的学生认为经常互动，56.0% 的学生认为偶尔互动，23.2% 的学生认为很少互动，2.6% 的学生认为从不互动。这显示出学生认为自己与教师的互动较少，课堂互动没有满足学生需求。

认为经常提问及经常让学生表达观点的教师分别占 58.4% 和 59.7%，但认为课上师生经常互动的学生仅占 18.2%。从师生两方面答案的差异看出，教师和学生对“经常互动”的理解不同，学生所期望的互动频率比教师所认为的要高。有 93.5% 的教师认为课堂上传授知识的时间大于或等于训练思维的时间，可见现在多数课程是以单向传授知识为主。

（四）教师没有给学生提供足够的讨论机会，教学方法较为单一

教师在课上给予学生自由讨论的时间较少。19.6% 的教师给学生自由讨论的时间在 5% 以下，几乎不让学生自由讨论；49% 的教师给的时间为 5% ～ 25%，仅有 5.3% 的教师给出的讨论时间在 50% 以上。可见，北京师范大学课堂上生生互动较少。

组织学生讨论时，最常用的形式是“自由组合，自选组长”。45.5% 的教师表示会采取这种形式，47.0% 的学生认为教师常采取这种形式。师生看法非常一致，但也反映出教师没有对课堂讨论进行精心设计。

（五）教师教学方法选用效果较好，而启发性和艺术性有待提高

多数教师认为教学方法会影响学生的学习效果。95.5% 的教师认为教学方法的选用对学生的学习有影响或影响很大。多数学生能适应教师的教学方法。89.7% 的学生认为自己完全适应或基本适应教师的教学方法。

学生认为教师的教学方法具有一定的启发性和艺术性，但仍有待提高。48.7% 的学生认为教师教学方法很有或比较有启发性，31.5% 的学生认为教师教学方法很有或比较有艺术性。人数均未过半，显示出学生在教师教学方法的启发性和艺术性方面有更高的需求。

（六）部分教师研究和创新教学方法的积极性较高

北京师范大学教师对教学方法具有明确而科学的认识，这是他们进行教学方法研究的良好基础。教师选用教学方法的主要考虑因素是课程与教学内容和学生的基础与接受能力，目的是让学生掌握基本理论和知识，提升思维能力和解决问题的能力。多数教师将“课程与教学的内容”和“学生的基础与接受能力”列为选用教学方法的首要考虑因素。

大部分教师会变换授课方法，会进行教学方法创新的研究与实践。但只有少数教师长期坚持教学方法创新研究与实践。这样看来，真正重视教学方法变换与创新并能长期付诸行动的教师并不多。

北京师范大学教师取得了许多教学研究成果。但还是有过半教师没有获得过教学方面的奖励，也没有发表过教学方面的文章，在教学研究方面还有待加强。

第三节　北京师范大学教师教学方法的发展性研究

获得型的教学方法包括：以语言形式获得间接经验的教学方法，如讲授法；以直观形式获得直接经验的教学方法，如演示法；以实际训练形式形成技能技巧的教学方法，如练习法。探究型的教学方法包括学生自定学习目标、学习计划，自我把握学习进程，如自主学习；以小组活动为主要形式，师生合作以及生生合

作，如合作学习；提出问题、分析问题、解决问题，如探究学习。综合型的教学方法包括以感受体验形式获取知识，如角色扮演法；以参与互动形式获取知识，如讨论法；以质疑问难形式获取知识，如问题教学法①。

目前，国内外大学教学方法的应用具有如下特点。

1）由“教知识”到“教方法”。在新时代，高等教育在教育目标上不仅强调传授知识，还强调从知识传授转化为教授获取知识的方法，更要帮助学生运用所学知识创造新知识。

2）倡导以学生为主体的教学，批判灌输式。由于长期形成的习惯，灌输式教学方法在我国大学仍具有广泛影响，严重阻碍着有效教学方法的应用。叫停灌输式教学，推行以学生为主体的教学，成为大学教学方法改革的一大关键。

3）由被动学习到自主学习。如今的大学课堂强调在教师指导下由学生独立探索和获取知识。现代教学改革的理念十分重视引导学生积极探索新事物，帮助学生努力发现问题、提出问题和解决问题，重视培养学生的感受力、想象力、观察力、分析力和创造力。

4）重视非智力因素的作用。非智力因素主要包括理想、情感、意志、性格、气质等因素。这些因素不直接参与学生的认知学习活动，但却是学生智力活动的精神支柱和学习过程的动力系统，从而极大地影响学生智力水平的提高。坚韧的意志力和积极的情绪体验也是学生学习的重要条件。

基于尽可能全面的原则，本书具体分析了讲授法、讨论法、练习法、问答法、现场调查法、现实作业法、自学法、小组活动法、头脑风暴法、案例教学法、科研训练法、Semina 教学法、角色扮演法、游戏法、辩论法和信息化教学法等 15 种教学方法。通过对第八届（2002 年）至第十二届（2010 年）北京师范大学“青教赛”教案进行抽样，共选出 122 个教案进行统计分析。

一、讲授法的应用与发展

（一）讲授法仍占据主导地位，并与多种教学方法相融合

讲授法并没有因为探究法、讨论法的崛起而被时代淘汰。相反，在大学课堂教学中，教师在单位课时内使用的教学方法往往并不局限于一种，大都为综合性应用，如讲授法、问答法、辩论法和科研训练法相结合。表 3-1 中具有百分比

① 郑金洲. 教学方法应用指导. 上海：华东师范大学出版社，2006：11-12.

和观察值百分比两个分数，“观察值百分比”列数值用来诠释青年教师教学方法应用情况。从表中可以看出，北京师范大学青年教师近 10 年使用的教学方法主要为讲授法，问答法和讨论法。在 122 个案例中，有 100 位教师使用了讲授法。一方面可以表明，讲授法作为有效的知识传授方法，在大学教学中得到了广泛使用，另一方面，这样的统计结果也有可能是因为青年教师基本功比赛没有提供学生作为授课对象。然而，即使有赛制的限制，高达 82% 的讲授法课堂覆盖率也说明了讲授法的重要教学地位。

表 3-1　不同教学方法使用情况

教学方法	频次（次）	百分比（%）	观察值百分比（%）
讲授法	100	31.9	82.0
讨论法	26	8.3	21.3
练习法	11	3.5	9.0
问答法	66	21.1	54.1
实验法	8	2.6	6.6
现场调查法	12	3.8	9.8
课后复习法	18	5.8	14.8
头脑风暴法	9	2.9	7.4
案例教学法	17	5.4	13.9
小组活动法	8	2.6	6.6
科研训练法	11	3.5	9.0
举例法	18	5.8	14.8
角色扮演法	2	0.6	1.6
游戏法	1	0.3	0.8
辩论法	5	1.6	4.1
总计	313	100	256

（二）讲授法的使用呈现由多至少，再由少至多的发展轨迹

讲授法在课堂教学中得到了广泛使用。在 2002 年的比赛中，所有的参赛教师在授课过程中使用了讲授法。但随着时间的推移，讲授法在课堂教学中的比例逐步下降。在 2008 年的比赛中，仅 60% 的教师在课堂使用了讲授法。也就是说，随着时代的发展，讲授法已不再是课堂教学的必然选择。目前，讲授法和问答法相结合的教学方法在课堂教学得到了广泛应用。

（三）讲授法与其他教学方法有机结合

虽然讲授法在课堂教学中得到了广泛应用，但是“满堂灌”的情况在北京师范大学青年教师教学过程中并不常见。大多数教师选择将讲授法与其他教学方法相结合的形式进行教学。在选出的122个教案中，使用了讲授法的课例共100个。其中，只运用讲授法的课例为11个，占所有课例的9%。这些课例也主要分布在第八届和第九届的比赛中。在第十二届青年教师基本功比赛中，已经不存在只使用讲授法的课堂教学。

讲授法常与问答法、讨论法、课后复习法以及举例法结合使用。其中，讲授法和问答法的结合最为频繁，尤其是近几年。从第十一届“青教赛”开始，如果教师在课堂上选择讲授法，则有70%以上的教师还会选择问答法。除此之外，讲授法与举例法的结合越来越少，取而代之的是案例教学法与讲授法的结合。由此可知，随着时代的发展，教师在课堂教学过程中，为了达到更好的教学效果，更倾向于使用能够引起学生深思和讨论的案例，而不仅仅是一个简单而碎片化的事例。

（四）讲授法应用总结

讲授法作为一种较为传统的教学方法，在北京师范大学青年教师课堂上仍然占据重要地位。这种教学方法广泛应用于学生人数较多的大型课堂，教师通过呈现预先结构化的课堂内容，使课堂教学全面而系统。

从表3-1看出，31.9%的教师表示经常使用讲授法；从表3-2看出，50%以上的学生认为讲授法很好。讲授法作为一种教师常用的教学方法，并没有受到师生的抵触。教师可以通过讲解表达自己的观点，分析和教授教学内容，是一种省时省力的教学方法。

然而，值得注意的是，使用讲授法并非只是教师站在讲台上，讲授预先准备的知识，而是师生之间特殊的交流方式。在选取的问卷样本中，57%的学生表示教师生动的语言艺术能够激发他们的学习兴趣（表3-3）。

表 3-2　学生喜欢的教学方法

教学方法	频次（次）	百分比（%）	观察值百分比（%）
讲授法	153	18.5	50.8
问答法	72	8.7	23.9
演示法	91	11.0	30.2
现场调查法	39	4.7	13.0
实验法	99	11.9	32.9
课后练习法	38	4.6	12.6
讨论法	186	22.4	61.8
读书指导法	60	7.2	19.9
实习作业法	90	10.9	29.9
其他	1	0.1	0.3
总计	829	100	275.4

表 3-3　最能激发学生学习兴趣的因素

激发学生学习兴趣的因素	频次（次）	百分比（%）	观察值百分比（%）
教师生动有趣的语言艺术	172	23.0	57.0
教师恰如其分的教学组织方法	104	13.9	34.4
在学习中能够不断体验到快乐和收获	229	30.6	75.8
学生有较多机会参与教学互动	102	13.6	33.8
适合的学习内容	96	12.8	31.8
多媒体等丰富的教学手段与形式	45	6.0	14.9
总计	748	100	247.7

讲授法往往是其他方法实施的前提。美国斯坦福大学的部分课程就将课堂讲解分为两部分，前一部分由教师主讲，后一部分由学生讨论。首先，教师在黑板上简明扼要地讲解重要概念、关键思路等，然后让学生按照事先分好的小组进行讨论，最后每个小组派代表汇报讨论结果。只有与其他教学方法相结合，课堂讲解才更能发挥积极作用。

除此之外，根据教案样本的分析得出几点建议：①讲解材料除了呈现已有的研究成果外，还应有助于激发学生的思考和兴趣；②讲解过程中应增加信息传递的趣味性，通过使用实例、图片等帮助学生更好的理解；③讲授法的使用需要结合问答法，尤其是在教学总结阶段，问题的提出可以帮助学生产生新的思考。

二、问答法的应用与发展

问答法是除讲授法以外在大学课堂应用最多的教学方法。教师把教学内容用一连串问题连接起来，采用一问一答的方法推动教学进程。具体而言，教师使用 1/3 的课堂时间讲解教学内容。然后提问，根据学生的回答，教师不断调整教学步骤，如果正确，则继续讲课；如果不对，则启发学生得出正确答案。问答式教学方法使学生的大脑处于一种紧张状态，容易集中注意力，并积极思考问题。问答法在青年教师中的应用和发展呈现如下特点。

（一）问答法的应用趋势和类型

1. 问答法的应用呈上升趋势

在 122 个课例中，使用问答法的课例为 66 个，占 54.1% 的比例。问答法在青年教师课堂上的覆盖率逐年递增，由第八届的 28.6% 增加到第十二届的 65.4%。

2. 问答法的应用类型主要为“师问生答”

一般而言，问答形式包括五种类型：生问师答式、生问生答式、生自问自答式、师自问自答式和师问生答式。目前，几乎所有的问答法采用的都是师问生答式，只有极少数的教师使用生问师答式。师问生答是指教师提出问题，学生回答，教师根据学生的回答做出点评。教师提问有三个目的：①启发学生思考，帮助学生参与教学；②了解学生学习现状，调整教学的步骤、方向和节奏；③复习巩固知识点。然而，无论教师出于哪种目的，师问生答的课堂难免容易忽视学生的主体身份。通过研究案例发现，无论学生如何作答，大多数教师最终都将 PPT 上呈现的内容作为标准答案。这样的问答形式是教师霸权的变相体现，不利于培养学生独立思考能力和创造性思维能力。

在先进国家，课堂氛围往往是轻松的、民主的，学生可以随时打断教师，提出自己的见解和问题，教师也愿意回答学生的问题。学生能够提出问题，是学生认真思考的体现。教师也会向学生提问，要求学生进行批判性思考。通过对北京师范大学“青教赛”进行分析发现，只有少部分教师主动要求学生提出自己的想法和问题，学生在积极表达个人观点方面尚有不足。如第十一届参赛教师赵晖老师在教案中所提及的，如何激发学生主动思考并提出问题的教学过程：教师分析具有不同结果的有关面积与数量的实验设计，要求学生思考实验设计的逻辑和可能存在的问题，启发学生思考动物与婴儿数量加工能力所涉及的其他因素，要求学生主动提出研究问题。

3．问答法中教师提出的问题类型主要为启发式

根据问题的性质还可以将问答法分为启发式问答和再现式问答。启发式问答常用于传授新知识，由教师提出问题，启发学生运用现有知识，通过联想思考，学生按照自己的认识回答问题，然后由教师补充或修正，得出明确答案。再现式问答常用于巩固旧知识，通过问答，学生再现学过的知识，达到复习巩固的目的。

本研究表明，教师在使用问答法时，提出的问题主要为启发式问题，平均每节课提出 2 ～ 3 个问题；再现式问题出现得较少，平均每节课提出 1 个。在分析教师教案时发现，再现式问题往往出现在一节课的初段，教师通过提出再现式问题，要求学生回顾已有知识。启发式问题在课堂中的应用过程通常为教师提出问题，学生思考2～3分钟，学生作答，教师进行总结，并引出将要讲解的内容。启发式问题在课堂教学中不宜过多，更重要的是让学生能够真正解决问题。

（二）青年教师问答法应用案例

“土地征用制度”这节课的教学过程包括新闻观潮、基础知识、问题透视、对策与思考等四个部分；在教学环节上，包括导言（即新闻观潮部分）、主体内容（即基础知识与问题透视部分）、结语（对策与思考）三个教学环节。教学过程的流程图如图 3-1 所示。

（三）问答法应用总结

研究发现，问答法是使用频率最高的大学教学方法之一，有 39% 的教师表示经常使用问答法。在此，笔者提出几点建议。

1）教师要做好充分准备。根据教学内容和学生的实际水平，教师应对提出的问题、学生可能的回答、进一步的启发等有足够的思考，列出提纲。

2）教师提问要表述明确。不能让学生通过死记硬背进行回答，要促进学生积极思考之后逐步得出结论。在师生问答过程中，教师要抓住时机对随时可能出现闪光的思想进行点拨、追问。

3）教师要建立平等对话的氛围。教师要创造平等的课堂氛围，使教学成为真正的双边互动活动。教师应鼓励并积极回应学生提问。教师应关注学生，给予每位学生展示自己、锻炼自己的机会。

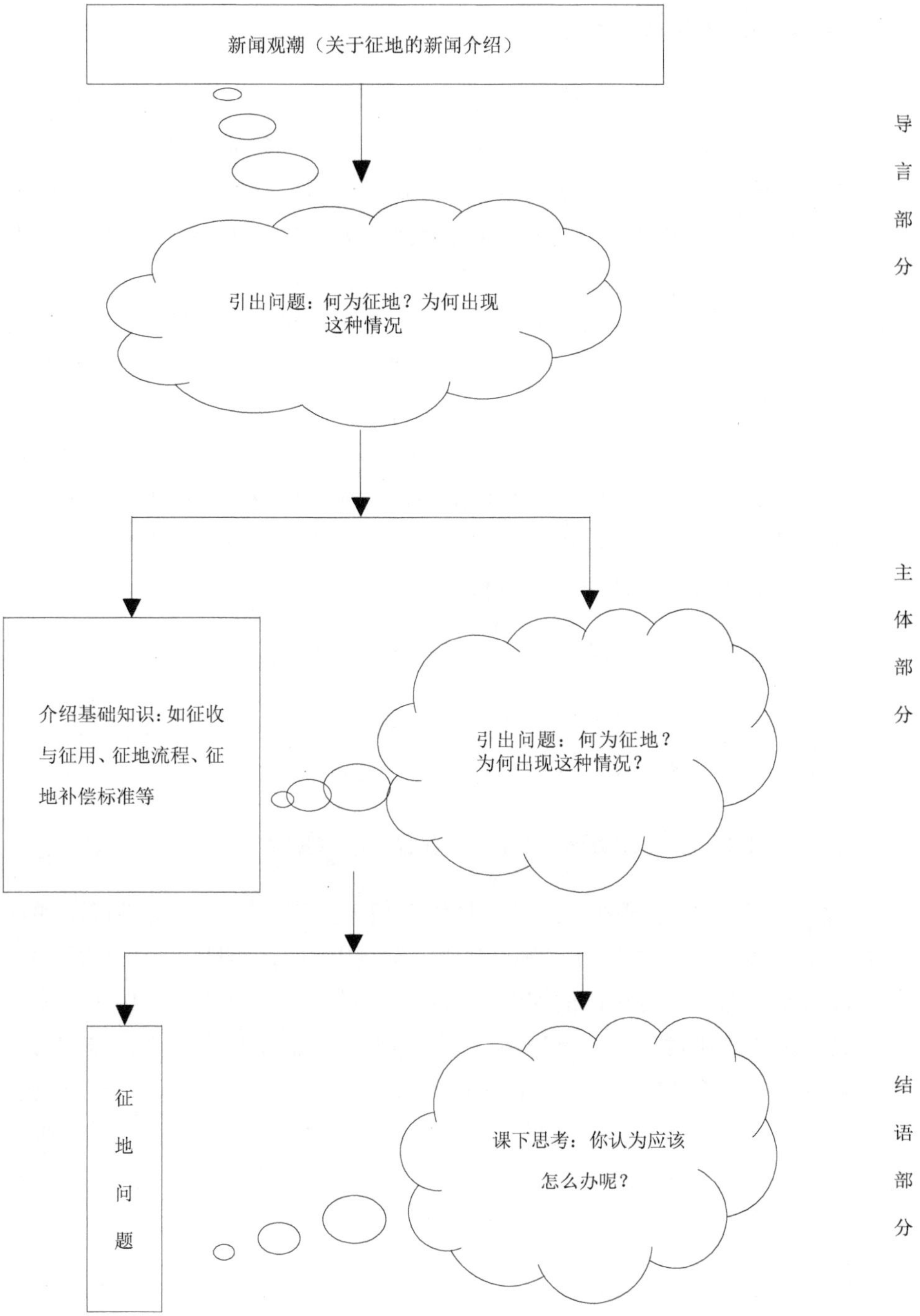

图 3-1 “土地征用制度”教学流程图

三、讨论法的应用与发展

讨论法是国内外常用的教学方法之一。在哈佛大学，授课教师、辅导教师经常和学生共同讨论。授课教师讲解课程内容，由辅导教师组织讨论。辅导教师通常为高年级研究生，任务是帮助学生进行自主学习、合作学习。授课教师则对反馈进行讲解。在斯坦福大学，讨论参与者主要为学生。第一，小组组长写明讨论主题。第二，小组成员经过 3 ～ 5 分钟的独立思考后，采用头脑风暴的方法表达想法和观点，记录员记录所有成员的观点。第三，组长与成员一起对各种想法进行归类。第四，按问题权重进行排序，并建立逻辑关系。第五，小组组长与成员一起确定总体研究方案。东京大学也常用讨论法。教师在学期初公布“课堂讨论”的题目，一门课程通常提出 2 ～ 3 个研究课题，要求报名参加“课堂讨论”的学生完成一篇论文。然后师生、生生围绕论文展开讨论，以学生自学为主，在教师指导下提出问题、进行讨论、完成研究、进行答辩，强调学生独立学习、独立思考。讨论法在青年教师中的应用和发展呈现如下特点。

（一）讨论法呈现出较为稳定的课堂应用分布

自 2002 年开始，讨论法除了最初的 9.5% 的低分布率外，随后基本保持 20% 左右的课堂分布率，呈现出较为稳定的应用分布。

（二）讨论法与讲授法和问答法结合最为频繁

在应用讨论法的过程中，教师需要传授相关知识，因此常与讲授法和问答法结合使用。然而，研究发现，许多教师在案例中明确标明讨论的时间为 3 ～ 5 分钟，没有整节课都是讨论课的课例。虽然不排除比赛赛制给研究结果带来的影响，但是教师在应用讨论法的过程中，还是有几点注意事项。首先，需注意讨论的时间问题。3 ～ 5 分钟的课堂讨论时间不够充分，在讨论过程中，如果没有时间保障，讨论就会不深入、不全面。其次，需加强过程性指导。讨论法较少与头脑风暴法和小组活动法相结合，结合率各为 3.8%。在学生讨论的过程中，教师要积极参与讨论，鼓励和帮助学生进行多维思考。

（三）讨论法应用总结

问卷统计结果显示，61.8% 的学生最喜欢讨论法。但是根据选择的教案样本分析，讨论法在各届比赛中的覆盖率皆不足30%。因此，从学生的需求和讨论法本身特点出发，教师可以适当增加讨论法的使用。

讨论法和小组活动法的不同在于，讨论法的关键在于学生与学生、学生与教师之间相互交流观点，相互启发。在应用讨论法的过程中，可以进行小组分组，也可以全班同学同时进行。对于讨论式教学法而言，核心问题是怎样组织讨论、怎样保证讨论顺利进行。一般来讲，讨论式教学法的应用可以分为三个主要阶段：①准备阶段，包括确定讨论目的、选择讨论内容、指导学生准备、制定讨论规则、选择讨论方式；②正式讨论阶段，包括安排座位、引入话题、开始讨论等环节；③总结阶段，由教师进行点评。

四、案例教学法和举例法的应用与发展

（一）案例教学法趋势及使用

1．案例教学法的使用日趋增多，举例法则相反

案例教学法在课堂上的应用比例不断增加，从第八届（2002年）的9.5%上升到第十二届（2010年）的26.9%。相反，举例法则从28.6%下降至3.8%，虽然在第十一届案例教学法应用较少，而举例法应用较多。但总体而言，越来越多的教师选择在课堂上使用具有典型性、矛盾性和现实性特点的案例，而不仅是简单的举例。

2．案例教学法与多种教学方法结合使用

案例教学法通常与讲授法、问答法、现场调查法、科研训练法以及辩论法结合使用。案例教学需要教师讲解基础知识和背景知识，并提出需要学生解决的难题。与此同时，有些教师会要求学生通过现场调查的形式获得更多解决问题的信息，最终通过论文或辩论的形式提出问题解决方案。从第十一届和第十二届的样本中发现，有教师在整个课堂上仅使用案例教学法。与案例教学法不同，几乎所有的举例法都会与讲授法相结合，这与举例法本身的性质相关。

3．文科使用案例教学法多于理科，举例法较为均衡

案例教学法在文科教学中的使用频率是理科教学的3～4倍。与案例教学法不同，举例法在文科和理科教学中的使用频率比较均衡。

4．案例教学法的使用还有待完善

虽然教师在教案中设计了案例教学，但是在质量上还有待提高。参赛教师

编写的教学案例通常具有教学性、综合性和简洁性，但是在冲突性和强制性上表现不突出。即使有些教师意识到这方面的问题，并在案例中有所改善，也还是存在着只强调统一答案的问题。而且案例的课堂讨论时间较短，有些教师甚至只给学生 1 ～ 2 分钟的时间进行讨论。与之相反，教师在课堂上应用举例法时，越来越注重将事例与生活现实紧密联系。

（二）青年教师案例教学法和举例法应用实例

在该实例中（表 3-4），教师非常注重案例的冲突性，并给出相应的时间规定，强制学生做出决定。教师从多个角度举例，并联系生活实际，一方面提高了学生的学习兴趣和积极性；另一方面帮助学生从具体材料的研究上升到抽象概括。与此同时，教师在课堂结尾部分，加入学生提问环节，促进学生反思和总结。

表 3-4　案例教学法应用实例

教学活动	学生活动	策略、方法、手段	备注
教学过程设计 （1）发放案例材料或在多媒体教师现场查询，让学生阅读分析材料。（3 ～ 4 分钟） （2）组织学生讨论或组间就认识分歧比较大的部分进行辩论，并记录学生讨论或辩论结果。（6 ～ 7 分钟） （3）教师根据案例设定问题，激发学生思考，指出案例涉及的多种主体及其事件冲突的原因，引出课程主要内容。（2 ～ 3 分钟） （4）教师讲解政府的产生及其本质，政府教育管理权利的来源，及其应该承担的教育责任。（13 ～ 15 分钟） （5）从教育产生和发展的历程出发阐述教育权的产生、演变，以及在不同主体之间的分配。（5 ～ 6 分钟） （6）结合案例分析，不同主题在履行教育责任是的冲突，让学生讨论冲突的根源。（3 ～ 5 分钟） （7）教师在学生总结的基础上，概括政府教育责任及其合理性、不同主体履行教育责任的约束性条件、政府履行教育责任的条件与方式。（4 ～ 5 分钟）	（1）阅读材料 （2）小组讨论 （3）组间辩论 （4）提问 （5）与教师互动 （6）总结课程内容	以案例分析为基础，以问题设置为线索，以学生讨论，以及师生交流与对话为主要手段	教师要注意控制时间，并及时引导和概括

（三）案例教学法与举例法应用总结

案例教学法的使用是为了帮助学生面对真实世界，提高解决问题的能力。案例教学法要求学生能够准确辨别情境中的问题，提出解决问题的方案。案例教学法不是举例法的深化。案例的编写过程包括明确案例编写的目的、开展案例研究工作、开始撰写案例和发展教学计划四个步骤。

不同于案例法，举例法在青年教师课堂上的应用逐年减少。举例是为了更好地注释、阐明教师讲解的论题和观点，并使抽象空洞的理论更容易理解。由此可见，举例法在教学中起辅助作用，一般搭配讲授法、练习法、问答法等其他教学方法一起使用。举例应客观准确、具有启发性、生动有趣、具有代表性、巧妙运用反例。①

五、其他教学方法

虽然现场调查法、演讲法、角色扮演法和辩论法等教学方法在课堂上的覆盖率较小，但是大学教师必须掌握这些教学方法。教有法而无定法，对多种教学方法的熟练掌握有助于教师针对不同的教学问题，得心应手地完成教学任务。

（一）现场调查法

现场调查法包括参观法、调查法、实习法等教学方法。参观法能有效促进课堂教学与社会实践的结合，帮助学生更深刻地领会书本知识，激发其求知欲，拓宽其专业知识面②。调查法主要包括制定调查计划、选定调查对象、拟定调查提纲、准备调查问卷、整理调查材料、分析调查数据、撰写调查报告等步骤，是大学理论联系实际的重要途径。实习法是教师在校内外组织学生实际的学习操作活动的一种教学方法。

近年来，现场调查法在青年教师的教学中使用得越来越多，文理学科皆有应用。例如，教师布置开放式题目“从移动通信的发展历程畅想未来通信产业新面貌”，要求学生根据题目进行课下调研，每组学生团队协作，在下一节课开始前整理出一份调查报告。又如，教师要求学生三人一组，调查一个路口红绿灯的情况并进行分析。

（二）头脑风暴法

头脑风暴法是一种刺激集体创新力的教学方法，以寻求最优问题解决方法为目的。头脑风暴法通过提出和解决问题以刺激学习者的创新能力，用高度活跃、打破常规的思维方式而产生的大量创造性设想，适用于需要产生解决问题想法的任何情境③。

---

① 曾宪达．管理类课程的举例教学与案例教学的比较．职业教育研究，2006（2）：95.

② 王坦．谈教学方法的分类．教育评论，1993（4）：48-50.

③ 张慧琴，杨惠丽，郭平建．“头脑风暴法”在英语写作教学中的应用．教育理论与实践，2011（27）：55-57.

头脑风暴法常应用于文科教学课堂，在各届比赛中较少应用。以第十一届“青教赛”为例，有教师在参赛课上5次使用头脑风暴法。

[片段一]

师：从英文构词法的角度，E-Gov尽管曾经被诠释为Electronic-Government，但是，我们已经很难从除了信息通信技术服务提供商之外的文献中在看到E被等同于Electronic。E这个前缀便蕴涵了“只可意会，不可言说”的内涵。同学们，通过上一个单元的学习，大家如何理解E-Gov中的E？下面请每个学习小组派一名代表发言。时间为1分钟。

（学生发言）

（教师运用板书记录，随后总结）

师：谢谢同学们分享观点，我归纳一下。

[片段二]

师：信息安全也是个问题。今年5月11日，智利多家政府机构电脑遭黑客入侵，600万智利民众个人资料被公布在互联网上。9月17日，美国共和党总统候选人麦凯恩的竞选搭档佩林的电子邮箱遭到黑客攻击，公务邮件内容泄露。

同学们，请大家列举影响电子政务发展的因素，每位同学说一点，不要重复。

（学生发言，教师记录）

（教师总结）

[片段三]

师：同学们，在上述影响政务发展的因素中，对中国来说，哪些是机会？哪些是威胁？中国政府的优势和劣势何在？我们该采取怎样的应对策略？请每位同学拿出作业纸，在三分钟内，写下自己的想法，我们下次课进行点评。

（教师播放PPT，学生随堂书面练习）

师：请各学习小组就“成熟电子政务呈现的特征”这一问题，集体讨论三分钟。

（小组讨论）

师：请两位同学走上讲台，在黑板上分别记录各小组代表发言的关键词，有没有自愿的同学？如果没有，由我来随机点名。下面请同学们各抒己见，每个小组代表的发言不超过一分钟。

（小组代表发言）

（教师点评黑板上记录的发言关键词）

（教师总结，播放 PPT，并配合板书）

师：让我们用头脑风暴法，分析“电子政务发展呈现什么样的规律”这一问题，欢迎同学们贡献智慧！

（学生发言）

（教师总结，播放 PPT，并配合板书）

（三）小组活动法

小组活动法是指教师把学生分为几个小组，小组之间讨论问题、分享观点，以达到学习目标的教学方法。小组活动主要分为以下三类：

1）讨论－观察式。学生分为讨论组与观察组，每小组 4 ～ 5 人。观察组评价讨论组的讨论情况，第一轮讨论结束后，两组互换角色。

2）讨论－汇报式。每个小组解决自己的问题和任务，最后向全班同学汇报学习成果。

3）讨论－轮换式。学生分为几个小组，每个小组有一个主持人。各个小组解决同一问题。随后，各小组成员相互对换到其他小组，主持人原位不动。最后，各小组成员需返回原小组位置继续进行讨论。

小组讨论法分别在第八届、第十届和第十一届“青教赛”中得到应用，文科教师使用更多。关于常用分组方式，45.5% 的教师和 47.0% 的学生都认为目前最常用的方法为自由组合，自选组长。教案分析结果与问卷统计结果相同，小组活动法主要采用“讨论－汇报”法进行分组，并且分组过程中会选择一位成员作为小组长。

以下是北京师范大学青年教师郑飞虎在第十届“青教赛”中应用小组讨论法的延伸阶段的节录：

> 为每小组分配学习任务，小组将有 30 分钟时间在下一次课程中独立演示任务作业并接受师生提问与评价。或是进一步延伸课程内容，使之贴近学生生活、学习与工作，创造更大的课程价值。

使用小组活动法时，以学生的积极参与和主动发展为中心，学生成为学习活动的主体，教师成为学习活动的设计者、指导者、启发者和调控者。下面针对小组活动法的一般步骤分别提出如下建议。

1）分析教学内容。成功的小组教学活动要引起学习者内在的变化，有行为的参与和思维的参与，让学习者能够针对学习内容积极进行思考，通过协作获得见解、看法、解决方案等，并在小组内进行充分交流，形成新知识。

2）制定小组活动的教学目标。整个小组活动过程都应紧紧围绕确定的目标展开。对于大型活动，要设计阶段性目标与最终目标，以便进行阶段性评价和总结性评价。

3）设计小组活动的任务。有效任务能够引发学生积极思考，使活动不断深入，取得良好效果。任务的设置要与目标紧密结合，清楚明了，细化分层，有一定深度和开放性。

4）制定活动计划。活动环节的设计主要由三大环节构成——师生提出问题、学生参与活动、师生对活动结果进行反思评价。教师应根据实际情况，计划各环节的时间安排。

5）确定学习小组。应根据不同的内容与目标和实际采用不同的分组办法，如同质分组和异质分组[①]、指定分组和自由分组等。

（四）科研训练法

科研训练是大学重要的教学方法。科研训练方法主要有几种：日常教学中的科研训练、学年论文和课程设计、毕业论文和毕业设计。科研训练法在文理教学中都得到了使用，但是，北京师范大学青年教师运用得却越来越少，从第八届的 19% 降至第十二届的 3.8%。产生这种现象的原因是，由于学生完成作品或论文的时间较长，越来越多的教师将这种方法作为平时成绩的考核或期末成绩考核，而不仅仅是作为课后布置的作业。大学教师的科研与教学是一体化工作，应该充分利用科研活动进行教学。目前，北京师范大学实行的新生导师制就是科研训练法的有效应用。

（五）角色扮演法

角色扮演法是一种情景模拟法，学习者通过对真实情景中抽象出的人和物进行了解，以充满想象力的形式表演人物的行为和情感。角色扮演法的组成部分包括教师角色定位、学生角色定位、表演目标、道具准备、基于任务的活动设计以及表演过程。[②]

---

① 吕世虎．参与式教学活动设计．北京：高等教育出版社，2007：152.

② 余洋．角色扮演法在医学教育中的实践与探究．考试周刊，2018（44）：46.

在大学教学中，教师在使用角色扮演法时需要提供情境和适当的活动框架，并给予学生发挥创造和想象力的空间，从而应用知识，参与课堂。

角色扮演法在北京师范大学“青教赛”中使用较少，仅有第八届的两位教师使用，分别采用对话式和信息式角色扮演法。其中，信息式角色扮演法的使用实例如下。

来访者：我觉得很难过，居然高考落榜！其实这次考试不难，班上成绩中下的也都应付过去了。我觉得高考根本不能正确评估一个人的成绩。我想开了，决定找份工作，投入社会大学。不过，父母却骂了我一顿，一定要我复读。我真烦死了！

（学生活动：角色扮演，请五位同学对本案例进行角色扮演。）

教师通常将角色扮演与讲授法、问答法、举例法和小组合作法等相结合。为了充分发挥该教学方法的优势，教师在使用时应注意以下几点：①在展开角色扮演前，教师需要简单说明角色，要求学生尽可能地表现自然和投入角色；②角色扮演过程中，教师需要保持安静，倾听并记笔记；③活动结束后，对角色扮演者表示感谢，由角色扮演者陈述感受，同时要求观看者进行评价；④教师在总结时可以使用扮演的角色名而不是参与者的名字。

（六）辩论法

辩论式教学以学生为主体，以反向思维和发散性思维为特征，由小组或全班成员围绕特定的辩题进行辩驳，各抒己见，互相学习，在辩论中主动获取知识，提高素养[①]。辩论式教学要求学生积极思考，善于提出问题，以审辨性思维分析问题，鼓励学生表达自己的观点，掌握科学的探究问题方法，并积极参与课堂。比赛中，使用辩论法的教师分布在第十～十二届，同时，所有使用辩论法的学科内容都为文科。

案例一：组织辩论：你是否支持诱惑侦查在实践中的运用？

赞成方的观点有：诱惑侦查有利于打击犯罪、诱惑侦查是保护公民的需要、诱惑侦查是侦破特殊案件的需要、诱惑侦查有利于维护社会秩序。反对方的观点有：诱惑侦查可能制造犯罪、诱惑侦查可能侵犯公民基本权利、诱惑侦查存在滥用警察权的可能性、诱惑侦查可能冲击社会信用体系。

案例二：当前，美国国内政界与学术界对美国总统选举规则存在疑问：获

① 布鲁纳. 教学论. 姚梅林，郭安译. 北京：中国轻工业出版社，2008：107-109.

得选民票最多的候选人却未能当选，这一选举制度是否合理？若不合理，为什么能够长期存在？大选规则改革有何最新动向？

辩论法需要将课前准备、课堂教学和课后总结有机结合，具体可分为准备阶段、辩论阶段和总结阶段。准备阶段包括选择辩题、选择辩手、提供资料、选择主持人与评委、制定规则。辩论阶段包括介绍、观点阐述、攻辩、自由辩论、总结陈词等环节。教师要在给学生自由发挥空间的同时，对现场进行控制，在必要时和学生互动，如及时地发问，适时地引导，鼓励学生勇于发言。[①]总结阶段包括辩论点评与总结。

（七）游戏法

游戏法是指由两个或多个参与者在遵守一定游戏规则的前提下，相互竞争并达到预期目标的方法。[②]游戏法在大学教学中使用较少，在本研究所选取的样本中，仅一位教师在课堂上使用了游戏法。使用实例如下。

“故事开始之前，我为大家准备了一道‘开胃甜点’，大家一起来做一个小的游戏，这就是美国总统大选的开心词典。”在此，学生可能反应积极，也可能反应冷淡，但是教师不论其反应，都坚定地显示出热情与自信，感染了学生。

接着，教师在 PPT 上呈现与课程内容相关的习题。游戏规则说明：请一位同学回答所有小问题。当这位学生不能确定答案时，其他学生可以提出各种答案，供其参考，但这位学生最终只能选择一个答案。

对于在大学课堂中使用游戏教学法，笔者提出以下建议。

1）始终围绕教学目标。游戏教学本质上是教学活动而非游戏活动，学习知识与培养能力才是课堂游戏的根本目的。在游戏的选择与开展过程中，教师应谨记教学目标，切不可片面追求游戏的娱乐效果。

2）精心选择游戏。在满足教学要求的前提下，教师选择的游戏应该形式多样、富有趣味，给学生以新鲜感。“猜”“表演”“竞争”“合作”是游戏中常见的元素。

3）把握游戏时机。游戏教学往往与其他教学方法搭配使用。在教学的导入阶段安排游戏，能够有效地集中学生注意力，激活学生学习兴趣；在教学的新授阶段安排游戏，能够避免单调乏味，帮助学生更好地理解内容，消化知识，在教

---

① 浦艳秋．辩论式教学法中教师引导作用的发挥．黑河学刊，2011（5）：127-128.

② 王鑫玥．游戏教学法在英语课堂中的应用．继续教育研究，2011（12）：177-178.

学的结束阶段安排游戏，能够舒缓学生的疲劳精神，检验和巩固学习效果[①]。

4）调动学生积极性。学生个体差异很大，教师为了达到教学目的，应该让尽可能多的学生参与游戏活动，即便他们不直接参与，也要将其注意力集中到观看游戏上。

5）合理使用信息技术。在游戏教学法中，教师可以利用视频、声音、图片等创设更为真实的情境，增加游戏的真实性与趣味性；可以直接选择最贴合教学内容的电脑教育游戏，让学生使用计算机进行竞争；可以用摄像机记录学生的游戏过程，在大屏幕上回放、分析等。

（八）同伴教学法

同伴教学方法由哈佛大学教授艾瑞克•马兹尔（Eric Mazur）创立。该方法利用概念测试题，借助计算机投票系统，组织大班课堂教学，进行基于问题的自主学习和协作探究。首先，要求学生在预习中回答问题，找到不解之处。其次，将整节课分为多个小单元，每个单元围绕一个关键概念，学生对概念的测试题进行独立思考，将个人答案发送至中心计算机。教师根据答题情况采用不同的教学策略。如果答对人数为 30% ～ 70%，则采用就近分组讨论的形式，邻座同学完成讨论、解释、说服、反省、批判的过程；如果答对人数大于 70%，教师精讲概念后直接进入下一个主题的学习；如果答对人数少于 30%，教师对概念进行再次阐述和讲解，并使用另一个测试题进行测试。[②]

（九）信息化教学法

信息化教学法是教师充分利用信息媒体和信息资源，科学地安排教学过程各个环节，为学生提供良好的信息化学习条件，从而实现教学过程优化的教学方法。信息化教学法强调学生是学习活动的主体，强调学生对学习的自我控制。该方法同时还有赖于技术的支撑。

信息化教学法在大学中的应用可以分为四个层次，分别为个人、小组、课堂和学校。北京师范大学信息化教学法在四个层次上都有较好的实现，然而，课堂层次上，教师绝大部分局限于 PPT 的制作与演示，网络平台也仅应用于课程资源的上传和分享。学生和教师在使用时，要避免出现“为物所累”“为媒体所

① 谭英. 游戏教学法在留学生汉语教学中的应用. 继续教育研究，2011（8）：162-163.

② 张萍，Mazur E. Peer Instruction——哈佛大学物理课程教学新方法. 中国大学教学，2010（8）：69-71.

累”的情况。

对国内外大学教学方法进行观察和研究发现：①讲授法仍然是一种重要的教学方法，广泛应用于国内外大学课堂；②注重师生和生生之间的协商和讨论交流；③重视小组合作学习；④注重学生的主动性和探究性；⑤注重学生的个性化学习。

北京师范大学青年教师运用教学方法同样表现出一些显著特点。①大学课堂使用的教学方法更为丰富多样。讲授法虽然仍然占据大学课堂的主要位置，但与其他教学方法相结合已经成为发展趋势，“满堂灌”的现象越来越少。近10年来，问答法在课堂上的使用频率提高，问答方式通常为启发式。如今，教师普遍重视讨论法的应用。②教学方法的应用深度逐步增加。研究表明，案例教学法在课堂上的应用越来越多，而举例法则应用得越来越少，且举例法在应用过程中非常注重与实际生活相关联，案例教学法也非常注重与现场调查法、科研训练法等方法相结合。除此之外，练习法的使用越来越少，取而代之的是具有实践性的科研训练法和实验法等。③某些教学方法的使用显现出学科特色，如案例教学法在理科教学中应用较多，而举例法在文科教学中应用较多；练习法和实验法主要应用于理科课堂，头脑风暴法和辩论法则主要为文科教学所采用。

然而，教学方法的运用也存在一些问题。①综合来看，教师最经常使用的是讲授法，但学生最喜欢的是讨论法。虽然问答法得到了广泛应用，但是问答的形式主要为师问生答，较少出现课堂上学生主动提问的情况，这与国外的大学课堂氛围不同。国外教师非常注重学生主动提问的过程，当学生提出问题时代表其进入了积极的思考状态。②不同教学方法的应用深度虽然有所增加，但还略显不足。如讨论法的应用过于浅显，3～5分钟的讨论时间远远不足。虽然讨论法在北京师范大学课堂上呈现稳定的应用分布，但是学生的讨论还有待深入。使用过程中较少结合头脑风暴法，使得讨论的广度受到影响，师生及生生互动都有所不足。因此，讨论法的应用还没有突出实际的应用价值。除此之外，案例也存在冲突性和强制性表现不突出的问题。③教学方法的启发性和艺术性有待提高，对学生创新性和实践性的要求略显不足。教师仍主要采用单向传授的方式，在启发性和艺术性方面，距离学生的期望仍有很大差距，教师对学生的创新性和实践性培养不够。④信息技术在课内外的应用略显单一，教师可适当拓展媒体应用的多样性。同时，教师也要避免盲目崇拜教学工具所导致的信息崇拜（information cult）现象的产生。信息崇拜是指过分夸大信息及计算机和网络的价值，甚至将其神化或魔化，并以过高的期望值赋予其自身承担不了的功能，造成所谓的“信息乌托邦”。

总之，在教学形式方面，北京师范大学青年教师越来越重视将多种教学方法结合使用，并将新的教学方法引入课堂。然而，在应用过程中仍停留在表面层次。大学教学具有教学科研并重、教学任务多样、教学过程具备探索性等特点。因此，针对教学方法应用过程中出现的问题，教师在进行课堂教学时，应注意鼓励学生积极主动地发言和提问，形成平等、和谐、民主、创新的良好学术氛围。除此之外，还需加强对实践能力和创新能力的关注。

第四章

北京师范大学教师的课堂教学技能

教学技能是大学教师教学工作专门化的重要特征之一，也是科学家与教育家合体的重要路径。很多大学教师怀揣远大而崇高的从教抱负，立志为师，但总是不得要领，甚至南辕北辙，事倍功半，其重要原因是“不会教、不善教”。因此，大学教师教学能力的发展是教师专业发展的重要内容。正如外科医生必须掌握动手术的技能，律师必须掌握雄辩的技能，运动员必须掌握运动技能一样，大学教师也必须娴熟地掌握教学的技能。自身缺乏有效教学技能的教师，不能够被称为合格的教师。

第一节　大学教师的教学技能

大学课堂教学活动充满了各种创造性元素。教学工作既是科学，也是艺术，更是一门艺术，而艺术的表现是以技能为基础的。课堂教学能够给予教师充分的自由发挥空间，使教师可以如美术家、音乐家以及文学家那样进行艺术创作。这种创作的成果是学生心灵的生长。在此需要指出的是，教学艺术既具有不可复制性，也具有鲜明的个体性；而教学技能是可以习得、可以传递的，也是可以提升的。发展大学教师的教学技能是一项极具挑战性的活动，有一条必须重视的铁律，即需要花时间进行不懈的刻苦练习。而当教学技能达到相当熟练的程度时，距离教学艺术的境界也就不远了。换言之，教学技能与教学艺术不是完全割裂的，它们之间存在着相互作用的关系，具有必然的内在联系，并且在一定的条件之下可以实现相互转化。

一、课堂教学技能概述

所谓技能是指运用知识和经验执行一定活动的方式。通过反复练习达到迅速、精确，运用自如的技能称为“熟练”，也叫技巧。技巧是指达到自动化水平的高级技能。教学技能是指教师运用教学知识和经验执行教学活动的方式，它对取得良好的教学效果具有积极作用。

研究课堂教学技能具有重要的意义。长期以来，人们疏于对大学课堂教学技能的研究，此研究长期处于自发状态和经验层面，所以对它的理性认识还远未能够揭示其基本原理和规律。本章对当前教学技能的各种分类进行分析，结合大学教学的特点，认为大学教师课堂教学技能主要包括导入技能、讲解技能、提问技能、演示技能、板书技能、教学管理技能及总结技能。

二、研究内容和研究方法

（一）研究内容

大学课堂是大学教学活动得以展开的核心场域。尽管大学教育受到信息化大潮的深刻影响，但是，师生在教室内的面对面交流活动，必将长期存在。课堂教学具有坚实的不可替代性。研究者关心的主要内容包括大学课堂教学技能的具体表征，大学教师课堂教学技能的现状分析，大学教师课堂教学技能的发展，提高大学教师课堂教学技能的策略分析等。

（二）研究方法

本研究所采用的是基于个案研究的定量和定性相结合的研究范式。主要采用观察法、实物分析法和数据分析法，对北京师范大学历年来的“青教赛”的视频和相关资料进行研究。使用的分析工具是由北京师范大学教学行为研究所张志祯博士开发的三棱角课堂教学视频分析软件。

第二节 大学教师的教学导入技能

德国教育家第斯多惠认为，教学的艺术不在于传授本领，而在于激励、唤醒和鼓舞。[①] 学生好似汽车的引擎，教师则是开启点火器的人。教师使用车钥匙打开点火器，点火器就会发动引擎。教师导入的教学技能，就宛如那个点火器。教学导入是指引起学生注意、激发学习兴趣、调动学习动机、明确学习目的、提出学习要求、建立知识间相互联系的教学活动环节。教学导入是进行学习准备的过程，其基本逻辑可以“自上而下”推进，也可以“自下而上”开展。“自上而下”是指从上位的大概念出发，“自下而上”则是从小概念出发。教师可以呈现导入用的承载研究问题的学习材料，随后帮助学生理解和把握研究问题，并提高解决问题的积极性。教师还可以针对学生准备不充分的方面进行适当补救。有效的教学导入活动犹如乐曲的前奏、戏剧的序幕，为学生的学习提供“开场”的帮助，增强学生的好奇心，将学生带入学习的特定场域，为师生共同进入教学活动的下一个环节打下良好基础。

通过大量的课堂观察与分析，研究者总结出有效的教学导入所具备的一些基本特征。①趣味性。教学导入应该能够帮助学生对所学内容产生兴趣、感到好奇，提升其求知欲望。趣味是一种对事物的选择心向，导入的趣味性可以吸引和集中学生心理活动的方向。在此需要注意的是形式的趣味性应与内容的趣味性相关，内容的趣味性则应与主题内容相连。否则，即使形式或内容有很强的趣味性，也不能获得成功的教学。②较高的激发度。教学导入应该唤起学生的情感反应。情感的激发度可以体现学生心理活动的激活状态。情感的激发在教学导入中有时由趣味性引起，有时则由其他原因引起。例如，用悲伤的语调描述一件悲伤的事情，就能引起很高的情感激发度。③与学习主题精准契合。教学导入的内容和形式必须与教学主题具有本质性的直接关系，在逻辑上浑然一体。如果导入与教学主题脱节，就像在三伏天，硬让幼儿戴上一顶成人的大棉帽。因此，必须避免将学生或者教学活动导向不应该去的方向。④教学走向明确。教学导入应该蕴

① 第斯多惠．外国教育名著丛书德国教师培养指南．袁一安译．北京：人民教育出版社，1990：177.

含或指明后来的教学走势，甚至结果，为整个教学活动画出一条路线。这是教师教学目标明确、学生有清晰的学习目标的重要逻辑保障。⑤合理把控时间。对教学导入所用时间应仔细设计，做到短小精悍，一针见血。导入活动毕竟只是教学开端，不可占用过多的时间，否则就会削弱主体部分。一般而言，长篇大论的导入不是合理有效的导入。

一、教学导入的类型

（一）直接导入

在上课开始后，直接阐述目标。教师开门见山地讲解本次课的教学目标和要求、教学内容、教学进程等，帮助学生了解学习内容或需要解决的问题，以此引起学生的有意注意。教师还可以采用名人名言直接开场。这种导入方法的特点是“短而快”，能够迅速触及新课主题，可以及时起到组织学生进入学习状态的作用。

（二）复习导入

一般来说，新知识是在已有知识的基础上发展而来的。教师根据知识间的内在联系，以提问和讨论已学习过的知识为手段，通过已学知识引出新课内容的线索，既可以引导学生从已有知识出发，进入新的学习领域，正所谓“温故而知新”的教学活动，还可以使学生产生强烈的求知欲，探求新知识的奥秘。

（三）直观导入

教师在上课之初，通过展示图片、图表、音像片、模型、实物等直观教具，从具体或直观入手，增强学习材料的感性元素，引导学生观察、思考、分析，突出真切感，进而帮助学生进行抽象思维。如果学生通过观察具象能够提出问题，建立思考模型，就起到了直观导入的教学作用。

（四）问题导入

使用提问的方式进行教学导入，是一个十分有效的方法。教师所提出的问题，既可以是自问自答的，也可以是要求学生回答的；可以提出一个问题，也可以提出问题串，由问题将教学过程有机联系起来。教师必须科学、合理地设计问题，注重问题的深刻性、教育性，避免形式主义和表层现象。应该对所提问题进行深入探索与分析，也许有时教师根本就问错了问题。

（五）实例导入

教师为学生提供具体事例，从人类生产生活中选取生动形象的实例，将学生带入一种生活化学习环境，使理念世界与现实世界产生相互作用，能够帮助学生实现学习上的融会贯通，有助于提升学生分析和解决问题的能力。采用这种方法时，不仅选材要典型、生动、具体，并且紧扣主题，还需要教师注意帮助学生挖掘实例背后的道理和深意。

（六）审题导入

在新课开始时，教师先将课题写在黑板上，从探讨题意入手，引导学生分析课题，进而导入新课。这种方法突出了教学中心或主题，可使学生思维迅速定向，快速进入对中心问题的探求。运用此法的关键在于针对学习内容，围绕课题提出一系列高水平问题。因此，教师需要精心设计、认真组织，善于引导，帮助学生打开思路，获得分析成果。

（七）故事导入

通过讲故事为学生创造一种情境。科学性、哲理性很强的故事很受学生欢迎，在各学科的发展史上都有许多动人的故事，如科学家的趣闻轶事、某些公式原理的发明过程及一些发明创造的诞生等，无不充满了引人入胜的情节和令人震惊的事件。在任何学科中，讲人的故事总是会收到意想不到的效果。讲故事需要注意三点：一要短小精悍；二要针对性强，能为主题服务，避免东拉西扯不上路；三要避免只图热闹而无学习的现象。

（八）游戏导入

根据教材和学生的特点，以游戏的方式进行导入。教师利用语言、设备、环境、活动、音乐、绘画等各种手段渲染气氛，以激发学生兴趣，提升注意力，启发思维，引起心理共鸣，产生深入学习的动力，从而进入学习“角色”，使学生在轻松的气氛中，或在激烈的竞争中，生动活泼地获得学习体验。

二、大学教学导入的策略

平淡低效的教学导入，就如同沏过多遍的茶水，索然无味，避之若浼。而从形式到内容都具有极强吸引力的高超导入，则能够使学生聚精会神、敛声屏气。微言大义的导入令人神往。教学导入的根本目的是吸引学生的注意力，做好学习的心理准备和奠定良好的教学基础。

（一）目的明确，针对性强

每一堂课的导入都有其具体的目标，需紧扣本课的教学目的和要求，而不可脱离具体的教学摆“噱头”。“噱头”有时也会起到吸引学生的作用，但是如果与教学脱节，就可能起到相反的作用，如分散学生的注意力。“噱头”的作用是有限的，并且“噱”过了“头”，则将把学生引入误区。教学导入的艺术性在于明确导入的具体目的，各种导入手段的使用都必须针对具体的教学目的。

（二）新颖有趣，引人入胜

心理学的研究表明，新异刺激可以有效地强化学生的感知，吸引学生的注意。因此，新颖的导入能够抓住学生的注意力。如果在讲课之初，教师通过富有哲理、富有激情的“开场白”，最大限度地调动学生的学习热情，那么，接下来的师生活动，就会变得十分投入和愉快。

（三）设置悬念，深藏底牌

好奇心人皆有之，大学生亦然。悬念是教师悉心营造出来的，可以称之为“卖关子”。教师应该根据学生的知识水平和心理特点设置悬念，特别需要留心悬念必须与本堂课教学的内容、情境相符合，要恰到好处，并且当教学结束时，必须回到悬念，使学生在探究悬念“谜底”的同时完成他们应该完成的学习任务。

（四）适时启发，深度互动

积极的思维活动是课堂教学成功的关键。教师在上课伊始可以运用启发性教学，激发学生进行积极思维，有效地引起学生对新对象的热切探求。有效启发的前提是高水平的师生互动。教师与学生的交流可以逐步让学生进行深入的思考，帮助学生如思考者一样使用自己的大脑。

三、对北京师范大学教师教学导入技能的分析

通过观察发现，在所有63个抽样视频中，所有教师均进行了教学导入，只是在导入时间和导入方式上有所不同。从这一点来看，教师已然十分关注和认可教学导入对教学的重要性。本节将从横向与纵向两个维度，对抽样视频进行比较研究。

（一）横向比较

1. 导入时长

笔者对不同等级奖项的视频中的导入时长进行均值比较，一等奖是81.11秒，二等奖是83.55秒，三等奖是73.92秒。其中，二等奖均值最高。进而，对不同奖项的导入时长进行单因素方差分析发现，不同奖项之间在导入时长上并无显著差异。因而，导入时长不是决定教学质量的关键因素。

虽然导入时长对教学质量的影响不大，但并不意味着导入时间可以随意安排。这些教学视频的主讲人均为参赛教师，他们大都精益求精，因而未出现冗长导入的现象。导入时长应该加以控制，如果导入过于冗长，就会影响学习者注意力的瞬间集中。荣获一等奖的教师的导入时长大约在90秒以内，将导入时间控制在2～3分钟以内为宜。但是，导入时间不是越短越有效。教学是一门艺术，也是教师创造性的体现。导入时间的确定必须按照教学目的而为，信息的接收与理解需要一定的时间，忽略这个时间而一味强调快速导入，会使导入效果大打折扣。

2. 导入类型

对导入类型进行相关分析，发现导入类型与所获奖项的等级有着显著相关。因而，导入类型对于教学质量有着重要影响，选择合适的导入类型是进行良好教学的第一步。“合适”即为适合教学内容，适合学习者的理解，这样的导入才能有效提高教学质量。

在导入类型的选择上，荣获一等奖的教师倾向于选择复习导入；荣获二等奖和三等奖的则倾向于选择直接导入。荣获一等奖的教师导入类型较为丰富；而荣获二等奖和三等奖的教师在选择导入方式方面较为单一，主要集中在直接导入和复习导入两种方式上。这一方面是因为直接导入和复习导入是最易掌握的导入方式；另一方面，也体现出教师对于导入技能的生疏。

荣获一等奖的教师除了选择复习导入之外，也比较推崇问题导入和实例导

入。对于大学教学来说，问题意识和动手能力是十分重要的两个方面。这两种导入方式能在一定程度上促进学生问题意识和动手能力的提升。

新任教师首先要充分重视教学导入的重要性，明确教学导入的目的，以复习导入为突破口，在课堂教学实践中充分理解和体验教学导入的实质；其次，在理解导入意义的基础上，新任教师应丰富导入的方式，提升导入的艺术感。

（二）纵向比较

1. 导入时长

从不同届别来看，不同届别的导入时长均值差异较大，第十一届“青教赛”的导入时长最长，达 130.13 秒，而第四届的导入时长最短，为 26.67 秒。总体而言，早期导入时长较长，中期迅速缩短，到后期均值又再次提高。早期，教师比较关注对导入活动的设计。进入中期之后，教师对这一技能则疏于关注，这与信息技术对教学所产生的影响不无关系，教师对课堂教学效率的理解产生了些许偏差。但从最近一届的视频中发现，教师教学导入活动的时间明显增长。但过度延长导入时间，可能会导致导入没有重点，从而失去效果。

在设计教学导入时，明确导入的目标是关键。事实上，导入的目的是有限的，不可能面面俱到，必须有所侧重，狠抓重点。如果教师在一项导入中既想激励学习动机，又想建立新旧知识的联系，还想明确学习任务，那么，导入的时间必然会延长。同时，对于新任教师来说，这样的导入也很难把握。因此，在导入的设计中，教师应当抓住关键目标，充分设计，深入挖掘。这样的导入才能收到理想效果。

2. 导入类型

研究发现，早期的教师导入类型较为分散，并不集中使用某一两种导入类型，而到了近期，特别是第十二届，直接导入和复习导入成为主要导入方式。由此可见，早期的教师在导入技能上较为多元化，而目前的教师在导入技能上较为单一与直接，缺乏必要的精细加工，这一现象值得重视。信息技术虽然提高了教师的教学效率，但也在一定程度上抑制了教师的教学想象力和创造性。2009 年 9 月，中国青年报以“过分依赖 PPT，课堂教学丢灵魂”为题，报道了多所高等院校的学生对教师过分依赖 PPT，讲课照“屏”宣科的不满和抨击。[①]随后，熊丙

① 谢洋，刁文佳，谭思嘉. 过分依赖 PPT，课堂教学丢灵魂. 中国青年报，2009-09-25（06）.

奇教授在文章“大学教师为何患上‘PPT 依赖症’”中称：“几年前，我曾收到一封学生的来信，信件开宗明义：我们真想把学校的多媒体教室砸了！……多媒体养了太多懒汉教师，以前上课教师还要在黑板上板书，推导公式，现在上课就放 PPT，对着 PPT 照本宣科。”[①] 熊教授慨叹，本以为那已是多年前的事，可如今大学教师“PPT 依赖症”更加严重。

早期教师对导入的尝试值得学习，信息技术对教学的冲击表现在各个方面。在享受信息技术带来便利的同时，也不能对其过度依赖，教育终归是人的活动，信息技术的辅助不可能替代人的活动，教师跳出信息技术给思维带上的枷锁，努力探索不同方式的教学，根据内容本身的需要，明确导入的目标，多样化、多元化地选择导入的方式是青年教师应该尝试的工作。

四、教学导入的案例

（一）直接导入

混沌学基础

各位同学，今天我讲的题目是“混沌学基础”。在上节课中我们学习了非线性系统的基本理论和基本方法，这节课我们来学习非线性动力学的一个重要分支——混沌学。

这节课我主要讲的内容有以下五点。（在 PPT 上展示出）

（二）复习导入

社会反抗运动

同学们好，下面我们接着在第二次世界大战后至 70 年代初美国的社会反抗运动风潮中追溯历史的缘由。我们之前已经看到，这个时期的美国，无论在工业生产、全球贸易，还是世界金融中都居于绝对的主导地位，成为世界体系中的霸权国家。

（此时，板书上节课的内容逻辑框架及其与本节课的关系。PPT 上一直显示的是本章的内容框架）

---

① 熊丙奇．大学教师为何患上“PPT 依赖症”．科学时报，2009-10-20（05）．

（三）直观导入

躯体运动的脊髓和脑干调控

各位同学，大家好！今天我们继续学习第三章《躯体运动的神经调控（Neural Control of Movement）》。

那么，这一节的主要内容包括两个部分，第一个部分是脊髓对躯体运动的调控，第二个部分的是关于脑干对躯体运动的调控。

请大家看 PPT。

（此时，教师将脊髓图和脑干图投射在大屏幕上）

（四）问题导入

动物的社群行为

师：同学们好！这节课我们学习动物的社群行为，动物行为的两大目标就是生存和繁殖，其实动物更多的行为是社会行为。

师：同学们想群居还是独居？

生：群居！因为群居不会寂寞，热闹。

生：独居！因为自由。

师：为什么要群居？因为动物在自己繁殖的季节必须群居，找自己的伴侣，与其他同性竞争。

那么，今天我们就来讨论动物的社群生活。探讨动物在群居的过程中会产生哪些社会行为。

（五）实例导入

学习反应信息分析法

同学们好！今天，我们学习反应信息分析法。在进行具体内容之前，我们先给大家带个引子。很多电视的娱乐节目，会有这样一些环节，参赛人员会经过一轮一轮的淘汰，进入决赛。在淘汰过程中，很多决定权掌握在观众手里。主持人会告诉大家，请按动手中的选择器，选出你最喜欢的选手。观众按完之后，在大屏幕上会呈现出评选结果。那么，大家是否关注过观众手里的那个选择器？这个选择器加强了观众与节目的互动性。大家有没有想过，这个小东西可不可以在课堂中使用？请看这幅图片，老师提出问题，学生用手上的选择器选择答案，请问大家，这样的教学有什么好处？

（六）审题导入

第五代电影的文学想象

今天，我讲述的课题是第五代电影的文学想象。有学者认为在当代影视文化的冲击下，文学作为一门艺术形态，它的生命正走向衰落。当然并不是说，所有的人都认为文学一定会被电影所取代或者超越。更多的人一直坚持着这样的观念，文学是电影之母，文学的优势是电影所永远无法取代的。当然今天我们在这里并不是探讨两种观点孰优孰劣、孰是孰非，一百多年以来文学与电影之间有着不解的关系，这是不争的事实。今天我们就以第五代电影为个案，讨论当代中国电影和文学之间分和难解的暧昧关系。

（七）故事导入

中国剩余定理

同学们好，我们今天要学习“中国剩余定理”。我先给大家讲个韩信点兵的故事，有句话叫“韩信点兵，多多益善”。有一次，刘邦问韩信：“你觉得我能带多少兵呀？”韩信说：“陛下能带十万兵。”刘邦又问：“那你呢？”韩信回答：“我，当然是多多益善啦。”刘邦听后很不高兴，就说：“那你既然这么厉害，我给你出个题目吧。有一些小兵，让他们三个站一排，发现最后一排是两个，让他们五个站一排，发现最后一排是三个，让他们七个站一排，发现最后一排是两个。”刘邦问道：“这些小兵一共有多少个？”结果韩信张口就来，那么韩信说的这个数到底是多少呢？大家不妨先动笔算一下。

好，这个题目可能有一些困难。正确的答案应该是23。23这个数字是怎么算出来的呢？如果我们用数学的语言来描述，实际上是解一个同余方程组。（用PPT显示方程组，并用电子教鞭点至方程组，继续讲解）那么，中国剩余定理，正是用来解这个同余方程组的。

（八）游戏导入

情绪理论和情绪调节

今天，我要讲情绪理论和情绪调节。首先，请大家和我一样把双手伸出来（老师伸出双手，手心朝向学生，展开十指），双手握起来（老师双手交叉握住）。现在，请大家想象一下，在一分钟之内，你可以拍多少次手，先告诉我你们的预期是多少。（下面有学生小声做回应，老师板书记下学生说出的数字）40，80，100，还有吗，50。接下来，请大家想象一下，最近发生的令你不愉快的事情。好，现在想象一下这个不愉快的事情就在你的手掌中，我们可以通过拍掌把它拍掉。我给大家20秒的时间，在20秒之内，看你最多能拍多少下。通过激烈的拍手，可以把烦恼都拍掉。好，预备，开始。（下面学生开始拍手）

停，现在把拍的数乘3，告诉我你们拍了多少下。（老师在刚才写下的一排数字下画一条线，在线下写出学生说出的数字）210、270、240。我们发现真正做到的远远高于我们所预期的，为什么？动机和行为效率存在一个关系，当人们面对一个很复杂的问题时，动机水平如果过高，反而会做得不好；如果面临的是一个简单任务，那么这时候动机水平越高，完成得就越好。拍手是简单任务，因此，当人们希望通过拍手把烦恼都拍掉的时候，强大的动机就会推动人们很好地完成任务。那么，做这个任务还有另外一个意义，大家通过拍手，心中的负面情绪会有所减少。那么，接下来我们就开始讨论情绪理论和情绪的调节，我会教给大家其他的调节情绪的技巧。

第三节　大学教师的讲解技能

讲解技能是指教师运用教学语言，辅以各种教学媒体，引导学生理解教学内容并进行分析、综合、抽象、概括、形成概念，认识规律和掌握原理的教学行为方式。讲解的实质是通过语言对知识的剖析和揭示，剖析其组成要素和过程，揭示其内在含义，从而使学生把握事物的实质和规律。可以说，有效运用人类语言是讲解技能的首要条件。

提高讲解教学技能是对大学教师最基本的职业要求。教师必须给予学生认真听课的理由。如果教师不能够为学生提供使他们感到有吸引力、有用处、有价值、值得深入思考的讲解，那么，学生就会从心里将其抛弃。虽然他们迫于各种压力不得不坐在教室里，实际上，他们的心早已飞奔了。很多人在众人面前说话时，都会感到紧张、焦虑和胆怯，甚至有人会感到自卑，有时会将在头脑中准备好的逻辑思路和内容在一瞬间忘得一干二净。实际上，讲解是一项需要学习的技能，并不是天生具有的，也不是自然形成的。这项技能需要通过练习才能掌握，只有不断地、全身心地实践、实践、再实践，才能够不断地弥补讲解技能的不足。

讲解技能在行为方式上的特点是“以语言讲述为主”，即师生交流的媒介是人类语言；在教学功能上的特点是传授知识和方法、启发思维、表达态度或思想感情。其教学活动方式是师生互动，但主要是教师说话。这里的教师提问主要是引起学生的思考，知识的结论不是以学生的回答得出，而是教师依据学生的回答，通过讲述得来。因此，区分讲解技能与提问技能并不是是否存在提问行为，而在于学生学习方式是接受学习还是发现学习。

目前，国内大学教师运用最多的教学技能就是讲解，即使现代信息技术手段早已进入课堂，讲解仍然属于运用最普遍的教学技能。讲解应该充分发挥教师的主导作用，保证系统地传递知识，帮助学生在短时间内理解较多信息。经验显示，讲解技能运用于事实性知识的学习比学习认知性知识效果好。在教学过程中，讲解技能对知识的综合、概括和总结是有效的。当应用知识时，通过讲解引导、定向也是有利的。需要注意的是，讲解技能只有与其他教学技能相配合，才能构成课堂教学的有机整体。

一、课堂讲解的基本类型和原则

（一）讲解技能的类型

1. 解释式讲解

解释式讲解是运用知识陈述、程序说明、结构显示、符号转译等方式进行的讲解。一般适用于概念的定义、含义的解释、题目的分析等的教学，属于讲解技能的初级类型。例如，在天文教学中解释天文现象时，介绍天体的结构与发展、观察太空的方法与步骤等常用解释式讲解。

2. 描述式讲解

描述的内容主要是指人、事或物的发生、发展、变化过程，以及形象、结构、要素。帮助学生对所描述的事物、过程有一个完整的印象，形成一定程度的认识和了解。描述式讲解大多用于讲授具体知识，为学生提供表象，也可用于较多抽象知识的描述，同样属于讲解的初级类型。根据描述方式的不同，描述又可分为两个亚类：①结构性描述。对于这类描述要注意提示事物结构的层次关系和要素间的关系；突出重点，抓住关键；注意运用生动形象的比喻和类比方法。②顺序性描述。它是按事物发生、发展变化的时间顺序进行描述。此种描述要注意事物发展的阶段性，注意抓事物发展的关节点，而不是无重点、无要点、流水账式的叙述。

3. 演绎式讲解

演绎式讲解是指对概念规律、原理、推论的讲解，属于高级类型的讲解。演绎式讲解经常使用叙述加议论的表达方式，从一般性概括的引入开始，然后对一般性概括进行论述、推证，最后得出结论，又回到一般性概括的复述。一般性概括即概念、规律、法则、原理和理论的表述、论述和推证，即运用分析、比较、演绎、归纳、类比、抽象和概括等逻辑方法去说明一个过程或事实。在推证过程中，教师还要提供有力的证据，利用例证和统计数据进行讲解。在讲解过程中，应交替运用各种逻辑方法，强调论证和推理的过程，既注重科学性，又讲究趣味性。

4. 启发式讲解

启发式是以解答问题为中心的讲解，常用于启发学生的思维，培养学生分析问题和解决问题的能力，在探究学习过程中，具有重要作用，属于高级类型的讲解。启发式讲解的一般教学流程为：提出问题－明确标准－选择方法－解决问题－得出结论。启发式讲解适于重点、难点、智慧技能和认知策略的教学，通常与提问、讨论等其他教学技能搭配使用。

（二）讲解技能的应用原则

1. 科学性原则

科学性原则要求教师将专业术语作为讲解语言的基本成分，用专业术语解析学科知识，因为大学教师所教授的是专业学生，是未来的专业人士，他们不同于非专业的社会人士。大学教师必须培养他们的专业思维能力，必须帮助他们使用专业术语分析问题和解决问题，因此，大学教师必须准确使用专业术语，强调教学语言的准确性和专业性。同时，教师既需要研究如何帮助学生理解和掌握本学科的专业术语，强调通俗易懂、深入浅出、形象生动，又需要注意思维方式的辩证关系，不可绝对化，不可过于情绪化，应该抓住学科的特点、规律和本质。

2. 目的性原则

讲解之前所确定的教学目的是决定讲解效果的关键因素之一。必须明确为什么给学生讲这些内容，希望通过讲解达到什么目的，以及学生可以从教师的讲解中获得什么。而且，教学目的必须能够用一句话概括，否则教学目的就不够清晰。按照亚里士多德的说法，教师的讲解主要应该实现三大目的——传授、劝说与鼓励。教师有责任和义务告诉学生一些他们并不知道的内容。有论者认为，在信息时代教师的讲解或者传授的技能并不重要，重要的是学生自己通过网络获取知识，并提升分析问题和解决问题的能力。而在现实中，作为得道在先者的大学教师必定会有很多独到的思想结晶和学术感悟需要与学生分享，会有无数自己总结的至理名言和人生警句告诫学生。

3. 互动性原则

讲解的主导是教师，因此，教师必须确定何时讲解，讲解什么和怎么讲解的问题。其核心目的是激发学生自己思考，而不是被动地接受信息。坚决杜绝被动学习现象，克服单向传输、一讲了之的教学弊端，应将课堂作为学生和教师充分互动的场所，将学生作为学习主体的场所，启发学生的思维。提问是加强师生互动的有效方法，是讲解教学的基本要素。可以进行设问、反问和追问。

4. 阶段性原则

当需要讲解的内容较多时，应该分段处理，每次讲解的内容不宜过多，讲解时间也不宜过长，同时应注意形成连接。讲解的系列化问题和相应的阶段性目标之间不是彼此孤立的，它们不仅有时间顺序，而且有逻辑意义上的联系。“形成连接”是将讲解内容的各部分之间的逻辑意义的联系交代清楚，注重讲解各部分之间的转折与过渡。

二、对北京师范大学教师课堂讲解技能的分析

（一）横向比较

在教学中，青年教师较多地使用解释式技能。大学教学不同于中小学教学，教师需要对教学内容背后的理念、发展沿革、现实问题等方面进行更加细微的讲解。只有更全面、更深入地理解学习内容，学生才能真实有效地提高学习水平。

获得一等奖的教师使用的讲授技能较为广泛，除了解释式技能之外，他们还大量使用归纳演绎式技能，而这种技能对于结构性知识和知识与知识之间的关系的讲解，更具有优势。获得二等奖的教师的描述式技能使用时长最短，启发式技能则使用时长最长。事实上，启发式技能在引导学生思维和提升学生的创造力方面具有较大优势。获得三等奖的教师较多地使用描述式和解释式技能，其他的讲解技能使用时长都比较短。对于获得一等奖和二等奖的教师而言，讲解技能的选择较为集中。

由此看来，青年教师在课堂教学中，可以根据不同的情况选择不同的教学技能，同时应该关注大学课堂的特殊性。大学教师不仅应该具备扎实的学养，还应该在课堂上充分展示自己对问题的理解、态度和思维方式，这是培养独立思考、问题解决型的现代化人才的关键。深入解释的技能是大学青年教师应当掌握的基本讲解技能。

另外，在对教师讲授过程中采用的简单类比、案例分析、教学内容纲要提示等教学策略进行结构性观察之后发现，按照一等奖、二等奖、三等奖的顺序，举例次数呈现逐渐递增的趋势，举例所占用的课堂教学时间也是逐渐递增。其中，一等奖在均值以下，二等奖与均值基本持平，三等奖均高于均值。这显示了获得一等奖的教师较少在课堂上使用简单类比的举例策略，而获得三等奖的教师在课堂上更多的使用该策略。在案例分析中，获得一等奖和二等奖的教师案例的个数高于均值，而获得三等奖的教师使用案例的个数则远远低于均值，其使用案例分析所占用的教学时间远远低于获得一等奖和二等奖的教师。单个案例所占用的教学时间的平均值分别是，一等奖为 159.32 秒，二等奖为 145.97 秒，三等奖为 148.19 秒。由此可见，教师使用案例分析策略时在时间的控制上差别并不大，说明大学教师的个人学科素质十分接近。但获得一等奖的教师更擅长利用较少的案例更深入的探讨知识的内涵，拓展学生的思维。事实上，案例讲解和剖析比简单举例更能反映教学内容背后的东西，更适合大学教学的培养目标。在教学内容

的纲要性提示策略中，获得一等奖和二等奖的教师更偏爱使用该策略，而获得三等奖的教师则较少使用。这说明获得一等奖和二等奖的教师比较注重帮助学生建构上位的理论体系和形成知识系统，注重对学生发展的引领，提高学生分析和解决问题的能力。学生对所学内容框架的把握，更有利于学生对所学内容本质和相互关系的深刻领悟，更有利于对知识的自我建构，能够彻上彻下，融会贯通。

总体而言，获得一等奖教师和二等奖的教师更侧重帮助学生探讨和归纳知识，而较少对知识进行解释。这更符合大学生的学习特征，充分尊重和调动大学生自身的学习能力，对大学教师而言十分重要，也是一项艰巨的挑战。

从教师有效使用语言方面而言，获得一等奖的教师倾向于使用高亢型和舒缓型，而较少使用轻快型和低沉型。其使用高亢型的时间均值为 246.75 秒，是该类型语言使用时间均值的最高教师群体；其使用舒缓型的时间均值为 517.86 秒，也是该类型语言使用时间均值的最高值；其使用轻快型的时间均值为 84.96 秒，是该类型语言使用时间均值的最低值；其使用低沉型的时间均值为 1.93 秒，也是该类型语言使用时间均值的最低值；其没有使用凝重型和紧张型。

获得二等奖的教师的轻快型、舒缓型和高亢型时间比例较高，其使用轻快型的时间均值为 144.82 秒，使用高亢型的时间均值为 217.27 秒，使用舒缓型的时间均值为 517.55 秒；没有使用凝重型和紧张型；低沉型的均值也很低，仅为 9.09 秒。

获得三等奖的教师使用轻快型、凝重型、低沉型、紧张型的时间均值最高，分别为 177.50 秒、35.42 秒、134.54 秒、61.21 秒；而高亢型和舒缓型的时间均值最低，分别为 138.96 秒和 264.46 秒。

总体而言，教师使用凝重型和紧张型的时间较短。获得一等奖的教师在使用语言方面时通常追求语言的听觉效果，激情而语速适中是其常见的上课语言，而获得三等奖的教师更倾向于使用轻快的、低沉的语言授课。当然不同的语言形态在表现力上各有不同，但在课堂上，语速过快或过于低沉会使听课者难以完全获取教师所表达的信息，也容易使学生产生听觉疲劳。此外，获得三等奖的教师易于出现紧张感语言，这与比赛的环境有关。

教师在课堂上的教学激情可以通过语言充分体现。教学激情能够感染学生，抓住学生的注意力。此外，教学激情也是教师个性和教学风格的体现。因而，教师应该熟练地控制自己的语言，通过教学激情增强教学的表现力。

（二）纵向比较

早期青年教师使用的讲解技能更为单一，而目前的青年教师所使用的讲解技能更为广泛。在学校的第二届至第四届“青教赛”中，启发式技能所用甚少，更多的是使用解释式和描述式技能。在20世纪90年代，我国大学课堂受到“教材为中心”“教师为中心”教学理念的影响，还是以教授学科的基本知识为主要目的，围绕一本教材展开教学，上课多是解读教师指定的教材。这种现象在近几届比赛中已经销声匿迹。这充分反映了教师教学观的整体发展，在讲解技能方面明显可以观察到向积极的方面转变。教师使用的讲解技能更为多样化，大家普遍对深入解释式、启发式等讲解技能情有独钟。

“大学课堂应该讲什么”历来是大学教师重点思考的问题。诚然，学科基本知识是课堂讲解的核心和根本，但更应当思考学生在大学课堂中的地位。其实，在大学里，讲明白了是好老师，讲糊涂了同样是好老师，大学课堂是产生问题的圣地。学生带着“明白”的喜悦离开教室，与带着“迷雾”皱眉而出，具有同等的重要价值，甚至带着问题离开会更有教学意义。教室虽然是封闭的，但教学不是封闭的。大学所关注的是教学的开放性，启发、分析、探究等行为都应在大学课堂中充分体现。

三、大学课堂讲解的策略

一位大学教师的讲解水平的高低，与他对讲解策略的理解与掌握有着直接联系。大学课堂讲解策略是教师通过口头语言，向学生说明所学内容的总体方案。如何才能提高讲解的效益，是每一位大学教师必须认真对待的大问题。因为语言是人类最重要的交际工具。① 在大学教学中，语言是促进学生发展的基本手段，在教学中具有特殊地位。在教室里，学生会拿出生命中的宝贵时间倾听教师的讲解。然而，大多数学生不愿意长时间倾听，因为倾听是一项需要付出意志努力而又十分艰苦的活动，既耗费脑力又耗费体力。因此，学生必须具有十分强大的动力系统，才能保证在学习过程中集中注意力。另外，教师也必须想尽一切办法帮助学生进行有效学习。讲解工作绝不是教师把话讲出去就万事大吉，而必须思考教学效果如何，以及学生是否认真倾听与深入思考。课堂讲解的策略可以简述为以下几种。

（一）细致分析

教师可以根据概念、原理内部结构、特性及逻辑关系，把教学内容分解为

① 中共中央马克思恩格斯列宁斯大林著作编译局．列宁选集（第二卷）．北京：人民出版社，1972：508.

不同层次或不同部分，并对各层各部进行研究与分析，逐步揭示概念、原理的实质，从而帮助学生达到完整理解概念和原理的目的。

（二）从具体到抽象

教师引导学生从反映概念和原理的具体事物出发，走从个别到一般的路子，将完整的表象蒸发为抽象的规定，逐步抽出各个具体事物的共性，加以概括集中，从而推导出概念、原理的本质。这是一个从具体感性上升到抽象思维的逻辑过程，是人认识事物本质的过程。

（三）温故知新

教师根据知识之间的内在联系和逻辑性，从学生已知的概念、原理出发，通过帮助学生判断和推理，温习学过的知识，而使其对已知得到新的理解。有效的学习是让学习者可以从大家熟视无睹的材料中获得新的认识。人世间不存在全新的事物，学习的进步一定是在已有的基础上实现的。只有不断地复习和回顾已知，才能获得新知，正所谓不知旧故，难以言新。

（四）图示说明

教师根据概念或原理的内涵、外延、特征和内在逻辑关系，用画图的方式将教学内容直观化，并加以解析和说明，从而可以达到帮助学生深化理解和掌握教学内容的目的。目前，大学教师比较关注美国人诺瓦克的“概念图”和英国人东尼·博赞的“脑图”的使用。

（五）举例说明

教师通过讲述生动、精准的教学事例，为学生提供丰富的思维材料，既帮助学生从直观的生活现象出发，对事物的概念和原理的本质属性及其特征进行深入把握，还可以帮助学生从事例的繁杂因素中抽取核心要素，锤炼概括能力，可以做到以事明理。所举之例，可以是正例，也可以是反例。

（六）变换提示

教师根据概念和原理的内容与特点，从不同角度、层次和内在逻辑关系对学生进行暗示，刺激学生积极进行发散思维，从而引导学生科学、完整地理解掌握概念和原理。

（七）了解学情

教师必须择机讲解，而且应该从学生的表现中发现教学机会，抓住教学线索。因此，教师必须关注学生在课堂上的争论、发表的主要观点、“接下茬儿”的现象、向教师提出质疑以及获得深刻感悟的情况。教师需要在这些教学因素中，挖掘教学的生长点。最有效的提问往往是根据学生自身的实际情况产生的，正所谓对症下药的提问。

（八）变化教态

变化教态是指教师讲话的声音、教学中的手势和身体的运动等变化。人的体态语可以传递丰富的信息。在人际交往中，非语言因素传递的信息占总量的 65% ～ 93%，80% 的记忆是靠视觉确立的，面部表情以视觉代码丰富了有声语言的听觉代码的作用。美国心理学家梅达别恩的实验得出：信息交流的总效果 = 7% 的文字 + 38% 的音调 + 55% 的面部表情。这一发现启发了人们对教学中非语言艺术的重视。在教学中，教师的面部表情对师生之间的情感交流，对学生理解教学内容具有不可忽视的作用。

教师讲话的语调、语气、语音和速度的变化，是提升教学效果的有力方式。例如，恰当地运用停顿和沉默，可为学生集中注意或思考问题留出时间。声音的变化与停顿结合起来，则会使人感到教学的节奏感，避免枯燥乏味。从案例中可知，一等奖教师的节奏变化通常发生在设疑、强调、转折等时机，通常表现为语速的明显变化。他们变化的目的主要是启发学生思考、让学生产生浸入感等。变化教态并没有固定的模式，在什么时机采用何种变化是教师智慧的体现。

（九）调整课堂气氛

教师应该随时关注并调节课堂教学气氛，使得课堂教学气氛适应不同的教学目标、教学任务、教学内容和教学策略的需求。师生之间的情感交流，是创造和谐的课堂气氛的重要因素。学生从教师善意的微笑里，感受到的是关心、爱护、理解和友谊。此时，会激起相应的情感，学生就会从“爱教师，进而延伸到爱上教师的课。”有时严肃紧张，产生一定的心理压力，以利于学生集中精力于“攻关破阵”；有时轻松活泼，更有利于学生进行深度思维活动。

四、课堂讲解的案例

（一）解释式

动物的社群行为

我们观察一下生物中的稀释效应：

在一个均匀分布的区域里每一个点是一个个体的话，捕食者发现每一个个体的概率可能要比发现一个大的群体的概率小。所以在一个空间里发现群体比较容易，而发现一个个体则困难得多。下面用沙瑙鱼捕食水黾的研究实例加以说明。（在 PPT 上显示图片）

沙瑙鱼在水中捕食位于水面上的水黾，水黾在水上看不到水下的沙瑙鱼。那么，水黾就成为被攻击的对象，沙瑙鱼对不同大小的水黾的攻击率都是一样的，对沙瑙鱼来说，攻击率只取决于群体的大小。来看看这个具体实验是怎么验证这个理论的。

横坐标表示：水黾在群体里个体数量有多大。

纵坐标表示：每个个体在 5 分钟之内，所遇到攻击次数。

由此可以看出，水黾通过增大群体数量，而降低了每一个个体被攻击被捕食的概率，使得每个个体生存的概率增加。这就是稀释效应的一个主要原理。

（二）描述式

中原大战及其影响

那么，蒋介石集团和反蒋集团达到了一种势均力敌的状态，此时推动战争的决定性因素就是张学良的东北军。张学良原本是处于中立的，没有参加中原大战，但是战争双方都积极拉拢张学良，而最终蒋介石凭借中央政府的优势争取到了张学良的支持。张学良的加入彻底扭转了战局，使得蒋介石获得胜利。

那么，我们应该思考一个问题：中原大战的影响？它仅仅是一个简单的双方的军事斗争吗？请同学们思考一下。

（三）类比式

混沌学基础

这就说明，混沌现象对初值的敏感依赖性和长期行为的不可预测性，自然界中的混沌现象比比皆是：第一个图是太阳表面的混沌运动，第二个图是地球大气杂乱无章的运动，第三个图是海洋表面的湾流，第四个图是火山爆发时生成的烟雾。这些都是混沌运动。

这是香烟，开始的一段是层流阶段，往上就是小的卷，再往上就是卷曲特别大的杂乱无章运动，这是一个和实际生活最贴近的混沌运动实例。

（四）演绎式

教育方法与思想

教育科学说到底是一门科学。科学具有两个基本特征：一个是目的，另一个是规律。掌握了科学的本质，能不能给科学下一个定义？科学是从确定一个对象性质、规律出发，通过观察、调查和实验，获得的知识。这是目前具有代表性的一个定义。可以看出，尽管已有启蒙运动，但是对科学是什么，人们并没有认真研究。

在日常生活中怎样理解“科学”这个词汇？讨论你的前程，如果说得准，就是科学。科学是什么？在此就是准确、精确。我母亲也喜欢用科学这个词，我怀孕时对我讲，小孩的摇篮别自己做，去外面买，买来的摇篮更科学。这个科学是什么意思？她说“科学就是好看”，那好看就是科学吗？由此可见，对科学这个词有不同的理解。但是，一般而言，科学被理解为正确的知识。那么，科学的本意就是正确的东西？如果说科学是一种正确的东西，那么，如何将真科学、假科学分清楚？如果科学是正确的东西，那么每一个人都可以说自己的观点是正确的。如果科学不是正确的东西，那么它的本质又是什么？这个问题对同学们来说有些高深，因为大家没有科学研究的经历，确实很难回答这个问题。但是，科学并不意味着高深莫测，其实科学就在我们的生活之中。

我去过一所小学，与老师们讨论教育研究问题。我与一位从事保卫工作的教师交谈，他说目前学校的事故非常多。我说你可以统计一下学校事故的类型、发生时间和地点等，这就是教育研究。他说明白了。我问他明白什么了，他说科学就是通过观察而得出规律。教导处主任说，最近组织学生大扫除，影响学校正常秩序。我说，他可以对比上午扫除和下午扫除的效果，合理安排扫除时间。我说，这就是科学研究。他说明白了。我问他明白什么了，他说科学研究就是以理服人。

（五）启发式

遥感图像理解与分析

师：植被的波谱曲线有几个典型特征。那么，我们可以从植被出发，提及植被首先应该研究叶片，为什么？

（学生回答）

（教师点评并补充说明）

师：针对如此复杂的曲线，对它进行分段分析，什么原因引起这些山峰、低谷、高原的变化呢？

（学生回答）

（教师点评并补充说明）

师：在夏天，大部分植被都是绿色的，但是到了秋天，叶片就会变成黄色、红色。香山的红叶就会变得五彩斑斓，为什么秋天叶片会变成各种颜色呢？

（学生回答）

（教师点评并补充说明）

第四节 大学教师的提问技能

提问技能是指教师通过提出问题，激发和引导学生进行深入思考，分析和解决问题，发展思维能力，并可以了解学生的学习情况的教学行为方式。提问的技能是教师在课堂中使用的最为复杂的技能，很多大学课堂存在提问不足的现象。教师自进入教室，就开始“自说自话”，直到下课。而提问确实可以引导学生，刺激学生深入思考。“提问”是师生互动的重要途径。教师可以通过发表自己的意见和创设新的思考条件，帮助学生改善原有认识，形成新的认识。可以说，学习的一切从回答问题开始。

一、大学教学提问的类型

提问是人类所特有的交流现象，是人类表现思想丰富性、产生创新观点、体现大智慧的行为。因此，提问行为突出显现为多样性。教师需要根据不同教学情境，选择不同的提问方法。掌握了多种提问方法，才能够实现自我解放，潇洒应对，与学生进行真正的心灵对话。按照布鲁姆的目标分类，有学者将教学提问分为以下六种类型①。①复述性提问。它是利用事实问题让学生追忆所学过的事实和概念。主要目的是帮助学生调动先前知识，做到温故知新。这种提问又分为两种类型：一类是二选一提问。问题比较简单，一般不需要进行深入思考，只需回答“对”与“不对”；另一类是使用句子回答的复述提问。这类问题要求学生回忆已学过的事实、概念等。②理解性提问。它是指教师检查学生理解程度的提问。主要分为三类：一是一般理解提问，学生用自己的语言描述事实或解释现象；二是深层理解提问，学生必须对问题的本质有深入的理解；三是对比理解提问，学生对事实和事件进行对比，区别其本质。③应用性提问。它是创设一个问题情境，帮助学生应用所学解决新问题，常用于概念内涵的界定及规律、原理的应用；使用原理解释常见现象；应用概念认识一般事物。这是一种高级认知提问。④分析性提问。这种提问的主要目的是帮助学生识别事物的条件与原因，或者找出事物条件之间、原因与结果之间的关系。因为所有的高级认知提问大都没有现成答案，所以学生不能依靠死记硬背回答问题。要求学生进行较高级的思维活动，主要包括要素分析，关系分析和认识方法分析等。⑤综合提问。它是指教师为培养学生综合思维能力所作的提问。学生需要进行分析、综合、推理、想象，进而回答问题。这类问题能够激发学生的想象力和创造力，能够刺激缺乏独创精神的学生进行创造性思维。⑥评价提问。它是指教师为培养学生判断能力所作的提问，帮助学生对各类事物进行分析、比较，做出价值判断，并解释判断的理由。主要对他人的观点、各种方法等内容提出问题。

关于提问的类型，存在多种理论，对大学教师都有积极的启发作用。可以将提问分为直问、追问、设问何反问，还可以分为开放式提问和封闭式提问，也可分为学生齐答、个别回答、教师自答等。

---

① 提问类型 .https：//wenku.baidu.com/view/eacee06ab8f67c1cfad6b8ad.html.2018-07-06.

二、对北京师范大学教师教学提问技能的分析

（一）横向比较

1．提问次数

对视频中教师提问次数进行统计发现，在教学过程中，教师提问次数的均值是13.62次。其中，获得一等奖的教师为16.43次，获得二等奖的教师为16.55次，获得三等奖的教师为9.00次。由此可见，获得一等奖和二等奖的教师比获得三等奖的教师提问次数的均值要高。进行单因素方差分析之后发现，获得一等奖和三等奖的教师提问次数有显著差异。获得一等奖的教师提问更多，而获得三等奖的教师提问更少。

2．提问内容

对提问的内容进行分析之后发现，教师的提问各有特色，而效果也不尽相同。提问的次数虽然从一定程度上反应出师生沟通的情况，但仅仅通过提问的次数却无法知晓教学的真实效果。提问的效果关键看提问是否是有意义提问。有意义提问必须进行深入思考，而非简单的是非判断。有意义提问是引发学生思考的重要手段，是锻炼学生思维的有效途径。

（二）纵向比较

1．提问次数

根据统计表明，随着时代的发展，教师使用提问技能的次数呈现逐渐增多的趋势。虽然现在的提问次数明显比前期的提问次数多，但是，提问的有效性及其质量的提升相对而言表现得并不十分明显。可见，长期以来，作为一个整体的高校教师的提问技能并没有获得比较大的发展，在教学中的提问也并没有发挥应有的积极作用，还处于一个比较低级的操作阶段，显然还有很大的提升空间。

2．提问内容

对教师提问的内容进行分析发现，早期教师更关注学生做出唯一性答案的回答，所提问题大都只有一个理想方案，换言之，多是一些良构问题。而近期教师所提的劣构问题有所增加，解决问题往往会有多种解决方案，不拘泥于唯一答案。另外，近期教师在提问次数上虽然显著增多，但所提问题很多并不需要学生

回答，如“是不是？”“对不对？”等，这种无效问题对教学效果并无实质性提升。因此，教师应尽可能减少无效提问，并不只提封闭性问题，要加强开放性问题的提问，能够引发学生课后深入研究和激烈讨论的问题则是更好的提问。

三、大学教学提问的策略

（一）明确提问目的

在提问之前，教师必须确定提问的主要目的。提问目的可以是了解学生的学习状况，引导学生的注意力，帮助学生对某事产生好奇，表达对学生的关心，了解学生的观点和态度，鼓励学生参与课堂活动，鼓励学生深入思考。当教师在反省自己所提出的问题时，会不由自主地脱口而出，也许就是问错了问题。目的错了，一切都会徒劳。提问还有一个目的，即为了帮助注意力已经分散的学生重新集中注意力。

（二）问题表述应清晰

教师的提问语言必须简明扼要、具体明确，使用能够让学生容易理解的词句进行表达，务必使每一位学生都能够理解问题；必须抓住问题的要害，突出重点；可以从较大的问题开始，逐步深入到核心问题、特定问题，以便于学生思维聚焦。同时，根据不同的教学目的，教师也可以为学生提供一个问题携带多项主题的复杂问题。有时，学生不能回答问题，是因为没有理解问题。因此，教师应该注意想办法帮助学生理解问题，可以为学生提供一些暗示。

（三）将问题作为教学线索

教师可以系列问题为逻辑线索，将问题作为串联学习内容的节点，设计和组织教学活动；为学生设置各种学习挑战，提供深度学习的机会。这种问题串教学法，对培养学生的创造性思维大有裨益。有的大学教师可以巧妙地使用一系列教学问题完成一个单元的教学工作。他们为学生预先准备了达到不同目的的精彩问题，学生基于这些问题表达自己的想象力和创造力。同时，教师必须充分调动学生的学习热情，鼓励学生提出高质量的问题，创造生成性的教学机会。有时，可以强制学生回答问题。

（四）注重无标准答案提问

科学研究的常识告诉我们，人类的活动动机太过复杂，充满了矛盾和万种想法，对世界的看法也是千差万别。因此，世界上的很多问题确实找不到一个标准答案。对事物的认识往往取决于人类个体的自觉。特别是人文社会学科的大部分问题，带有极强的主观色彩，决定于个人的主观判断，找到标准答案的机会就带有极大的或然性。对社会问题的争论也很难找到一个大家都赞同的观点。而恰恰就是在讨论这种问题时，学生的独创性和分析能力获得了培养。如果从更加极端的论点出发，教师应该向学生提出一些就连教师自己也不知道答案的问题，以便师生共同完成对问题的探索，这样，师生就成为真正的学习伙伴。

（五）不可在提问之前指定学生回答

教师应该面向所有学生提出问题，不能先叫起某学生之后，再提出问题。这里的奥妙在于，回答问题的心理压力应该由所有学生承担，暗示所有学生都有责任回答问题，促使所有学生进行深入思考，将所有学生带入回答问题的学习活动之中。如果先叫起一位学生回答问题，那么，其他所有学生就会如释重负，作壁上观。

（六）预留学生思考的时间

教师提出问题之后，应该留给学生足够的思考时间，这是一般的常识。但是，在教学实践中，教师对时间长度的体验会出现误差，感受到的静默时间往往长于实际的静默时间，并且很多教师对教室的静默有一种担心感和不适感。于是，他们不等学生形成思路和想法就急忙叫起学生回答问题，或者自报答案。学生的静默是学习的必需，思考是需要时间的。热热闹闹的课堂也并非是好课，静悄悄的课堂也并非是劣课。另外，在学生思考问题时，教师不可絮絮叨叨说个不停。

（七）必须关注错误答案

教师应该对错误答案和不完整答案给予特别关注。从学生的立场出发，不论答案正确与否，他们都已经尽力。如果教师忽略了这些答案，就意味着忽视了给出这些答案的学生，势必会打击这些学生的积极性。另外，得出错误答案的学生更加需要帮助，需要高人点拨，教师必须指出学生的不足，将其引入正确的轨道。

四、大学教学提问的案例

提问，发挥学生潜能

师：我们从代数和几何两个角度证明了罗尔中值定理，同学们有问题吗？

生 A：老师，第二个条件中为什么是开区间（a，b），而不是闭区间 [a，b] 呢？（有部分同学也在点头表示有同样的疑问）

师：这个问题很好，值得大家讨论。我给大家五分钟时间思考这个问题。（部分学生在两两讨论，部分学生自己思考）

师：请同学们说说自己的想法，不管对错，我都给回答的同学加平时分。（同学们都笑了）

师：哪位同学先说？

生 A：我觉得没有必要考虑 a、b 两个端点处的导数是否存在的问题，因为结论中满足 f'（ξ）$=\xi$的ξ只要求在（a，b）中寻找。

师：（让学生 A 坐下）你们认为这位同学说得对吗？

生 B：我觉得不对。如果让 [a，b] 可导，不就可以把ξ的取值范围扩展到 [a，b] 了吗？（有同学表示赞同同学生 B 的观点，都看着老师）

师：你们回忆一下，区间端点处可导的条件？还有哪位同学有新想法？

生 C：区间端点处的导数只能保证左导或右导，但不能保证在端点一点处可导，而 f'(ξ) 是要求 f(x) 在点ξ处即可左导又可右导，所以ξ不能取区间端点 a，b。（学生表现恍然大悟的样子，并纷纷点头）

师：也就是说 a 的右导和 b 的左导不用考虑了？

生 D：老师，我觉得把条件 2 改为 [a，b] 可导也并不影响结论的成立。（学生又一次纷纷点头）

师：那你们觉得到底要不要把条件（a，b）改为 [a，b]？（引导学生回到要解决的关键问题上，学生又转入思考）

生 E：我觉得不用。既然（a，b）和 [a，b] 可导都可以成立，干嘛不用更少的条件呢。我看过一本书说过，能用更少的条件得到同样的结论，这才是一个好定理。（教师和学生都认可了学生 E 的说法，问题得以完满解决）

第五节 大学教师的演示技能

教学演示技能是指教师在课堂教学过程中向学生展示实物或实物的模型、标本、挂图，或通过幻灯、投影、交互媒体等展示教学内容，说明事物的特点和发展变化过程，使学生获得感性认识的教学行为方式。当教师能够根据教学内容和学生的认知特点，精准选择演示类型、并能按照有关要求熟练地进行演示和讲解时，则表明教师掌握了教学演示技能。教学演示可以帮助学生获得生动而直观的感性认识，为学生提供支持深入思考的感性材料，将抽象的教学内容与鲜活的社会实践相结合。

一、大学教学演示技能类型

（一）实物、标本和模型演示

在教学过程中，出示实物、标本和模型的目的是使学生充分感知教学内容，了解其形态和结构的基本特征。为了使学生的观察更为有效，教师必须在演示的同时，使用精准和简洁的语言适时地加以说明或提示，以启发学生的思维，使其更好地理解和分析所观察的内容。

（二）挂图演示

挂图是教学中最早使用的一种直观教学辅助手段。它不但制作方法简单，而且使用灵活方便，不受地点条件的限制。挂图一般包括两类：一类是正规的印刷挂图，另一类是教师自制的简略图、设计图、结构图、分类图、表格图和象形图等。挂图是教学中最常用的直观教具。

（三）幻灯、投影演示

幻灯、投影演示即使用 PPT、投影仪进行的演示，能够化抽象为具体、化虚为实、化大为小，化小为大，向学生提供相关事物丰富的感性材料。目前，PPT 已经成为大学教师最常用的演示工具，因为它确实便于使用，并具有强大的演示功能。投影其实也是一款十分有效的演示工具，但目前我国大学课堂中已经很少能够见到它的身影。

（四）计算机视频演示

这类演示是利用计算机等现代教学媒体进行的。视频具有鲜明生动、直观形象、动态连贯的特点，并且视听同步。大学课堂中的教学课件常常采用视频的方式呈现。视频最大的优势在于可以打破教室空间的限制，将流动的、声像并茂的“真实世界”引入作为特定学习空间的大学课堂，使学生能够打开天窗看世界万物。对大学生而言，有的学生侧重于使用听觉学习，有的学生则侧重于使用视觉学习，而大部分的学生更适合使用视听双通道学习。

在本节中，基于北京师范大学的教学发展历程，将演示类型分为 PPT 演示、专业教学软件演示、其他教学软件演示、黑板演示、媒体演示（挂图、幻灯、展示台、自制教具）等部分。

二、对北京师范大学教师教学演示技能的分析

（一）横向比较

对教师在课堂中使用教学演示媒体所占用的教学时间进行统计，结果显示使用 PPT 的均值最高，平均占用教学时间 472.84 秒，其次是黑板，平均占用教学时间为 150.65 秒，其他媒体占用的时间则很短。其中，获得一等奖的教师教学媒体使用较为广泛，PPT 使用时间最短，而黑板的使用时间最长，他们十分重视 PPT 和黑板的配合使用；获得三等奖的教师使用 PPT 和黑板的时间皆为中游，没有使用专业教学软件；而获得二等奖的教师使用 PPT 的时间最长，达 718.91 秒，使用其他媒体的时间最短，因此，获得二等奖的教师选择教学媒体较为单一。

教学演示技能是教师的基本技能。信息工具在一定程度上能够提升教学的效益，但不能完全取代黑板和粉笔。信息工具不可代替教师，而是为教学提供学习材料。此外，数字化时代的数字性演示变得越来越简单易得，任何所需要的教学素材，包括图片、视频、动画等都可以在互联网上获得。因此，使一些教师滋长了“滥用”教学演示的习惯，必须加以克服。

（二）纵向比较

研究发现，最近两届的参赛教师使用 PPT 高于均值，而早期和中期的教师

使用黑板则高于均值。早期教师选择的教学媒体主要是黑板和其他教学媒体（挂图、幻灯机、展示台、自制教具）。这是符合社会发展基本规律的。随着计算机进入大学教室，现在的大学教师几乎清一色地使用 PPT 和黑板，很难找到使用其他教学演示工具的案例。从这个意义上讲，大学教师群体蔓延着“PPT 依赖症”，并不为过。这种单一性症状严重伤害了大学课堂有效的教学生态，教师与学生都被 PPT 所控制，人类丧失了主导地位，将教学主导权拱手让给了演示工具。早期的教师特别注重教学基本功的训练，如粉笔字等。但随着时代的发展，大学教师所应该具备的教学基本功渐渐消失，这也是造成媒体演示技能单一化的重要原因。

三、大学教学演示的策略

课堂教学演示过程主要是在教师、媒体和学生之间进行的。教师是直观信息的提供者，学生是直观信息的享用者，媒体是直观信息的“载体”。为了达到有效的信息分享，大学教师需要熟悉一些演示策略与方法。

（一）教学演示在最佳时机适时出现

教学演示应该抓住最佳时机，适时展现。演示出现的过早或过晚，都可能影响教学效果。有的教师上课前就把挂图挂出来或把模型放在讲台上，学生的注意力就会被吸引，进而影响正常的学习行为。有的教师在讲完之后才让学生观察直观物，由于语言信息和直观信息不同步，必然增加学习难度。

（二）教学演示应有指导语的支持

演示时使用指导语是直观性教学重要的策略。在演示之前，教师应该提出明确的要求，指出观察什么，分析什么，引导学生学习。在演示过程中，教师也应该根据呈现的不同内容，向学生具体说明，帮助学生做到精准观察，避免出现注意力分散的情况。

（三）教学演示应该具有清晰的脉络

教学演示需要按照一定的逻辑顺序分层次进行。例如，可以根据学生的视觉习惯，从上到下，从左到右，从外到内，从整体到局部，从宏观到微观的顺序逐步进行。在演示中，电子教鞭应该明确地指向需要学生观察的部位。

（四）教学演示应该注意操作的规范性

演示教具操作应该规范无误，气定神闲，不可马马虎虎，松松垮垮。有的教师为了节省时间，仓促演示，因此缺乏效果。还有的教师演示完毕将教具随意放置，或将挂图之类物品丢置于地上等，这些行为都是错误的。身教胜于言教，教师的行为能够潜移默化地影响学生。在使用演示教具的同时，教师还应注意辅以板书、操作等方式，这样可以充分调动学生的各种感官，促进学生动手、动脑、动心、动口的学习，最大化地实现直观性教学的目的。

四、大学教学演示的案例

PPT 演示，板书呈现教学重难点

如果这个蓝色的点是我们研究的区域，比如说是北京，那么，在做地震模型时，就需要考虑北京周边有哪些潜在震源区会影响到北京。把问题进一步简化，如果这个红色的点发生了地震，它会产生一个破裂，因为地表会破裂，会释放能量，所以这个破裂的长度和方向都是由地震的震级决定的，震级越大，破裂越长越宽。

好，那么这个地方能量释放出来势必会产生震动，它会把这个地方的震动传递到其他地方。它一般的传递方式，是沿着这个方向衰减，所以，这就是一个衰减的图形。

多媒体演示

我们观察一下在降温过程中，细胞中出现哪些物理现象？当细胞从初始温度降到零下 5℃时，细胞内外没有结冰，细胞处于过冷状态。从零下 5℃到零下 15℃时，细胞外开始结冰，细胞内水分增加向外渗出并在细胞外结冰。剩下的过程取决于降温速率，降温慢细胞不断地向外渗水，最终细胞内溶液浓度过高，细胞脱水产生细胞损伤，统称为溶液效应。那么，细胞快速降温的时候，细胞内的水分来不及渗出，在细胞内形成了针状的胞内冰。在冻存过程中，细胞所面临的挑战是零下 15℃到零下 60℃，操作不当会出现对细胞致命的损伤。那么，最佳

的降温冻存速率是低到“胞内冰”的形成，高到“溶液效应”最小。

第六节　大学教师的板书技能

板书技能是教师运用黑板呈现教学信息的教学行为方式。可以说，教学从板书开始，以板书结束，这是对教学与板书密切关系的真实说明。写什么板书，实际上是由教学方案的设计决定的，从教师的板书上可以了解到教师在课前的教学设计思路。通过考察教师的板书，则可以了解教师的教学能力与处理教学材料的能力。教师通过板书向学生呈现教学内容，思考过程，使知识系统化和结构化，帮助学生理解和记忆。可以说，有效教学是从板书开始的。何种教学是有效教学？这是教师的永恒课题。教师可以通过提升板书技能，大大提升教学能力。因为板书是教学的重要元素，教师的教学能力被凝集在板书之中。在设计课堂板书之时，教师必然要思考教学过程、教学材料以及教学方案，只有充分理解了教材和教学方案，才能设计出理想的教学板书。

一、大学教学板书的概述

目前，教师对黑板的认识，既熟悉又陌生。所谓熟悉，是指长久以来，黑板是一般教室的标配教具，也是教室的基本标志，没有黑板的教室，几乎不是一间标准的教室，教师几乎每天都与黑板和粉笔为伍。所谓陌生，是指教师已经对教室内的黑板熟视无睹，无论使用黑板的水平如何，一些教师已经没有探讨的心向，一般不会因为不知如何使用黑板而烦恼。其实，很多新任教师，甚至不少老教师并没有经过正规和严谨的基本训练，没有真正掌握如何使用黑板进行有效教学的方法。他们缺乏使用黑板的规则、模式和技巧，只是凭借个人习惯和喜好，十分随意地书写教学板书。有的教师为不能充分利用整块黑板而苦恼，有的教师为不能在黑板上实时记录学生的发言内容而沮丧。

在信息技术如此发达的今天，作为老牌教学媒体的黑板，不仅没有过时，而且依然发挥着不可替代的巨大作用，焕发着青春活力。即使在教室里出现的电子黑板，也无法取代目前的普通黑板。大学教师不可只将黑板作为一块书写文字的教具看待，如果给黑板注入“魂魄”，那么，黑板的教学功效就会成倍地增加。虽然它只是不起眼的工具，但它的作用却不可小觑。黑板是教室的颜面，是教师和学生所为活动的见证物，更是师生互动交心的场所。

（一）板书的类型

板书可被分为系统板书和补充板书。系统板书是主要教学内容的纲领性板书，是由教师按照自己的想法书写的板书，主要用来呈现教学内容的内在逻辑结构、重点和难点、公式及推导过程等，可以采用文字、图示、表格等方式表达。补充板书是在教学过程中，教师不经意间说出重要或生僻概念，或者学生突然提出一个好想法，都可以立即写于黑板上，并可随写随擦。

（二）板书技能的基本功

今天的大学教师，无论是人文社科教师还是自然科学的教师，在书写板书的基本功方面，比起前辈具有相当大的差距。当年的大学教授，在黑板上挥洒自如，好似泼墨豪书，堪称书法艺术，使学生终生难忘。而当今，有的青年教师甚至已经耻于在黑板上展现自己的“书法作品”，书写的粉笔字已经达到了不堪入目的程度。板书技能的基本功主要包括书写、绘画、布局等。书写的基本要求是工整、清晰、美观，并且要求有一定的速度。在黑板上画示意图和表格等，需要教师具有绘画能力。板书的布局是教师在空间有限的黑板上如何摆放各种书写内容，内容之间联系。教师应在课前对板书位置进行设计。在此需要指出的是，不存在生来就会写粉笔字的人，也不存在生来就写不好粉笔字的人。写得一手颜筋柳骨粉笔字的首要条件则是必须进行大量的练习。

（三）板书的三大作用

板书的三大作用包括：①传达教学信息。教师可将学习主题、教学要求、教学重点、教学案例、教学基本逻辑写于黑板上。这些内容是所有学生都应该理解与掌握的。②书写辅助信息。可将学生共同思考的想法和观点写在黑板上，以便共同理解和相互交流。可以使用图解的方式将教学内容结构化，描述探究的基本逻辑，将探究的过程呈现在黑板上，写出关键词。学生可以通过观察黑板上的内容，深化探究的效果。可见，辅助学生进行探究活动是板书最重要的作用。

③利用黑板，整理学生学习的过程，写出问题和提示以及学生的答案，学习的结果作为总结的内容写于黑板上。

二、对北京师范大学教师教学板书技能的分析

在当今时代，板书具有独特的、信息技术无法替代的教学功能。因此，大学教师不得不认真研究什么时候使用板书，如何规划板书以适应不同的教学状况。通过观察分析发现，目前的课堂，教师在教学中的板书使用率较低，且主要集中在公式推演和文字表达方面，多数教师习惯使用文字或图画呈现教学内容内在逻辑、重点和难点，其他形式的板书几乎没有。课堂教学所需较大型的图表等教学材料的呈现，已经被 PPT 代替。对板书的整体布局等方面也缺乏系统设计，随意性较大。目前，受到投影幕布的遮挡，黑板的使用面积大大缩小，严重影响黑板教学作用的发挥。有些教师过分依赖 PPT，甚至一字不写，“惜字如金”，致使课堂教学中少了些灵气，少了些创造，少了些精彩绝伦的侃侃而谈，少了些激扬文字，更少了些纵论古今及融会贯通。教师不使用黑板，则无法记录在教学过程中实时生成的或者只能在课堂上生发的思想和观点。这些宝贵的“灵感”，是教学的火花，是思维的闪光点，而且是稍纵即逝、永不再来的。由此可见，黑板是助力师生思维的工具，能够帮助师生分析和解决问题。一旦黑板被 PPT 湮没，则对教师提升教学能力不利，教师将产生严重的知识外化现象，将所要传授的内容全部置于 PPT 上，教师大脑被放空，离开了 PPT 则无法工作。今后，黑板与 PPT 巧妙地结合使用，才是大学课堂教学的发展方向之一。

信息技术的发展使得现代教室的形态发生了变化，不利于教师提升板书能力。板书技能的欠缺制约了教师选择板书的类型，板书的类型应当根据具体的内容和教学目的加以选择。不同的板书具有不同的特性，教学的效果也具有有限性，没有任何一种板书是万能的。目前教师板书水平的下降，是人类技能的进化，还是人类技能的退化？是人类行为的进步，还是人类行为的退步？这需要进行后续的研究和讨论。

三、大学教学板书的策略

（一）黑板是学生学习和教师教授的舞台

教室内的黑板是教师与学生共同展现学习内容的场所，因此，无论任何教

学情况，展现的首要策略都是必须清晰地书写板书内容，以利于师生把握展示的内容。

（二）黑板能够支持所有教学方法

换句话说，教师任何的教学方法都可以使用黑板作为教学工具。讲解式教学方法可以利用黑板呈现所学内容的要点，描绘图表以利于说明和解释。探究式教学方法可以利用黑板确定师生讨论的方向，描述研究的焦点。

（三）记录学生的想法，与全班学生共享

通过板书，教师可以将学生的发言，按照一定的逻辑结构和类型，记录在黑板上，将言语教学与文字教学相结合，师生面对黑板上的学生所答，进行深入的讨论与分析，实现共同学习的目的。总结学生的发言并使之明确化是一项比较困难的工作。

（四）书写关键词进行板书

教师应该围绕教学重点写板书，应该写出讲解内容的精要，写出从学习内容中感知到的原理与原则，而不是在黑板上呈现枝节末梢，分散学生的关注力。有些教师虽然在黑板上写了很多内容，但是学生依然难以记住和理解。因此，教师需要使用关键词或者核心概念强化重点，帮助学生对教学内容进行总结和提炼。

（五）板书应该清晰简约

无论是文字还是图表，都应该做到醒目、清晰，应该将板书写成一幅艺术品。有效的板书具有高度的概括性，条理清晰，一目了然。教师还应注意书写时避免身体挡住学生的视线。

（六）将板书形式结构化

通过使用框图、箭头或线段等符号，将展示内容结构化，表达教学内容各个要素之间的关系，例如从属关系、并列关系、因果关系或递进关系等。事实上，板书所表达的是教师的思维逻辑，是对教学目标，教学策略、教学内容和教学评价的基本认识。

四、教学板书的案例

（一）大纲式板书

图 4-1 所展示的板书的特点是提纲挈领，言简意赅，重点突出，层次分明。学生一般是按照一定的思维框架整体性地获取和分析学习内容，并且在大脑中形成清晰的思维路径和各个思维材料的相互关系。大脑倾向于寻找模式及完整性。显然，这块板书能够起到帮助学生把握学习内容的作用，是一块典型的系统板书，包括主题、第一层内容、第二层内容和第三层内容。

图 4-1　大纲式板书示例

（二）脑图式板书

图 4-2 所展示的板书是按照“思维导图”的基本原理而设计。按照人类大脑的思考方式，从一个核心概念（学习主题）出发，向各个方向延展与移动，将核心概念的外延要素一览无余。这种板书既是发散性思维的有效工具，又是展现发散性思维成果的方式之一。脑图式板书一般总是从一个中心点开始，每个词汇都可以成为一个子中心，如果黑板够大，板书可以写出无穷无尽的分支从中心四射出去。教师发散思维的方式，确实应该使用一个发散性方式来表达。

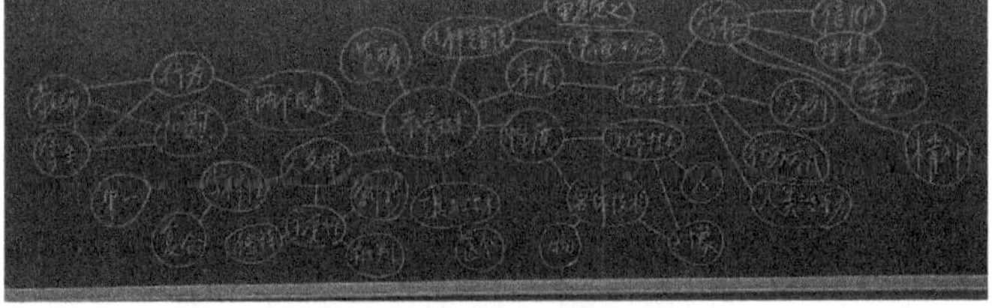

图 4-2　脑图式板书示例

（三）记录式板书

使用黑板，将学生的发言记录下来，也将教师自己的提示内容与观点在讨论的过程中呈现出来，与大家共享。使用黑板纪录学生的观点是一个十分有效的教学方法。它可以做到既及时又快速，还能够由教师进行有选择的记录，将记录的内容即刻变为生成性的教学材料，与全体学生一起共同讨论分析，深化学习效果，形成新的再造性知识。图 4-3 中的板书使用一条曲线将黑板分为两部分，一个部分记录全体学生形成的共识，另一部分记录了学生提出的有效教学的基本特征，既简约又明了。

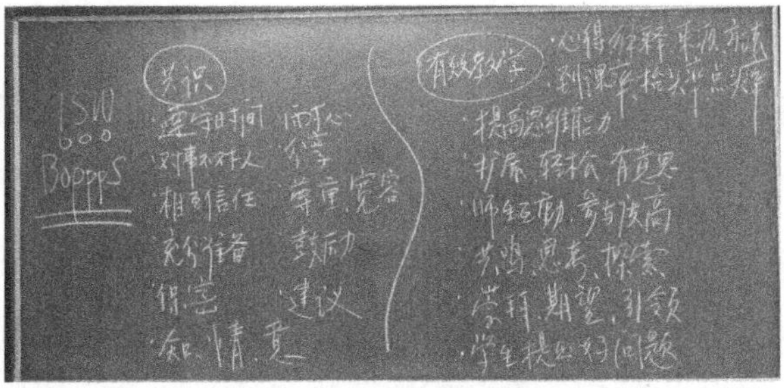

图 4-3　记录式板书示例

（四）共享式板书

在大学课堂上，不仅教师可以使用黑板教学，学生同样可以使用黑板学习。黑板是学生重要的学习工具，学生可以利用黑板，进行小组合作学习，全班合作学习。将黑板作为一个有效的学习成果展示平台，在课前进行充分学习的情况下，各个小组在课堂上实时完成研究工作，全班学生共享所展示的学习内容，并且基于黑板上的内容，全班学生进行讨论，发表各自的意见和观点（图 4-4、图 4-5）。

图 4-4　共享式板书示例 1（进行中）

图 4-5　共享式板书示例 2（完成）

第七节　大学教师教学管理技能

大学教师教学管理是指在课堂教学中，教师通过组织与协调各种教学因素，管理课堂教学秩序，执行学校的教学纪律，创设适当的教学情境，集中学生注意力，提高教学效益，帮助学生达到教学目标的一种教学行为方式。有教师认为，大学教师无需对大学生进行课堂教学管理，大学生应该反求诸己、自我约束，学与不学都是学生自己的需求。当然，作为成年人，学生应该也必须负起学习的责任，而作为引领学生发展的教师也必须履行作为教师的职责。还有的大学教师为了追求学生期末“评教”的高分数，丧失了组织管理的勇气，一味地姑息、迁就学生，不敢严格管理学生，自动放弃了教育学生的机会，致使其课堂放任自流，纪律涣散。实践证明，大学课堂管理是大学教师必须履行的基本职责。教师确实需要对学生的课堂行为加以关注，并对学生进行积极地引导，帮助学生将精力集中于有意义之处。课堂教学管理是保证课堂教学质量的重要条件，是立德树人的重要手段。

学生在课堂上不良行为的核心含义是学习注意力游离于课堂教学之外。目前，由于受到信息技术飞速发展的影响，大学课堂里的学生交头接耳、窃窃私语的现象相比之前已经大为减少。这或许表明学生整体道德水准的提升，或许与信息技术飞速发展有关，学生无须在课上发声说话，只是使用手机便可以进行深度交流。而抱头睡觉、玩手机、玩笔记本计算机、看课外书、迟到、中途离开、早退等现象却是屡见不鲜。有的学生在所有的课堂上表现出懈怠与消极，有的学生则是有选择地表现出不良行为。虽然出现以上现象的原因是多方面的，但是无论如何教师课堂管理行为会对学生的不良行为起到巨大的消解作用。可见，教师在课堂上不仅是教学者，还是教学活动的管理者。北京师范大学对教师进行课堂管理的要求主要包括：教师应该自觉担当管理课堂的责任，要对学生的课堂纪律、学习状态进行过程管理。教师应该认真核查学生出勤、听课情况，及时制止学生违反课堂教学秩序的行为，培养学生严谨的治学态度和良好的学风。

一、课堂教学管理的对象

首先是为了保证课堂教学的顺利进行，应维护正常的教学秩序，营造和谐的课堂气氛，对全体学生进行积极引导，激励学生努力学习，对教学进度和教学环境进行优化与控制，进而实现课堂教学的最终目标。

其次是为了疏导和制止学生在课堂上出现的问题行为。教师在课堂上对学生进行积极主动的组织管理行为本身，则表现出教师对师生关系本质的基本认识。如果对学生的问题行为熟视无睹，逃避责任，那么证明教师还没有将学生作为朋友与亲人，师生之间还没有建立起一种亲密无间、无话不谈的教学关系。对学生关心应该表现在严格要求方面，训诫是教师对学生必要的教育方式。

最后是为了对课堂教学中意识形态的把控。大学教师站在作为社会公共平台的大学讲台上，所说的每一句话都要对社会负责，对学生负责，对自己负责。必须坚持正确的政治方向，必须按照国家的政治要求和根本的指导思想进行教学。大学教师必须充分认识意识形态工作的极端重要性，必须保证课堂教学思想政治方向的正确性，帮助学生形成正确的“三观”。

二、课堂教学管理的类型

从目前大学教学实践中可以梳理出大学教师常用的教学管理策略。①漠视型管理。实际就是“不管式”管理，教师对学生在课堂上所发生的各种问题行为漠不关心，对不应该在课堂上出现的行为也不加以制止，更没有提出必要的课堂管理要求，学生则无规可依，无则可循。于是，一种很奇特的课堂现象出现了，虽然师生同在一个时空之中，但师生犹如身处两界，之间隔着一层看不见的屏蔽墙，彼此互不相干，各干各的。②活动型管理。教师系统完整地预设了教学过程的各项活动，具有明确的教学目标，运用合理有效的教学活动，依靠科学、严谨、环环相扣的活动设计，以及学生必须执行和遵守的活动规则，调动学生的学习动力，使得学生“不得不”充分发挥自主性和主动性，从而实施巧妙的课堂教学管理。高质量的教学效果能够发挥课堂教学管理的作用。③提示型管理。教师具有责任感，采取调控学生行为的方式管理学生。可以直接向学生提出必须遵守的规矩，指出学生的问题行为，直接给予劝告，希望学生按照教师的要求行事。第四是情感型管理。教师需要与学生建立良好的关系，形成积极的课堂气氛，“亲其师、信其道”，动之以情，才能晓之以理。因此，教师用自己对学生的真诚之心，感召学生，联系学生，实现“亦师亦友”的关系，就显得极为重要。目前，我国大学课堂教学只关注学生的智慧水平的提升，常常使用硬性管理的方式，而大大忽视利用软性的情感因素进行课堂教学管理的方式。

三、大学课堂教学管理的策略

管理活动具有明确指出要求别人干什么，并指挥他人能够使用最优的办法行事之意。管主要包含疏通、引导、促进和肯定；还包含限制、约束、否定。理是指事物的道理、发展的规律，包含合理、顺理的意思。管理犹如治水，应疏堵结合、顺应规律。所以，管理就是审时度势地疏与堵。[①]由此可见，教学管理既是教师的一项技能，又是教学的一门艺术。势必要从策略的角度对其进行深入思考，以期在教学实践活动中，将教学管理作为帮助学生学习与发展的利器。

（一）设计课堂教学规范

从外在约束条件而言，教师必须明确地为学生提出必须遵守的最基本的课堂教学行为标准或规则。立规矩才能成方圆，通过约束学生的课堂行为，使学生不断认同规范的价值，增强学生自我管理和内在自主的要求，并逐步养成自律的品行和良好的课堂行为习惯。教师应该在开学之初，就告诫学生在课堂上应该做什么，而不应该做什么，与学生建立共同遵守的课堂契约。教师可以与学生共同讨论制定课堂规范。有了规范，还必须坚决执行，否则不仅起不到积极作用，反而还会引起消极作用。同时，必须坚决克服“一管就死，一放就乱”的现象，做到张弛结合，进退有度。

在合作学习过程中，重点突出奖励与绩效挂钩，小组一位成员的绩效（包括迟到、早退、旷课、课上的智力贡献、完成作业情况等）都会影响整个小组的绩效。还要在小组间引入竞争机制。以小组为单位在课堂就座，如果有组员旷

① 张俊伟．极简管理：中国式管理操作系统．北京：机械工业出版社，2013.

课，将扣除小组其他成员的分数，组间与学生之间相互监督。这种古老的“连坐法”，在当前的大学课堂中，依然能够发挥积极作用。它既可以保证出勤率，又可以提升小组作业的水平，因为存在竞争，小组以防被其他组扣分。由此可见，课堂教学管理主要是管理教学过程，而非管理个别学生。群体产生的氛围依靠规范进行引导，对教学过程能够产生积极作用。这就是“从众心理”产生的效果。

那么，影响包括合作学习在内的所有学习的最核心因素是什么？首先是想学，所谓心向所学。课堂教学规范一般是来自外部的压力与约束，都是身外之物，所有一切课堂教学的规章制度都或多或少地给学生带来外部动机的刺激，而理想的学习状态一定是最终来源于学习者个体内部的动力。真正想努力学习的学生一般是不需要外部压力的，再合理的课堂教学规范对这些学生而言也显得有些多余，学生的自主性的充分发挥是实现有效学习的根本保证。其次，所有的课程都需要学生投入大量的学习时间，目前我国大学给学生开设了远远超出学生能够接受的过多课程，而且很多课程被学生们戏谑为“水课”。在此情况下，学生投入合作学习的时间与精力取决于学生对所应该完成的学习任务价值的主观判断，即对学习任务重要性的看法。如果学生认为其是重要的学习任务，学生就会放松对其他学习任务的关注，而积极投入自认为重要的学习任务。最后，学生的社会性关系也起到十分重要的作用。小组成员之间必须建立良好的人际关系，才能和谐相处、共同完成学习任务。

在课堂教学管理方面，不同层次的学校所产生的课堂问题差异巨大。有些普通的大学，个别学生可以在教室后面吸烟、喝酒。哪怕是“双一流大学”，也会出现学生上课玩手机和笔记本计算机等现象。总体而言，当前的学生课堂自律性普遍较弱，需要积极引导。但是，大多数学生还是能够按照基本规范行事的。

（二）激发学生的雄心壮志

教师的教育职责除了提升学生的智慧水平和问题解决能力之外，更重要的是帮助学生在大学期间确立人生远大志向，做奋斗者。在奋斗中释放青春激情、追逐青春理想，以奋斗之我，为民族复兴出力。幸福都是奋斗出来的，奋斗本身就是一种幸福。这些谆谆教诲是字字珠玑、句句励志的金玉良言。学生只有在大志向的激励之下，才能耐得住寂寞，忍得住困苦，坚持到底，完成学习任务。如果学生只是被动应付课堂教学纪律，也就不可能获得有效的学习效果。因此，学生发自内心的学习需要，才是自我约束的良方。真正想学的学生是不需要管理的。使命感对学生的发展也是至关重要的，努力学习其实是学生使命感的召唤。

如果要你回答一个问题：你想要影响什么？斯坦福大学最具野心的答案是我想要影响人类。志存高远是课堂教学自我管理的最佳策略。没有管理的管理才是最好的管理，没有管理或者不需要管理的课堂才是最佳课堂。教师应该重视向学生宣传契约精神，并共同遵守。

（三）加强课堂教学的吸引力

学生的课堂问题行为，表面上看是出现在学生身上，而实际上，很多问题的根源往往出在教师身上。大学教师的学术涵养与能力，以及教学水平与魅力是教学管理的基础。不具备做教师的基本条件，而进入课堂的人无论如何也不会使学生产生学习积极性。学生在课堂上，如果得不到学习感、收获感和成功感，就会对课堂教学失去期待，那么，继续浸润在这种百无聊赖的氛围之中，还不如做些更有意义的事情。不遵守课堂纪律的学生，未必就是不想学习的学生。因此，打铁还需自身硬。大学教师必须以真本领进行课堂教学管理，进行隐性化课堂管理，大学教师不应该将课堂教学管理与课堂教学行为割裂开来，教师的教学活动一定贯穿着对学生的影响，言谈话语之间就可以有效地达到教学管理的目的。至于教学的新颖性与趣味性、教学方法的灵活性，以及教学语言的节奏恰当、合理等都不是影响课堂管理的核心因素。

大学课堂教学管理是一项复杂微妙的人类活动。教师所面对的是已经成人的学生，学生已经具有支配自己的意识和身体的能力，学生自己有了自己的意志和方向，能够也必须为自己的一切负责。因此，教师在大学课堂上的管理作用是有限度的，在节奏快、时间短的大学课堂上的提醒与批评的效果并不明显。教师规训学生成为学生，学生并不一定就能够成为学生。有些学生还会产生逆反心理。由于学生具有自主性，表面上认真听课的学生是否真正在思考？而上课不听讲，不积极参与学习活动的学生也不一定就不是好学生。

第八节　大学教师的总结技能

课堂教学的总结对获得理想教学效果具有至关重要的作用。课作为一个教学概念，应该具有完整性、前后呼应性、系统性等特征。教学的总结可以起到提纲挈领、巩固知识、突出重点、提炼概括、立意开拓、勾连过渡等作用。[①]万不可“虎头起，蛇尾收”。哪怕只是言简意赅的三言两语，那也是具有设计意识的“画龙点睛”之笔。任何课程教学都不可能使学生一字不漏地记住所有文字，学生也不是如同计算机那样扫描所有内容才能思维的。因此，教学总结必须抓住教学的重点、难点，有针对性地帮助学生思考最核心的学习内容。

一、大学教学总结技能概述

总结技能是教师结束教学任务的行为方式。教师既可以通过归纳提炼、升华提高、设置悬疑等教学活动，对所学内容进行及时的系统化、巩固化与运用化，又可以检验教学效果，激发继续学习的积极性。总结技能的类型主要包括归纳式，拓展式、设疑式、比较式、练习式、串联式、首尾式等。

二、北京师范大学教师教学总结技能的分析

（一）横向比较

1．总结时长

从均值来看，总结的时长为37.79秒。其中，一等奖教师为49.25秒，远远高于均值，二等奖为36.27秒，和均值基本持平，三等奖为25.13秒，远远低于均值。从数据中明显看出，从一等奖到三等奖的总结时长越来越短。从视频分析中发现，一等奖教师十分注重教学总结的设计，而相对而言，三等奖教师在这方面相对较弱，有的三等奖教师甚至没有教学总结的环节。

对奖项和总结时长进行相关分析，两者显著相关，表明总结对获奖有很大的影响。当然，这也与评委对教学总结的重视程度有关。

一般而言，总结的时长和导入的时长相类似，过长或过短都会影响教学的效果，关键在于总结的目标是什么。围绕这一目标设计和实施教学总结，才能达到良好的教学效果。

2．总结类型

研究发现，有半数教师选择归纳式总结，教师直接使用简练精准的语言，将

① 郭芬云．课的导入与结束策略．北京：北京师范大学出版社，2010：54.

教学内容简明、扼要、系统地进行归纳，帮助学生厘清逻辑关系，促进学生对所学内容的收入理解，并启发学生形成自己的思想与观点。归纳式可以分为语言归纳和图表归纳等不同形式。这种类型是也是比较容易掌握的总结方式，因而选择这种方式的教师也较多。使用较多的是拓展式，占14.3%，教师帮助学生深化理解学习主题，延伸并拓宽知识面，丰富方法，开阔思路。第三是设疑式，占7.9%，教师在总结阶段，提出启发好奇心的问题，为学生在课后进行深入思考提供帮助，为以后的课程埋下伏笔，这种开放性的教学总结，可以激发学生的探究精神。

获得一等奖的教师在选择总结类型时相对较为宽泛，而获得三等奖的教师在选择总结类型时表现得更为集中，并且没有总结环节的课例主要都分布在获得三等奖的教师之中。

教学总结的关键在于提炼课的"魂"，如同小学教师在给学生讲授一篇课文，讲完之后，教师总会询问学生一句，"这个故事告诉了我们什么？"其实，一次大学的课也是如此，这次课究竟最期望学生发生什么变化？这就是课的"魂"，教学总结的任务就应该回应这一问题。不同的回应则需要不同的总结方式，有的回应适于使用归纳式，而有的回应则更适用于其他方式。教师需要根据不同的教学情况合理有效地选择不同的总结方式。

（二）纵向比较

1. 总结时长

从总结时长来看，早期教师和近几届教师没有显著差异。但早期教师，出现了明显高于均值的情况，而明显低于均值的情况则出现在近期的参赛教师中。从一定程度上而言，早期的教师较为重视课堂教学的总结工作，对每堂课的教学总结设计相对更为细致周到，而现在的教师相对更为开放，对总结环节的理解也更加趋于多样化。

2. 总结类型

从总结类型上看，无论是参加前几期"青教赛"的教师还是参加后几期"青教赛"的教师都倾向于选择归纳式总结，整体数据呈现"U"字的趋势。早期教师选择总结类型和近期教师选择总结类型比较广泛多样，而处于早期与近期之间的教师在选择总结类型时更为集中。这反映出大学教师对总结方式的理解从早期的深入探索，到中期的模式固化，再到近期的突破探索的发展趋势。这种变化趋势是向着理想的方向转变，说明大学课堂的总结方式在不断改进发展，提升教学质量呈现螺旋上升的态势。

三、大学教学总结的策略

（一）提炼概括，阐述精髓

一次课的信息量很大，而学生不可能将所有信息输入大脑的工作系统。学生所能够把握的一般为核心概念、关键含义、主要观点等内容，并将这些内容作为思考和分析的“生发点”，虽然只是几句话，或是几个字，但它们可以起到以点带面，纲举目张的作用，就如同收获落花生一般，将所有学习内容作为一个系统梳理出来。因此，教师在课堂教学结束时，应该帮助学生抓住课的最核心之处，集中精力，思考关键问题。教师可以采用板书的方式，一边说，一边写，对教学进行总结。书写的内容应该条理清楚，提纲挈领，便于学生掌握与理解。

（二）师生合作，共同总结

按照“主导一主体”的教学理论，可以邀请学生参与课堂教学总结活动。学生自己总结学习成果，一方面可以更好地达到总结的效果；另一方面，能够提升学生的抽象思维能力。教师可以通过提问方式，询问学生的学习心得体会，最深刻的收获是什么。也可以通过群体讨论的方式进行教学总结，学生各抒己见，分享学习结果。学生则可以采用口头发言、书写板书、展示 PPT 等方式发表各自的想法。

（三）前后呼应，新旧对比

教师可以采用提出问题的方式进行课堂教学导入，而在课堂教学总结阶段，教师需要对所提问题进行答疑解惑，起到前后呼应，首尾相接的作用。在教学的过程中，教师设计了一系列学习活动，帮助学生解决问题。充分体现出课堂教学的完整性和系统性。在总结阶段，还可以将新学习的内容与已学习的内容进行比较，重点帮助学生理解和区分不同学习内容的差异性和相似性。从而加深对学习内容的认识。

（四）开放扩展，不设上限

教师可以通过教学总结，引领学生展开积极的想象与联想，帮助学生将思维焦点指向未来。教师可以在总结时基于所学内容，向学生提出课后需要继续深入思考的问题作业，使学生带着疑问与好奇离开课堂，将学习活动延续到课下，正所谓“言有尽而意无穷”。

四、大学课堂教学总结的案例

归纳式总结

我简单地小结一下。首先基于对现实问题的理解，把它的状态及边界搞清楚，然后简化它，就像地震发生的地方变成一个潜在震源区，然后用一些数学模型来表达，比如说衰减的关系，它的震动也用到了易损性的曲线，其实也就是数学的公式。通过产生随机数随机变量的方法把所有的地震发生的可能性考虑进来，就变成了仿真，最后我们得到了风险的概念。再次强调一下，风险是指在未来一段时间内出现这种可能性的大小。

拓展式总结

关于脑干的调控，体操运动员和举重运动员在不同运动阶段，如果头部所处不同的位置，那么可以让身体不同部位的肌肉发挥更多的作用，从而有利于动作的完成。我们最后总结一下，这节课学习了脊髓和脑干在运动调控中的作用，通过牵张反射对运动进行调节。那么，希望大家在课下能够对牵张反射的作用进行进一步的研究。请大家思考一个问题：当运动员听到作为外部刺激的枪声时，他怎样把这个信息转化为神经信息，又怎样传给效应器进而指挥运动过程？我们下节课再进行讨论。

设疑式总结

刚才我们谈论了细胞冻存的具体实验步骤，提醒大家注意（DMSO）有毒，我们必须戴手套，液氮的温度是零下 196℃，小心冻伤自己。我们知道，冻存的细胞需要复苏才可以再使用，那么，如何复苏细胞呢？复苏的环节是什么？这些就是下一教学环节需要研究的问题，请大家事前进行认真思考。

第五章

北京师范大学教师的教学媒体应用

教学媒体是指承载和传递教学信息的介质，主要有物化媒体与符号媒体两种形式。物化媒体包括教师、黑板、教科书、教具、模型、幻灯、教育电视、计算机、多媒体等看得见、摸得着的实物。符号媒体包括表情、动作、语言、文字、图片、声音、视频、动画等抽象化、符号化的形式。物化媒体是从宏观的、实物化的角度来界定，符号媒体是从微观的、抽象化的角度进行界定。由此可以看出，物化教学媒体呈现的内容就是符号媒体，而符号媒体才是真正要传递给学习者的东西，学习者结合自己知识能力体系，对符号进行解码，最终获得信息。现阶段针对教学媒体的研究，基本上是针对物化教学媒体的研究，常常将教学媒体分为传统教学媒体与现代教学媒体：现代教学媒体主要以现代电子媒介和技术为基础，如幻灯片、电视、计算机、网络等；常见传统教学媒体有黑板、教科书、教具、模型等。本章以物化教学媒体为主要研究对象，同时辅以符号媒体应用研究，期望能较全面地探析教学媒体的教学功能，发挥教学媒体的应用效益。

第一节　大学教学媒体应用的历史变迁

一、教学媒体的主要发展阶段

第一阶段是语言媒体的使用，其标志是专职教师的出现，约在公元前30

世纪。语言媒体使人类摆脱了只依靠简单动作的原始教育方式，形成了口耳相传、口授手示的教育方式，语言成了人类教育活动中传意达情、相互交流的主要手段。

第二阶段是文字媒体的诞生，其标志是文字和手抄书的利用，约在公元前11 世纪。文字媒体促使人类通过文字符号获得知识、交流经验，教育方式由口耳相传、亲身体验上升为能够通过语言符号接受教育，即文字和文字载体技术的阶段。

第三阶段是印刷术的出现，约在公元 11 世纪，印刷书籍成为传播知识的媒体，既扩大了传播的范围，又大大提高了传播的效率，同时，各种标本、模型、黑板等实物媒体教具也广泛地运用于教育教学活动中。

第四阶段是现代教育媒体的出现及使用，其标志是电子媒体在教育教学活动中的广泛应用，第四次教育革命可以从 20 世纪初算起，即电子媒体使教育摆脱了“手工业方式”的束缚，走上了现代化的道路。然而，尽管现代教学媒体问世已有一百年，也一直在不断敲击着传统教育模式的壁垒，但相比传统教学媒体而言，尚显稚幼。因此，具有根本意义的第四次教育革命的冲击波并未出现在现代教学媒体的幼年期，而是在它诞生 90 年之后。

在教学媒体发展的历史进程中，语言媒体、文字媒体、印刷媒体都经历了一个漫长的进化过程才进入到下一个媒体应用阶段。语言媒体进入文字媒体经历几万年，文字媒体进入印刷媒体经历了 3000 多年，印刷媒体进入现代教育媒体也经历了近千年。语言媒体、文字媒体、印刷媒体阶段的教学媒体形式单一，不像现代教学媒体阶段一样丰富，在短短数十年的时间就会有一种新兴的教学媒体产生并在教育中产生重大作用。当然，这与人类自身进化规律及现代科学技术飞速发展密不可分，需要我们注意的是语言媒体、文字媒体、印刷媒体仍然是当前教学媒体的主流，其地位不容动摇。

从一个媒体阶段进入下一个媒体阶段，并不标志一个媒体形态取代另一种媒体形态，而是融合产生新的教学形式。在科学技术极其发展的现代教学媒体时期，语言媒体、文字媒体、印刷媒体仍然有其不可取代的作用。

二、中华人民共和国成立后大学教学媒体的发展

从人类教学活动产生之时，教学媒体随即产生，教学媒体的创新必定引起教育教学在教育理念、教育理论、教育方法、教学手段等方面发生巨大变化，与

此同时，这些变化也会促使人类对教学媒体产生新的认识。总体而言，我国大学教学媒体的应用发展经历了三大阶段。第一阶段为初步发展阶段（1949—1965年）。这个时期的大学教学媒体的应用形态主要是教师、教材、黑板，教学媒体形式相对单一，其更为突出的特征是教学媒体资源十分匮乏。第二阶段为停止发展阶段（1966—1976年）。受“文化大革命”的影响，这一阶段的高校教学媒体建设工作受到严重干扰和破坏。第三阶段为恢复发展阶段（1977年至今）。在这个时期，高等教育中的教学媒体应用趋于多样化、技术化，尤其是20世纪90年代中后期，计算机及网络技术在教学中的应用宣告教学媒体融合时代的来临。

三、中华人民共和国成立后北京师范大学教学媒体应用发展

北京师范大学作为中国第一个开设电化教育课程的学校，在教学媒体的应用发展方面起到了先行、引领的作用。新中国成立以来，北京师范大学教学媒体发展经历了三大阶段：蜕变过渡阶段（1949—1977年）、稳步提升阶段（1978—1995年）和高速发展阶段（1996年至今）。

（一）蜕变过渡阶段（1949—1977年）

早在中华人民共和国成立前，北平师范学院（现北京师范大学）在教学方法、教学理念上就体现出超越同时代其他高校的水平。积极开展教育教学改革，尤其是利用科学技术手段来改变教学。抗战胜利后，北平师范学院开设电化教育课程并开展系列电化教育活动，筹办电化教育事项，购买了器材、影片等。学校对电化教育非常重视，由各系科推出教授十四人和各附校校长四人共十八人组成电化教育委员会专管其事；设立电化教育室负责具体工作。学校在教育系开设了两届电化教育选修课，培养人才。学校设有教育广播电台，向社会上播放有关教育方面的节目，1947年12月17日校庆日正式开始播音。广播的节目有各种讲座、学习指导、英文短剧、话剧、诗歌朗诵、音乐演唱、儿童剧、儿童故事等。当时国内拥有电化教育设备的学校非常少，在南方仅有金陵大学、社会教育学院，在北方只有北平师范学院。其电化教育设备在当时比较先进，可以说北平师范学院是高等教育中利用现代化教育媒体的先驱。

（二）稳步提升阶段（1978—1995 年）

“七五”“八五”期间，北京师范大学被列为国家重点投资建设的 10 所大学之一，教学资源、教学媒体方面得到较大支持。学习软硬件设施日趋完善，推进教学手段现代化。教室、学生宿舍安装电视机，学生电视台根据学生需要播放新闻、电影、外语节目，举办各种知识讲座、报告等。鼓励教师把现代化教学手段引进课堂，积极推广计算机辅助教学。学校建设了先进的语言实验室，充实和完善网络教学系统；充实了计算中心和各系计算机教学点。

（三）快速发展阶段（1996—2018 年）

以“985 工程”“211 工程”为契机，北京师范大学校园网络初具规模，为教学科研提供了较好的支持；有关教学媒体尤其是基于计算机和网络的教学媒体的建设与研究成果斐然。学校校园网实现有线、无线双路径全校覆盖，随时随地可以联入互联网进行学习和信息查询。师生实行校园一卡通，集图书借阅、购物消费、身份认证等功能于一体，简化办事程序，提高工作效率。所有教室配有多媒体教学系统，实现立体化的教学信息传播，教师教学机联入互联网，可以及时获取丰富的教学资源，减轻教学负担，提高学习效益。学校建立了多类型的教学、学习管理平台，让学生可以自由选择课程、管理自己的学习。学校提供教室自习查询系统，为学生提供学习场所，等等。

第二节　教学基本功比赛中教学媒体应用分析与结论

一、北京师范大学“青教赛”教学媒体应用概况

自 1991 年至今，北京师范大学共举办了 15 届“青教赛”，本节对现有的 9 届视频资料进行教学分析，探索教学媒体的应用与发展。

（一）传统教学媒体的应用

从视频资料来看，在相当长的时间里，黑板、挂图、模型、纸质教科书等

传统教学媒体显示出持久的生命力。黑板始终是课堂中最为主要的教学媒体。随着科学技术的进步，现代信息技术逐步进入课堂，部分传统教学媒体正在被现代教学媒体取代或进一步融合。

在比赛中，实物、模型等传统教学媒体始终都存在于课堂教学过程中，没有被现代教学媒体完全取代；而挂图曾是20世纪90年代课堂中较为重要的教学媒体，随着多媒体技术的介入正在逐步被取代；实验仪器作为一种特殊的教学媒体，其在比赛类的教学课堂中不常出现。

直到20世纪末，黑板是教学中必不可少的教学媒体。高等教育跨入21世纪后，多媒体教学系统进入教室，刮起了追求新兴技术的浪潮，在部分课堂教学中用多媒体课件、多媒体投影取代黑板。但这个阶段持续时间并不长，随着对技术冷静的思考与应用，黑板的运用频率在课堂教学中有逐步回升之态，朝着传统、现代教学媒体相互融合、取长补短的趋势发展。“青教赛”黑板教学媒体使用走势如图5-1所示。

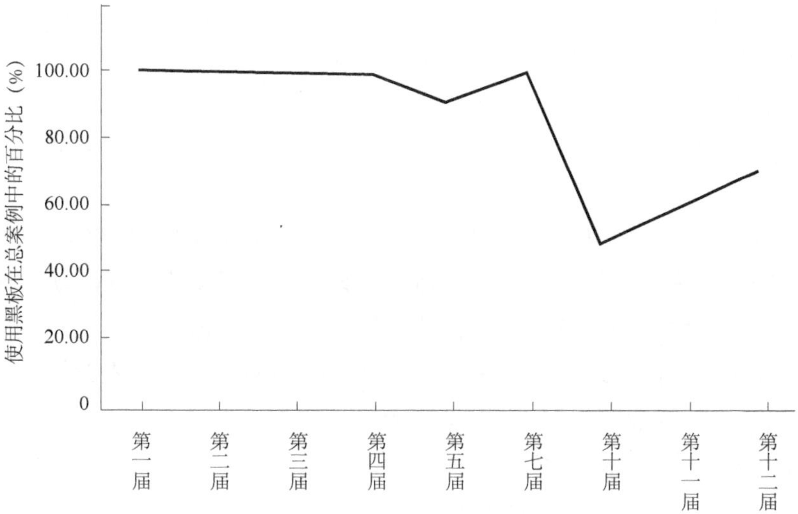

图5-1　历届“青教赛”中黑板使用率走势图

（二）现代教学媒体的应用

此处所讨论的现代教学媒体主要指20世纪以来，以电子技术、通信技术为主要特征并进入到课堂教学实践中的教学媒体。实践证明，从某一种技术产生到真正进入到教学实践中需要一个较长的过程，而这种技术形态要在教学实践过程中普及又需要经历“排斥—接受—应用—创造”的曲折历程。在20世纪90年代初，投影器开始进入到课堂，其以能投影图片及节省板书时间等优势逐渐被教师所接受。北京师范大学青年教师在教学实践过程中对于使用当时极为先进的教学媒体投影仪具有极大热情。投影仪的使用率从 1992 年的 25% 上升到 1998 年的 55.17%。21 世纪初，多媒体计算机系统进入教室，青年教师在大赛中对于多媒体教室的使用率高达 90% 以上。可见北京师范大学青年教师对于新技术、新媒体在教学中的应用具有敏锐性、积极性和主动性。

二、教学媒体应用对比分析

（一）传统媒体的应用对比

（1）黑板使用率呈下降趋势，近年略有回升；教师板书能力退化明显

针对参赛教师的板书进行了详尽的分析与记录，从板书的数量、可读性、书写质量等多个方面观测，从 7 个层次记录了教师板书的情况。这 7 个层次分别是“无板书；板书少，可读性差；板书多，可读性差；板书少，可读性好；板书多，可读性好；板书少，可读性好，字好；板书多，可读性好，字好”。其中“板书少”是指板书整体低于 20 个汉字（英文单词）；“可读性”是指板书在排版、字号、颜色等方面的直观可读性；“字好”是指板书符合主观视觉美感及客观的书法规则。

在近 3 届大赛中（第十届至第十二届），分别有 50.9%、40.9%、29.7% 的参赛教师没有使用黑板，他们使用多媒体教学系统进行了全部教学活动，黑板教学功能的不可替代性、不可或缺性正在被弱化、被替代。但同时发现，在“青教赛”中，黑板使用率有回升之势。在选择教学媒体时不能一味追求所谓的“信息化”，而是要充分考虑传统和现代教学媒体的优势互补。

相关数据分析显示，北京师范大学青年教师在板书这一基本功上整体水平较高，如图 5-2 所示，在每一届比赛中都是“板书多，可读性好”所占比例最高，其次是“板书多，可读性好，字好”。可见，北京师范大学青年教师十分关注黑板的教学功能。

分别观察各届教师板书情况，整体较为乐观，但纵向比较每届同一指标会发现：青年教师板书基本功总体趋势在急剧衰退。对各届板书“可读性好，字好”的教师比例进行分析，如图 5-3 所示，青年教师在板书基本能力、设计能力等方面整体呈下降趋势。这与近年来现代教学媒体的广泛应用有一定关系，但青年教师板书基本功的衰退应该引起重视。

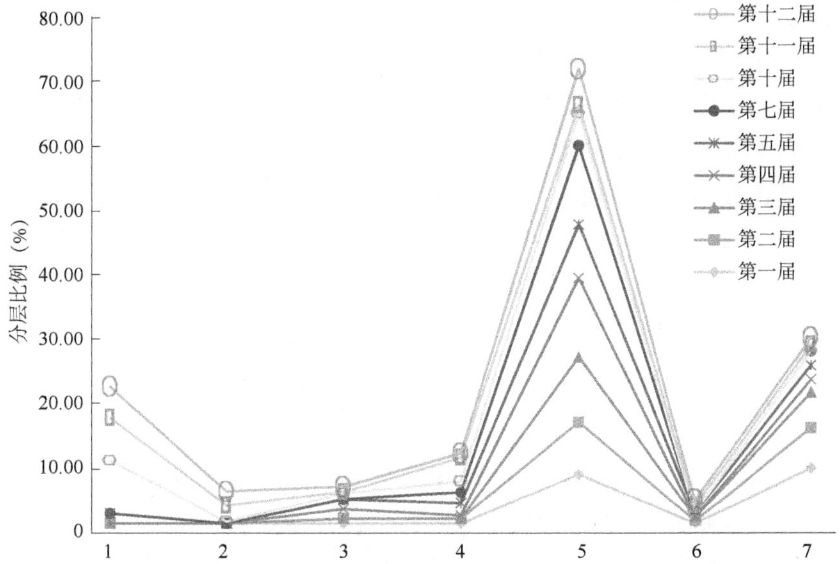

图 5-2　历届比赛板书分层比例分布图

注：1. 无板书；2. 板书少，可读性差；3. 板书多，可读性差；4. 板书少，可读性好；5. 板书多，可读性好；6. 板书少，可读性好，字好；7. 板书多，可读性好，字好

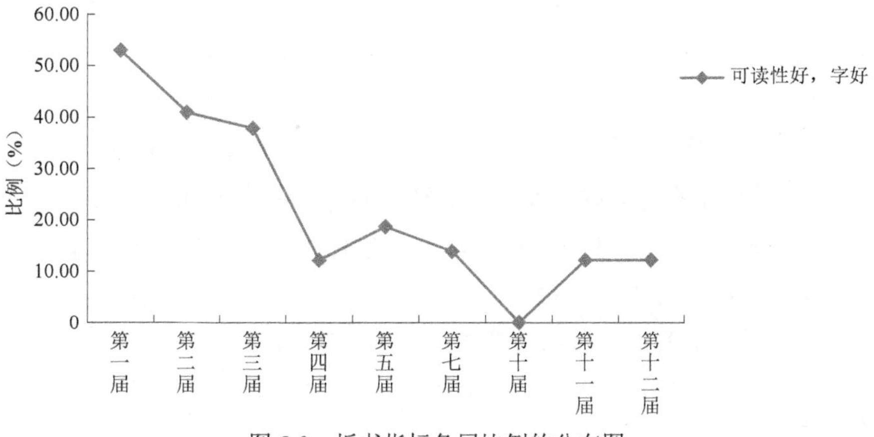

图 5-3　板书指标各届比例的分布图

（2）教师板书能力呈现较为明显的学科差异，在性别方面没有明显差异

通过对 9 届视频案例中的"板书多，可读性好"、"板书少，可读性好，字好"、"板书多，可读性好，字好"的表现进行分析发现，文科教师在此 3 项指标上的比例为 84%，理科教师为 53%，第二语言教师为 31.6%；在"字好"的 2 项指标

上，文科教师比例为27.8%，理科教师为10.9%，第二语言教师为5.3%。在板书重视程度、板书设计、板书基本能力方面，体现出文科高于理科，理科高于第二语言的现象。这与文理科、第二语言的学科特性、知识表达方式、信息传递途径有明显联系，在强调提升教师的板书能力时不能一概而论。

女教师在板书“可读性好”“字好”中的比例占参赛女教师的74.3%，男教师在板书“可读性好”“字好”中的比例占71.2%；女教师在板书“字好”的比例是17.6%，男教师比例是15.5%。从相关数据看出，女教师在板书能力方面略优于男教师，整体差异不大。

（二）基于多媒体技术的现代教学媒体应用对比研究

北京师范大学青年教师在现代教学媒体的应用方面体现出明显的敏锐性与时效性。当出现新媒体时，教师总是积极尝试与应用。幻灯机、投影器、录像机、录音机等现代教学媒体已被现代媒体教学系统所取代，因此本章仅研究自2006年以来，以多媒体技术为代表的现代教学媒体的应用。

1. 基于计算机技术的多媒体教学系统已成为高校最为重要的教学媒体

根据第十届至第十二届的视频案例分析发现，187个参赛教师均使用了多媒体教学系统，使用率达到100%。一方面是因为多媒体教学系统有强大的媒体整合功能，利于信息的立体化呈现；另一方面是受大赛评分标准影响，近几届大赛的评分项目中均有教学媒体应用。

2. 多媒体教学系统的独占鳌头，导致其他教学媒体日趋减少

在第十届至第十二届比赛中，其他教学媒体在教学中的应用明显下降。在187个案例中仅有1例使用挂图，仅有5例使用模型，仅有10例使用实物；而投影器、幻灯机、录音机、电视机等现代教学媒体整体消亡。

69名教师完全没有板书，占总数的36.9%。多媒体教学系统在一定程度上取代教师板书，以及教师依赖多媒体系统教学的现象已经较为普遍。由此看出，多媒体技术的广泛应用影响了教师板书能力的提升。

3. 多媒体课件形式相对单一，主要以文字为主

对多媒体课件进行分析发现，课件多用于文字、图片信息的呈现，较少呈现声音、视频、动画等其他媒体元素。因此，课件替代了部分或全部板书。使用声音、视频、动画的比例较低，所谓多媒体课件其实是单媒体、双媒体课件。但

使用视频、动画的教师在第十二届大赛中有明显的上升趋势。

4．课件设计朴素实用

研究发现，教师在课件色彩选择上趋向于黑白色。其中，“白色为背景、文字为黑色”的课件占25.7%，“蓝色为背景、文字为白色”的占7.5%，“黑色为背景、文字为白色”的占4.3%等。高校教师追求实用，不求华丽，符合大学生的认知特点。但是，教师的课件不具备可读性的现象仍然存在。部分教师由于不了解配色原理，使用“黄黑、灰黑、蓝黑”等色彩搭配，忽略了光线投射之后产生的色差，从而导致主体不鲜明，课件可读性差。

5．多数教师需要提升操作技巧

部分教师在操作教学媒体时有如下表现：课件声音无法播放；PPT一直处于编辑状态（非演示状态）；视频无法播放；不会使用电子教鞭翻页等。可见，部分教师平时较少应用多媒体教学，课件设计能力、媒体操作能力较差。教师媒体操作能力体现出明显的学科差异，理科教师略优于文科教师。

6．多媒体课件的文字可读性、媒体元素多样性与所获大赛奖次有联系，但相关性不显著

在大赛一等奖获得者中，课件文字可读性强的比例为79.3%，二等奖为73.2%，三等奖为73.5%，一等奖获得者在课件文字处理方面略优于二、三等奖。在有无呈现其他多种媒体元素的统计中，呈现图片的一等奖获得者占一等奖总数的79.3%，二等奖占64.3%，三等奖占66.7%；呈现声音的一等奖获得者占6.9%，二等奖占5.4%，三等奖占2.9%；呈现视频的一等奖获得者占13.8%，二等奖占12.5%，三等奖占11.8%；呈现动画的一等奖获得者占24.1%，二等奖占10.7%，三等奖占10.8%。可见，多媒体课件的质量及丰富性与大赛奖次有密切联系，这与大赛的评价指标有关。

7．现代教学媒体与教师肢体语言存在密切关系

研究发现，教师在教学过程中“无动作”“无意义动作”“有意义动作”的情况如图5-4所示。在第十一、十二届比赛中，教师的“无意义动作”比例明显增加，而“有意义动作”比例明显降低。第十一、十二届比赛全面使用现代教学媒体系统，可见现代教学媒体与教师肢体语言存在密切关系。

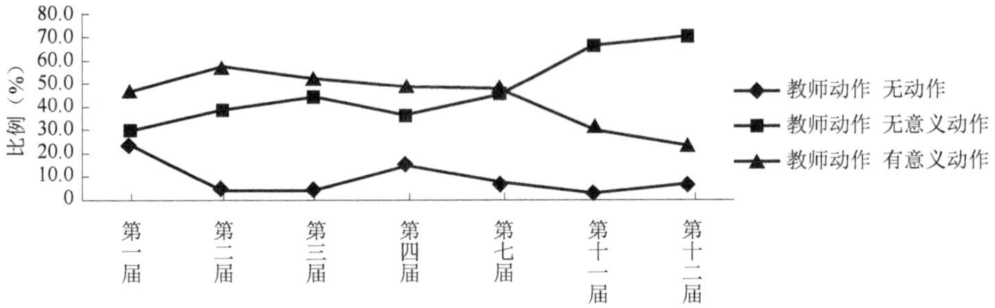

图 5-4 教师肢体动作情况分布图

注：第五届、第十届未作统计

现代教学媒体对教师肢体语言的影响并非完全消极，在诸多方面有利于教师技能提升。教师的“模仿”“学唱”“示范动作”等肢体语言在第十届至第十二届大赛中所占比例远远高于往届，表明近几届大赛的课堂气氛更加活跃，教师才艺更加多样化，同时也说明有了视听媒体，更易触发教师的肢体语言。

第六章

北京师范大学“青教赛”规则发展

评价，尤其是外部评价，不仅能够促进教师的自我反思和自我成长，而且是教师成长的社会压力和动力。人类自发性的成长潜能受到个人的知识结构、已有经验、个人技能及知识背景的限制，外在的强制力量能够“迫使”个人有所改进。为了更好地顺应时代要求，促进青年教师的教学成长和专业发展，北京师范大学“青教赛”自举办以来，不断借鉴优秀经验，反思过往历程，持续改进评价制度。

第一节　大学课堂教学质量评价的比较

课堂教学质量是大学教学质量的核心。课堂教学是教师以知识为载体，培养学生思维方式与方法、提高学生综合素质的重要途径。对大学教师的课堂教学质量做出客观评价，一直是国内外大学教学质量监控的重难点。在大众化高等教育时期，树立多元化教学质量观、建构多样化评价指标体系、有效评价大学教师课堂教学质量，具有重要的理论和现实意义。

一、美国大学教学质量评价

大学课堂教学评价起源于美国，它的出现与实施使美国大学实现了教学质量和人才培养质量的世界领先地位。在西方评价思想的影响下，我国课堂教学评价于20世纪80年代开始出现萌芽并得以发展。

美国大学教学质量评价关注教师教的过程。对教师教学过程的评价包括授课前的准备评价、课堂教学的实施评价和课余时间的辅导评价。授课前的准备评价要求教师将反映教学准备情况的纪实性材料交给校教师教学评价委员会，作为反映教学质量的基础档案或佐证材料。除此之外，大多数学校还让学生根据自己在学期中的观察，对教师的教学准备进行评价。通常情况下，教师课前准备的权重约占总体教学评价的15%[①]。

课堂教学评价的内容标准可归纳为10个方面[②]：①用清晰、准确并且幽默的教学语言，讲述抽象的学科内容；②教学内容和进度适合学生的知识基础和能力水平；③使用有效的教学方法，激发学生对专业学习的兴趣和渴望；④以分析和质疑的态度，介绍学科前沿理论以及发展趋势，不是一味地向学生传授陈旧的专业知识；⑤及时、科学地调整教学内容，使其与专业领域的变化密切相关；⑥鼓励全体学生积极参与课堂讨论，辨析和评判各种观点；⑦认真、清楚地回答学生提出的问题，并且公平地照顾到每个学生的学习需要；⑧给学生布置有价值的课后作业、研究项目和考试题目；⑨在教学中能够有效地利用课堂时间资源；⑩始终保持旺盛的教学热情和严谨的教学态度。

课余时间的辅导评价涉及教师是否为学生安排了方便、足够的来访和答疑时间；是否及时批改和反馈学生的作业、论文或报告；是否及时回应来自学生的各种形式的课业询问；是否提供课外的实验技能辅导；是否认真指导学生小组研究，等等。[③]

美国课堂教学评价还关注学生的学习结果，把学生对于教学的亲身感受作为教师教学考核的重要内容，不单纯评价“教师做得如何”。大学试图通过对学生学习情况的检查，来衡量教师教学的有效性。一种在美国大学里广泛持有的评价观点是，只有学生在课程学习中取得了多方面的明显进步，才能判定教师的教学是成功的[④]。学生对理论知识的理解和掌握，学习课程的态度、兴趣和愿望，学习的独立性和创造性，特别受到教学评价的关注。

---

① State University of New York at Albany.Student Form of Teaching Evaluation.Albany，NY：1996-05-02.

② 蔡敏.美国著名大学教学评价的内容特征.外国教育研究，2006（6）：25-28.

③ California Institute of Technology.Teaching Assistant Evaluation.http://www.its.caltech.edu/~ta/evaluation_code.html，2013-11-13.

④ State University of California at Berkeley. What is Berkeley Policy on the Evaluation of Teaching?. http://facultyguide.berkeley.edu/teaching/faq_46.html，2003-12-04.

哈佛大学在学生评教中问道：“教师的授课对你理解学科内容有帮助吗？”“教学过程是否使你提高了分析能力？”波士顿大学也问到类似的问题，如“教师对问题的解释是否有助于你深刻理解课程的内容？”“教师所使用的教学方式对你掌握该学科知识是否合适？”“课堂的讨论能否提高你的解决问题的能力？”纽约州立大学的问题同样如此，如“学习这门课程以后，你的学科知识增加了许多吗？”“你是否能够将学到的概念和原理应用于相关的问题情境？”[①]这些评价内容，都是在考查教学对学生的知识学习和能力发展的促进作用，是对教学质量的直接检验。

加州理工学院在评价教学中就学生的学习态度这样问道：“你愿意上这门课吗？”“你希望在课后与教师一起讨论问题吗？”康奈尔大学针对学习兴趣向学生提出如下问题：“教师的反馈能否激发你进一步探究学科知识的兴趣？”“教师设置的问题是否能把你带进研究的乐趣之中？”普林斯顿大学还问到了学生的学习愿望：“你是否渴望获得该课程更多的专业知识？”“课程是否激发了你在课下探讨问题的愿望？”“教学是否激励你建立更高的学习目标？”[①]从这些评价问题可见，美国著名大学的教学评价非常重视学生的学习情感反应，把学生在学习过程中的心理情绪作为判断教师教学效果的重要指标。

美国著名大学教学理念的精华是提高学生独立学习和独立创造的能力，把学生培养成为具有独到见解的开拓型人才。[②]这一目标同样体现在教学评价中。斯坦福大学在教学评价中问学生：“教师的讲授能否使你对教学内容产生新的想法？”“教学内容是否可以引起你的创造灵感？”“你在课程学习中是否敢于提出自己的问题？”加利福尼亚州大学伯克利分校在教师职称晋升的评价中，详细考查教师在培养学生的独立性、好奇心、推理性等方面的做法，检查他们是否培养新生的独立学习习惯，是否向优秀学生布置具有挑战性的学习任务。

由此可见，美国著名大学的教学评价关注教学全过程，追求教育卓越。这与“教师教学评价就是对课堂教学的评价”的狭隘观念，形成了鲜明反差。评价内容如果只涉及教师的课堂表现，不但不能全面反映教学的真实情况，而且还容易产生误导，使教师错误地认为，“只要站在教室里讲课，就圆满完成了教学任务，不必在其他方面花费更多的时间”。实际上，从大学教学的特点来看，许多重要的工作都需要教师在课下做，没有课前的精心筹划与准备，以及课后的及时

---

① 蔡敏．美国著名大学教学评价的内容特征．外国教育研究，2006（6）：25-28.

② Cornell University. Teaching Handbook Chapter 4，Components of Effective Teachers as Perceived by Students.http://www.clt.cornell.edu/resources/teh/ch4.html.2014-11-16.

讨论和辅导，不可能获得良好的教学效果。[①]在大学教育中，师生的人际交往、思想碰撞和相互合作，是促进学生发展和专业成熟的最重要条件。美国著名大学之所以能够培养出世界顶尖级的创造性人才，就是因为他们一直严格坚持“师生交流，共同探究”的教学原则，强调通过完整的教学过程来培养学生的学术思想和研究态度。以下是美国哥伦比亚大学教师学院学生课程评价表的主要内容[②]。

第一部分主要由23个量化评价指标组成：

1）课程的陈述：①课堂陈述清楚和易懂；②教师准备充分和教学过程组织良好；③教师运用适合学生水平和能力的资料；④教师激发和鼓励学生独立思考；⑤用事例使理论联系实际；⑥科目中的资料是新的并反映当代文献；⑦课堂教学有助于学习；⑧科目中的材料能激发学习的兴趣和热情。

2）课程的讨论：①给学生充足的机会提问；②有效地管理课堂讨论；③鼓励学生积极地参与讨论；④教师对学生的意见和问题做出回应。

3）课程的作业和评价：①作业的数量和性质适宜；②阅读材料有助于对科目的理解；③有充分的机会（测试、测验、报告、论文、课程参与）使教师评价我的学习；④教师对作业很快提供反馈；⑤评价（测验、作业等）反映课程目标；⑥公正、平等对待学生。

4）课程的总体：①我将向同学推荐本课程；②我将向同学推荐这位教师；③教师尊重学生；④学生在课外能获得教师的指导；⑤我在本课程中学了很多。

对于上述23个问题，学生通过选择：很满意、满意、中立、不满意、很不满意及不适用6项回答在评述表正面，学生还要回答3个问题：这一课程是否为你的学位/项目课程？这一课程是由所在系开设还是由外系开设？每周你在本课程中平均课外所用时间？

第二部分由4个叙述性问题组成：

1）你发现课程中有哪些方面（活动、资料等）最有价值？

2）你发现课程中有哪些方面（活动、资料等）最无价值？

3）举例说明，教师在什么方式下最有成效？

4）举例说明，教师在什么方式下最缺乏成效？

二、国内大学课堂教学质量评价

课堂教学质量评价的模式主要有学生评价、领导评价、专家评价、同行

① 蔡敏．美国著名大学教学评价的内容特征．外国教育研究，2006（6）：25-28.

② 商丽浩，张亚萍．中美两国大学学生课程评价表的案例比较．江苏高教，2005（2）：49-51.

（peers）评价及教师自评。我国大学目前以学生评价为主，学生评价教学具有较高的稳定性，学生参加评教的人数越多，信度较高。

我国大学课堂教学评价内容包括教师教学态度、教学内容、教学原则与方法、教学效果。评价标准与评价内容相对应。①

（一）教学态度标准

1）备课充分：如书面教案（讲稿）齐备，规范；实验准备充分等。

2）遵守教学纪律：如不迟到、早退；不随意停、调课；不开手机等。

3）治学严谨，要求严格：治学严谨指教师在求知和传授知识和学问的过程中要做到严密谨慎、严格细致。要求严格指教师对自己和对待学生的共同要求。

4）精神面貌：如情绪饱满、充满活力；能吸引学生注意力。

5）教学责任感：对社会及群体对教师个人职业角色期望的认同与承担，自觉履行其社会角色要求的分内事，并对其履行情况和后果的担当。

6）为人师表：在生活、教学和社会实践中，所表现出来的素质与行为都可以成为他人表率。

7）教学民主：如尊重学生；师生平等等。

8）敬业精神，职业道德：如备课认真、辅导答疑耐心等。

9）学习和自我提高：如教学相长等。

（二）教学内容标准

1）先进与前沿：如学科发展的新思想、新概念、新成果；扩大学生视野，更新教学内容；介绍国内外新进展等。

2）内容充实丰富：如讲授内容充实合理，单位学时信息量丰富；课内时间被充分利用等。

3）教材、参考书：如教材选用得当；教学参考书充足；实验教材完备；课外资料丰富等。

4）培养学生创新能力：如求异和发散思维等。

5）符合教学大纲要求：按照纲要规定的每门学科知识、技能的范围、深度及其体系、结构，同时规定教学的一般进度和对教学法的基本要求教学。

6）学生掌握学习和研究方法：如介绍学习和研究方法；是否教会学生掌握学习方法，培养学生获取知识、理解问题的能力；结合教学内容指导学习方法和

① 安敏．高校课堂教学质量评价研究文献定量分析．教学研究，2008（2）：114-116.

研究方法；使学生学到获得信息的手段等。

7）学生的自主学习能力：如激发学生内在学习动机；注重学习策略；指导学生对学习进行自我监控；教会学生利用各类学习资源等。

8）教学内容：如科学性；知识架构的完整系统性；培养学生思维方法；教学内容的深刻性和操作性等。

9）教师科研：如教学学术与科研学术相结合等。

（三）教学原则与方法标准

1）融会贯通：如举例说明、案例分析；举例贴切，实例讲解；演示典型，能运用理论分析实际问题；有实践教学和实习环节，直观性原则等。

2）教学反馈：如布置作业；辅导答疑，耐心回答课内外提出问题，网络答疑；批阅实验报告；有针对性或有价值的批注；作业布置合理；虚心改进教学工作等。

3）难点分散，重点突出：如有针对性地找出重难点等。

4）口语表达技术：如准确、简练、生动流畅；语言精练；表达清楚；语速适度；口语技巧及非口语技巧等。

5）课堂管理：教师严格考勤学生的出勤率，学生遵守课堂纪律等。

6）现代化教学手段：多种教学媒体使用恰当，图像清晰；积极采用现代化教学手段，将网络资源引入课堂；使用多媒体课件，与黑板相结合。

7）教书育人：寓思政教育于教学过程中；立德树人，培养人才。

8）基本原理的讲解：清晰准确，深入浅出。

9）教学思路：逻辑性强，条理清楚，体系完整。

10）板书：字体美观，版面设计合理。

11）教学方法灵活多样：根据教学内容、学生情况选择教学方法。

12）教学体态仪表：自然大方，仪表端庄，体现教师风范。

（四）教学效果标准

1）提高学生学习兴趣：教师能否调动学生主动性、积极性，激发学习兴趣等。

2）提高学生学习能力：分析解决问题的能力、创新能力、自学能力、实验动手操作能力、思维能力、实践能力、综合运用知识的能力、实际语言应用能力等。

3）学生掌握所学知识：学生掌握和理解课程核心概念，知识体系，基本理论。

4）学生在课堂上的行为表现：学生听课认真、注意力集中，较多学生作笔记；出勤率高；学生不迟到、早退；积极参与课堂活动；主动提出问题。

三、北京师范大学课堂教学质量评价

北京师范大学不断建立健全各级教学管理机构，制定、修订管理文件，加强管理队伍建设，完善质量管理的体制机制建设；实施本科教学督导工作、课堂教学质量评价、教学秩序巡视、领导听课、学生信息员管理、教学事故处理等环节在内的多元化质量管理，有效地保障了教育教学质量；通过建立与完善奖励机制，激励教师投入本科教学，提高教学质量。

北京师范大学积极实施发展性课堂教学评价。近年来，每门课程学生的参评率均在85%以上。同时，不断创新督导工作模式。督导工作方式逐渐由“单兵作战”发展到团队合作，从随机听课发展到分类听课与专项检查相结合。

（一）学生评教情况

教学质量评估工作在北京师范大学已经有20多年的历史。最初采取的是对任课教师及课程的终结性评价，后来引入了以现代信息技术为支撑的网上发展性教学评估，实现了学期进行中的过程评教和学生的全程信息反馈。终结性评教和过程性评教的有机结合，使培养创新人才的需求不断得以满足。学校的历次学生评教工作均得到了广大师生的积极配合与支持，绝大多数课程的参评率均在80%以上。

1. 过程性评估

为了不断提高本科教学质量，北京师范大学坚持推进发展性教学评估工作。发展性教学评估包括学期进行中的过程评估（开学初至学期课程结束前5周）和学期末的终结评估（学期课程结束前4周）两部分。开展过程评估的目的是帮助教师及时获得学生对其教学的反馈信息，并根据学生的意见与建议及时调整教学。学校把学生的过程评估和终结评估相结合，进一步有效推进教学管理工作。

本科课堂教学过程评估的具体做法是：

1）过程评估时间为开学初至第13周。过程评估数据不与终结评估数据关联，结果仅供教师参考和改进教学。

2）学生在“教务网络管理系统”中对教师教学发表自己的意见和建议。过程评估仅限于“提交开放题问卷”，学生可多次登陆反馈。

3）学生自愿进行过程评估，在管理端和网页端均不出现学生的个人信息，教师查看学生的意见和建议时，仅能看到学生所提意见和建议日期，但看不到学生姓名。

4）过程评估结果仅供教师获取学生对教学的反馈意见并改进教学之用，不作为考核教师教学的依据。

2. 终结性评估

学期末，学校通过“网上教学评估系统”对本科课堂教学质量进行评价，组织学生和教师分别开展网上评教和教师网上自评工作。教务处从每学期第14～16周向学生开放系统，学生可以对一学期所修读的全部课程逐门进行评价。每一门课程的评价问卷包括选择题和开放题两部分。教学评价问卷的内容如表5-1所示。

表5-1　北京师范大学教学评价问卷

课程名称							
教师名称							
第一部分：单项选择		满分	等级				
要素	指标内容		完全符合 1.00	比较符合 0.80	基本符合 0.60	较不符合 0.40	很不符合 0.20
教学态度	1. 遵守教学时间安排，按时上下课	5					
	2. 遵守教学计划，不随意调停课	5					
	3. 备课、讲课认真负责，具有敬业精神	5					
	4. 关注学生学习困难，注重与学生交流，倾听学生意见	5					
	5. 能根据学生的反馈，改进自己的教学，提高授课质量	5					
教学内容	6. 开课时向学生提供纸质或电子版的课程或教学大纲	5					
	7. 有完备的教材、讲义或指定阅读材料（或书目）	5					
	8. 课程内容反映国内外学科发展的最新进展	5					
	9. 教师对课程内容有深入研究和独到见解	5					
	10. 课程内容与本科生同类课程有显著区别	5					

续表

课程名称							
教师名称							
第一部分：单项选择		满分	等级				
要素	指标内容		完全符合 1.00	比较符合 0.80	基本符合 0.60	较不符合 0.40	很不符合 0.20
教学方法	11. 讲课重点突出，有条理，表述清楚、准确，易于学生理解	5					
	12. 教学能理论联系实际，对解决社会实际问题有启发作用	5					
	13. 运用研讨式、案例式、问题学习、小组合作学习等灵活多样的教学方式	5					
	14. 组织学生参与课堂讨论，对课堂讨论的组织、引导和点评恰当	5					
	15. 作业布置合理，要求严格，批阅认真，对学生的学习起到指导作用	5					
教学效果	16. 通过该课程的学习，了解了学科前沿动态，开拓了学科视野	5					
	17. 通过该课程的学习，提高了专业兴趣，培养了专业学习的积极态度	5					
	18. 通过该课程的学习，进一步理解了研究生学习的特点	5					
	19. 通过该课程的学习，创新思维和独立分析问题、解决问题的能力得到了明显提升，增强了专业责任感	5					
	20. 通过该课程的学习，夯实了本学科的理论基础，掌握了基本概念和理论知识	5					
第二部分：开放式问题							
1. 你认为该教师教学的突出优点是什么？							
2. 你认为该教师的教学有哪些需要改进的地方？							

3. 学生信息员教学信息反馈制度

学校组建了学生信息员组织，他们从受教者的视角，通过深入课堂、学生访谈、问卷调查等多种形式，开展常规观察和专题调研等工作，使学校能够及时了解教学中存在的问题。学校还公布诚信监督信箱，供学生及时反馈考试中存在的问题。

学生信息员本科教学信息反馈内容包括：

1）对课程、教学情况的意见与建议，包括教学计划、教学内容、授课态度、教学方法及手段等，并就课程名称、任课教师、所在院系等有详细记录。

2）对教学管理、教学环境的意见与建议，包括课程安排，停调课，教师上课守时，学习资源，硬件条件等。

3）对学生学习状态与学生管理的意见与建议，包括迟到早退，出勤率，学习的认真程度，参与程度等。

（二）教学督导、观摩情况

北京师范大学本科教学督导团成立于20世纪90年代初期。多年来，已形成了一支由各学科专家和教育专家组成的教学经验丰富、热爱教学工作、学术水平高、敬业认真、坚持原则、实事求是、公正无私的督导队伍。督导制度的建立，对于促进北京师范大学本科课堂教学质量，特别是青年教师教学质量起重要作用。

督导专家坚持“客观、公平、公正、公开”的原则，及时地、实事求是地反映工作中发现的各类问题，并积极解决。每学期认真进行工作总结，并向主管部门提出建设性的改进意见和建议，有效地帮助教师提高教学水平，引导职能部门改进教学管理工作。督导专家评优的课程不断增加，评价为好或者较好的课程占到了听课总数的85%以上。督导专家反映，教师不断更新课程内容，授课不再局限于教材内容的讲授，而是融入科研新成果，拓展至书本之外的学科前沿知识。在教学方法上，教师积极探索并实践启发式教学、案例教学、研究性教学，引导学生主动参与教学，充分调动学生学习的主动性、积极性，提高学生自我建构知识的意识和能力。同时，教师注重学生自主学习与研究能力的培养，在科研与教学互动中提高教学质量。

学校出台相关政策要求各院系切实落实教学工作在学校的中心地位，加强教学督导。①建立教学质量责任制。学校党政一把手为全校教学质量第一责任人；院系党政一把手为院系教学质量第一责任人，鼓励院系领导班子成员兼任年级或专业方面教学导师。各级领导相应承担本科教学质量的保证职责。②坚持各级领导听课制度。学校领导每学期听课不少于8次；主管教学副校长、教务处长及各教学单位教学副主任（副院长）听课不少于10次；各教学单位党政一把手及主管学生工作的副书记听课不少于8次。听课人应做好听课记录，于每学期第18周汇总至教务处，教务处根据汇总情况发布听课简报。听课情况列入个人年终考核项目。③督导、专家观摩评议。近五年来，由本科教学督导、教学院长等组成的专家组进行观摩评议，参加观摩教学的青年教师达520人次。通过专项检查，起到了加强课程建设和促进示范辐射的作用，带动全校特别是青年教师，加强教学研究，提高课堂教学水平。评议组还对各类课程的课堂教学形成专题报告，对课程建设、教学组织形式等方面提出了建设性的意见和建议。

（三）"青教赛"专家评价

北京师范大学专家评课可以集中反映在"青教赛"这一活动之中。在历届比赛中，从院、系、所组织预赛开始，请专家听课、评课，帮助青年教师修改教案，对青年教师在教学演示过程的话语表达、板书设计、信息技术手段的运用认真审视，客观评价，通过赛后成绩排名，最后给出参赛教师客观准确的信息反馈。实践证明，北京师范大学专家评课的形式参与面广，受益人群多，提高了青年教师教学基本功素养，引导和鼓励了青年教师重视教学、研究教学，为教师成长与发展提供了学习交流的平台和发展的空间，对改善课堂教学起到了积极作用。正如第十届教学基本功比赛外语组评委程晓堂教授所说，比赛如同一次"专家会诊"，具有多年教学经验的教师们满腔热情地帮助每位青年教师分析、设计、修改、完善所授课程，将经验和智慧无私地奉献给青年教师，这是一种难得的学习机会。

北京师范大学第十二届"青教赛"评分表内容如下（表 5-2）[①]。

表 5-2　北京师范大学第十二届"青教赛"评分表

<table>
<tr><th>项目</th><th>评测要求</th><th>具体内容</th></tr>
<tr><td>一、教案
（30 分）</td><td>评测要求</td><td>1. 教学目标明确，符合课程大纲要求，注重学生全面发展；
2. 教学内容充实，科学性强，理论联系实际，符合学生特点；
3. 教学过程突出学生的主体性，教与学的活动有机结合，采用多种教学策略，注重调动学生的学习积极性；
4. 正确选择和运用信息技术，多种媒体优化组合；
5. 充分考虑了内容的重点和难点，并设计了有效的措施；
6. 文字表达准确、阐述清楚</td></tr>
<tr><td rowspan="2">二、教学演示
（60 分）</td><td>教学内容的评测要求
（20 分）</td><td>1. 教学内容科学性强，理论联系实际；
2. 教学内容学术性强，渗透专业思想，教学内容能承前启后，循序渐进，重点突出，逻辑性强；
3. 教学内容启发性强，符合学生认知规律，注重培养能力；
4. 教学内容思想性强，引导学生树立专业意识、正确的世界观和价值观</td></tr>
<tr><td>教学活动的评测要求
（25 分）</td><td>1. 教学活动多样灵活，教与学活动有机结合，突出学生的主体性；
2. 采用多种教学策略，能有效地调动学生的学习积极性；
3. 熟练、恰当地运用多媒体教学手段，有效提高教学质量；
4. 课堂提问能启发学生思考，与学生有效交流与沟通</td></tr>
</table>

① 李芒等. 高校教师课堂教学评价指标体系的构建与实施——以北京师范大学第十三届"青年教师教学基本功比赛"为例. 现代教育技术，2013，23（5）：36-41.

续表

项目	评测要求	具体内容
二、教学演示（60分）	教学语言与教态的评价要求（9分）	1．着装整洁得体，教态自然大方，亲和力强； 2．普通话讲课，语言清晰生动，表达能力强； 3．态度积极、向上，具有较强的感染力
	板书（传统或电子）评测要求（6分）	1．板书设计合理； 2．文字规范、图表清晰，美观
三、总体印象（10分）	评测要求	1．教学理念先进，注重学生的全面发展； 2．教学风格突出，感染力强； 3．热爱教师岗位，尊重学生，注重教书育人，学生评估良好

北京师范大学新一届“青教赛”评分表如下（表5-3）。

表5-3 北京师范大学第十五届“青教赛”评分表

项目	评测要求	具体内容
一：教案（20分）	目标内容评测指标（10分）	1. 目标明确，符合大纲要求，注重学生全面发展； 2. 内容充实，科学性强，理论联系实际，符合学生特点； 3. 重难点突出，并设计了有效的方法； 4. 文字表达准确、阐述清楚
	形式手段评测指标（10分）	1. 教学过程突出学生的主体性，教与学的活动有机结合； 2. 采用多种教学策略，注重调动学生的学习积极性； 3. 正确选择和运用信息技术，多种媒体优化组合
二、内容（30分）	实践性与学术性评测指标（15分）	1. 专业基础扎实，内容娴熟，理论联系实际； 2. 教学内容充实，资料丰富； 3. 知识体系严谨，难易适中，信息量能满足学生需要
	深度与广度评测指标（15分）	1. 内容富有启发性，有国际化视野； 2. 富于教学想象，有个人见解和思考
三、讲授（30分）	语言与教态评测指标（10分）	1. 讲课语速适中，吐字清晰，普通话标准； 2. 语言简洁明了，语调有变化； 3. 肢体语言自然得体，运用效果好； 4. 课堂讲解生动直观，条理清楚，富有逻辑性； 5. 讲解透彻，富有感染力
	师生互动评测指标（10分）	1. 师生交流沟通好，能调动学生情绪； 2. 善于设疑发问，启发学生思考，注重学习能力培养
	课堂组织评测指标（10分）	1. 目标导向性强，能激发学生学习兴趣； 2. 上课环节衔接自然，节奏控制合理，重难点突出； 3. 思维敏捷，诙谐幽默，善于营造课堂气氛
四、媒体（10分）	设计与运用评测指标（10分）	1. 板书美观，字迹工整，设计合理，图解力强； 2. 多媒体视听效果好，运用熟练，实物展示有效
五、总体印象（10分）	教学风格的评测指标（5分）	1. 教学理念先进，注重学生的全面发展； 2. 尊重学生，注重教书育人；鼓励参与，突出学生的主体性； 3. 态度积极向上，热情投入教学
	应变能力的评测指标（5分）	1. 思维活跃，反应敏捷，考虑问题全面周到； 2. 沉着冷静，触类旁通，方法应用恰当，判断准确到位； 3. 机智幽默，善于应变，能很好地调节气氛、缓和矛盾

四、对我国大学课堂教学质量评价的思考

（一）对我国大学课堂教学质量观的思考

长期以来，我国高校对人才的培养秉持的是传统的精英教育质量观，体现在课堂质量评价上，表现为对理想的课堂教学过程的追求。近几年，随着我国高校的扩招，对高等教育质量的认识逐渐多样化，新的质量观要求评估者不宜用一把尺子衡量不同地区不同学校的教育质量。目前的课堂质量评价多体现的是对课堂教学的认识，认识常以理性抽象的思维来反应客体的本质和规律，而大学教学评价是对大学教育教学活动和过程中的价值关系的认识和把握，所以大学教学评价反映的是课堂教学对评价主体的价值关系。课堂教学质量观期待多样化。在高等教育界并不存在被广泛认可的高等教育质量观，目前学术界基本认同，将传统的单一的精英教育质量观转变为包含精英教育在内的多样化的大众教育质量观。[①]经归纳，目前，高等教育质量观主要有以下几种。[②]

1. 学术性质量观

学术质量观也被称作内适性质量观。内适性强调满足高等教育系统内部自我完善程度的要求，以“卓越”或“一流”为标准。其质量是以学术性为标准，体现的是对理想价值的追求，如西方高等教育界长期以来坚守的博雅教育（liberal education）。此质量观的视野，关注教育过程本身，尊崇高等教育的学术主体的最高价值。

2. 目的适切观

目的适切性（fitness for purpose）指衡量教育教学质量的标准应是当初所设目标。这一方法是被称为“教育评价之父”的美国学者 L. 泰勒所倡导的教育评价思想，即教育评价的“泰勒模式”，也被称为“行为目标模式”。以教育目标为标准的教育评价实践，强调的是教育活动对教育目标达成的贡献，注重的是实际结果与目标的“一致”或“符合”。反映在大学课堂教学质量评价中，是对不同类型的课程有不同的评价标准，课堂教学质量的高低以教学目标的实现程度为判断标准。

---

① 潘懋元．高等教育大众化的教育质量观．清华大学教育研究，2000（1）：1

② 安敏．高校课堂教学质量评价研究文献定量分析．教学研究，2008（2）：114-116.

3．服务质量观

服务质量（service quality）观将教育看作是向其顾客提供“教育”这种特殊服务的过程，并用顾客的标准评价教育机构服务的质量，认为高等教育质量应该致力于“符合消费者的愿望和需求”。个体接受高等教育，应该首先符合他自己的需要，就像购买产品和接受服务一样，首先要使顾客满意。这种质量观将“顾客满意”作为评价标准，强调教育的社会价值，强调教育机构的服务功能，强调学校要应对社会需要，尤其是学生的需要。

4．价值增值观

这种观点认为，如果学生在进入大学之前和之后的成就、行为等可以测量的话，那么，两者变化越大，价值增值越多，高等教育的质量也就越好。学生入学时的水平与毕业时水平的差异，或学生在校期间的变化情况，可以归因于学校教育；学生变化的幅度，即“附加值”的大小，可以看作学校、培养计划、课程或教师的教育成就。

（二）对我国大学课堂教学质量评价指标的思考

在评价内容方面，现在的大学评价主要是“学生评教”，而非“教师评学”，缺乏教师学生评价的指标。在教学过程方面，应注重教学互动过程的评价，突出大学教育的特点，突出时代发展的要求，突出对学生个性和创造性的培养。如课程是否给学生充足的机会提问，教师是否鼓励学生积极地参与讨论，教师是否注重学生所提出的问题，教师是否清晰有效地回答这些问题，教师是否尊重学生的观念等。

课程评价还必须考虑评价背景，将课程质量与课程特点相结合，建立明确的课程评价指标体系。同时，评价指标应将统一性和多样性相结合，共性要求和鼓励个性发展相结合[①]。例如，对小班教学（讲授 / 讨论）重点强调信息传递的清晰性、质量及师生的交互性；对大班讲授教学重点强调课程组织和信息传递；对包含有教师少量正式讲授的研讨课，重点强调讨论的质量、课程组织及兴趣水平；对以解决问题或启发式教学为目的的课程，主要强调问题的难度和解决的质量；对以培养学生技能、满足今后职业需求为主的实习课，则强调从实践中学习的机会。

① 蓝江桥，冷余生，李小平等．中美两国大学课程教学质量评价的比较与思考．高等教育研究，2003，24（2）：96-100.

综上所述，保证课程教学质量评价的客观性、公正性和有效性，评价的指标体系和项目设置起关键作用。现在，中国开始运用学生教学质量评价监控教学质量，有许多工作亟待展开。一方面，大学应将现有测评的所得信息运用到位。如向每一位教师提供反馈信息，而不仅仅是院校领导找被评为不合格的课程教师谈话；对测评所收集的数据进行较为深入的统计分析，从而制定出科学的各项指标间的权重系数。另一方面，中国大学也应立足于教师素质的现实，通过借鉴，健全教学质量评价指标体系，进而通过课程评价提高教学质量，通过课程评价提升大学精神。

（三）对大学课堂教学质量评价主体的思考

1. 起始阶段：主体单一

中国大学课程教学质量评价虽然起步较晚，但发展较快，主要形成了三种评价模式。

第一种是以专家评价为主的评价模式。从 20 世纪 80 年代末期开始，为了阻止教学质量下滑，各高校专门成立了教学督导组，由各学科教学经验丰富的专家（大多是退休或临近退休的教授）负责一线教学质量的检查。专家们通过查听课等形式，对课程和课堂教学的情况进行评价，评价结果直接向教务部门反映，教务部门将结果通报给各院系主管教学的领导，供教师职称评审和评选优秀教师时参考。从实践效果看，这种评价对学校教务机关宏观控制全校教学质量确有帮助，对有教学经验的老教师指导年轻教师提高教学水平也有好处。但是，由于督导组人数有限，听课次数有限，很难准确反映每个教师的教学情况和每门课程的教学质量。目前，这种评价模式是中国大学课程教学质量评价的主流。

第二种评价模式是同行评价，由各系教师互相听课进行评价。同行之间对学术水平和教学水平比较了解，因此，评价结论相对准确，而且对促进教学法研究、集体备课以及统一课程要求有好处，但是由于教师的课程教学和学术研究负担较重，难以使这种评价制度化、经常化和规范化，教师组织结构的松散特点也决定了这种模式作为一种独立的评价模式很难有效坚持。

第三种评价可称为领导评价。为了直接掌握课程教学的实际状况，不少学校的校、院系主管教学的领导也经常深入教学一线查听课，并形成制度，每次查听课都有专门的评价记载。这种评价虽然在形式上只能作为课程教学质量评价的一种补充，但由于评价者的行政权威，影响较大。①

2．引入学生评价，主体走向多元化

教育部印发的《关于加强高等学校本科教学工作提高教学质量的若干意见》提出，各高校要把教学工作作为教师职务聘任的重要标准，建立健全教学质量监测和保障体系。为此，一些高校提出“教学为本、质量为本、教师为本、学生为本”的教学理念，在建立课程教学质量评价监控机制的过程中，加大了学生评价的力度，出现了三种学生评教的形式。第一种是以南京大学为代表的学生教学评议小组，学生评议小组定期开展评教活动，学校认真听取学生意见，并将学生意见与教师职称晋升评定和岗位津贴发放挂钩。第二种是以武汉大学为代表的学生信息员，武汉大学专门聘请了1000余名学生信息员，每学期对任课教师的教学情况进行评价，并将教师的教学效果、教学工作量同职称评聘、报酬待遇挂钩。第三种是以华北电力大学为代表的学生直接评教，所有学生均参加评价，采取无记名填涂的方法，对任课教师的课堂教学情况进行评价，评价内容包括教师的职业道德、教学内容、教学方法、教学水平、教学效果等方面。教务处对回收的学生问卷进行统计，并将结果反馈有关单位负责人。对排名在最后10%的教师，由院系负责人通知本人并要求其提出整改意见。学生评价结果将与教师年度考核、评优晋级、提职和职称评聘等方面直接挂钩。为提高对教师教学质量评价的客观性和准确性，该校还成立了由教务处和学生处双重管理的学生社团“学校教学信息部”，定期就教学改革和教师上课等情况收集学生意见。

近年来，部分高校采取了四元评价模式，分别从专家、学生、同行、领导四个渠道采集评价数据，将评价权重分别确定为专家25%、同行15%、学生50%、领导10%。经实践检验，这种评价模式效果较好，基本能反映课程教学的实际。

第二节　运用教学评价手段促进教师专业发展

促进大学教师专业发展成为世界大学教育改革的重要领域，各国都希望通

① 蓝江桥，冷余生，李小平等．中美两国大学课程教学质量评价的比较与思考．高等教育研究，2003，24（2）：96-100.

过教学改革和教师专业发展来保证教学质量。在英国制定的《教师专业标准》（Professional Standards for Teachers）中，从教师的专业品性、专业知识和理解、专业技能的基本要求三方面对教育资质进行了明确说明，对不同职称的教师在这三方面的规定也体现了层级性的要求，为教师的专业化发展提供了基本参考依据。其中专业品性是一个合格教师所应具备的专业理想、情操和性向等特质，主要侧重于教师的非智力因素方面。专业知识和理解主要指教师在专业知识方面的素质，既包括教师的一般文化知识，又包括学科知识、教学法知识和个人实践知识。专业技能包括一般能力和与教学有关的特殊能力。[①]英国的《教师专业标准》体现了教学评价对教师专业发展的重要性。

一、建立评价制度促进大学教师专业发展

目前，我国高校没有针对教师专业发展制定出相应的举措，主要是在聘用新教师时进行简短的教师培训或进行短期的脱产进修。早在1996年，国家教委就颁布了《高等学校教师培训工作规程》，试图将高校教师培训工作制度化。1999年，为应对高校扩招对于师资的压力，教育部印发《关于新时期加强高等学校教师队伍建设的意见》，强调通过强化教师培训，提高教师队伍素质。2018年，中共中央、国务院颁布的《关于全面深化新时代教师队伍建设改革的意见》指出，全面提高高等学校教师质量，建设一支高素质创新型的教师队伍。着力提高教师专业能力，推进高等教育内涵式发展。搭建校级教师发展平台，组织研修活动，开展教学研究与指导，推进教学改革与创新。加强院系教研室等学习共同体建设，建立完善传帮带机制。全面开展高等学校教师教学能力提升培训，重点面向新入职教师和青年教师，为高等学校培养人才培育生力军，让科学家同时成为教育家。

无疑，这些决策符合高校教师专业发展的潜在需求，但是在实际的教师培训工作中却存在着严重的缺陷。如培训过程体现和发挥教师的主体性不够；培训不注重教师和培训者双方的专业发展及工作生活质量；培训双方的社会交往和互助活动缺乏；没有把培训课堂当作增强课堂教学技能及改进工作的演练场；整个培训过程缺少研究性特征。[②]

美国学者伯威格斯特、菲利普斯和盖夫在构建教师专业发展理论模型时，

---

① 孙珂，马健生．促进教师的专业发展：英国教师教育标准述评．比较教育研究，2011（8）：30-34.

② 林杰．大学教师专业发展的内涵与策略．大学教育科学，2006（1）：56-58.

从制度层面提出一个观点：任何大学教师专业发展都是在一定的制度环境中进行的。无论其专业发展的维度与组成部分之间如何交叉、重叠、相互作用，它们都是在一定的环境中进行的。[①]教学评价就是一种制度的体现，其评价内容和标准既为大学教师专业化发展限定了方向，也为其进一步发展提供了适宜的土壤。

教师评价最重要的职能之一是可以激发教师进行自我反思，促进教师的成长。如同西方学者鲍尔在谈到教师评价时所指出的，“教师接受评审面试的经验既像向神父告解，又像见心理医生，被评审者需要自我表白。在循循善诱下，被评审者不但要招认自己的弱点，自我批判，还要主动找出惩罚或改造自己的方法”[②]。福柯指出，这种评审其实是一种塑造自我的技术。个体通过自己或别人的干预，改造自己的身体、灵魂、思想、行为操守甚至为人处世之道，以得到快乐、纯净、智慧、完美甚至永恒[③]。

教师评价需要强调教师的学术科研能力和教学能力。大学教师作为一个特殊群体，一般通过学术体现价值，如各类论文杂志、会议论集、科研项目数量等。而针对教师教学水平的评价资料却严重不足。国家教学名师，省市级、校级的教学名师奖，学生的课堂评价结果等，可以反映出教师的教学水平，但和科研评价相比，还存在评价条目数量不足，缺乏硬性指标，重视程度不够等问题。

目前，国内大学教学评价普遍存在舍本逐末的问题，只强调教师的科研能力，而忽视了教学能力的考查。这样的科学研究在学校里就失去了存在的目的。诚然，学术性是教学的内在品质，没有学术素养就不会产生高水平的教学。但是，有了高水平科研并不能保证就会有合格的教学。因此，只有高度重视教学活动和教学效果，才能有效推动教师教学能力和学术水平的同步提高。一直以来，大学对教师的科研成果可以进行量化的评估，而对教师的教学工作却无法做到全面客观、具体细化的评估，对教师的教学工作也缺乏必要的鼓励，致使有些教师误以为教学不受重视，而几乎将全部精力放在科研工作上，失去了提升教学能力的积极性。大学管理层必须充分认识到教学工作在大学各项工作中具有绝对重要性，必须想尽一切办法帮助教师积极投身人才培养工作，必须对优秀教师进行大力度奖励，使大学的教学工作真正成为令人羡慕的工作，使卓越教师有尊严的工作。北京师范大学党委认为应该将教学人才与科研人才的荣誉称号等同对待。学

① 陈家刚，鲍同梅．国外高校教学反馈：手段、特点及对我国高校的启示．现代教育科学（高教研究），2008（6）：153-155.

② 华勒斯坦，鲍尔，霍斯金等．学科•知识•权力．刘健芝等编译．北京：生活•读书•新知三联书店，1999：143.

③ 转引自：田爱丽．构建促进教师专业发展的评价模式．上海：华东师范大学硕士学位论文，2003：5-6.

校领导提出国家级教学名师等同于长江学者，省部级教学名师等同于青年长江学者。北京师范大学于2018年开展“四有”好老师终身成就奖和金质奖章荣誉称号的评选活动。从文理科中各评选一位终身成就奖获得者，给予每人100万元奖励。每年从文理科中各评选10位教师授予金质奖章荣誉称号，给予每人10万元奖励。

二、“青教赛”专家评课促进大学教师专业发展

北京师范大学“青教赛”是一个典型的专家评课活动，对评价的过程和结果都很重视，例如专家现场点评，赛后对获奖教师的肯定，这种辐射对所有教师都是一种精神激励，而不只是对教师上课情况的定性描述，把评价、反思、改进完全融为一体，真正为教师专业发展提供了平台和专业保证。

（一）赛事回顾

1．历程

20世纪80年代末，全国教育系统各级各类工会积极探索开展形式多样的职业技能竞赛活动。在北京师范大学工会的倡议下，1991年5月3日，首届“青教赛”在北京师范大学开锣，开启了全国高校工会首家牵头组织青年教师教学基本功比赛的先河。

从1991年开始，连续6年举行了六届“青教赛”。到1995年，北京市教育工会才举办了首届北京高校青年教师教学基本功比赛。随后每年一届的北京师范大学“青教赛”从第七届开始改成每两年举办一届，截至2017年底已成功举办了15届。

2．规则

校工会、教务处、人事处、研究生院、教师发展中心等部门通力合作使赛事有条不紊，善始善终，通过赛后的总结提高与专家评选，修订了教学设计方案，细化评价指标体系，设置单项奖，增加比赛即时点评反馈、学生辅助评选等环节，有效做好传承和创新。

比赛组别分为文科研究生教师、文科本科教师、理科研究生教师、理科本科教师4组。起初要求学校35岁以下青年教师参赛，随着规模的扩大，调整为本校40岁以下教师参加。在学校统一组织青年接收教学能力培训的基础上，学

院根据参赛人数可组织院系初赛选拔，最后集中两天时间在学校进行公开演示，各组评委现场打分。所有选手通过教案设计环节和现场讲授两个环节的考核，每一组分设一、二、三等奖，另外还设有最佳教案、最佳板书和最佳 PPT 单项奖。在教案设计和现场讲授时间上，第十一届之前的现场讲授都以 20 分钟计算，从第十一届开始，教学演示由 20 分钟调整为 15 分钟。之前教案按照一堂课 50 分钟进行设计，但现在比赛按照 15 分钟设计。在第十二届比赛中，在文科组特设一分钟即时点评环节，强化及时反馈效果，创新比赛形式。同时，为了让参赛教师的精彩授课能够使更多的学生和新教师受益，组委会在整个赛事中还邀请新教师和公费师范生观摩。前十一届比赛内容设计基本都是满足本科生教学，随着研究生教学人数的增加，以第十二届为试点，在第十三届比赛设计中正式增加了针对研究生的课程设计，在评价标准中也体现了不同。

（二）评分要求

1. 已有评分表

前十二届的比赛评分表基本沿用了一种思路：从教案、教学演示和总体印象三个维度进行评价，分别占总分值的 30%、60% 和 10%；教学演示又主要从教学内容、教学活动、教学语言与教态、板书（传统板书或电子板书）四个方面评价。依据评价内容又给出了具体的评价标准，给每一条标准附上相应不等的分值，如在对教案设计的评价标准中“教学目标明确，符合课程大纲要求，注重学生全面发展”这一项是 3 分，而“正确选择和运用信息技术，多种媒体优化组合”这一项是 8 分。

这种评分方式科学合理，指标要求具体，指标权重各有侧重，直接和大赛组织的价值导向相关。但在实际运用中，出现了较多问题。评委无法在现场的有限时间内依据这样的操作标准逐一评分。因此，第十三届比赛对评分表的内容和形式都进行了修改，充分体现操作性、专业性、共识性、可靠性、有效性的评分原则。

2. 重新修订评分表

新的评分表通过文献分析、专家访谈、问卷调查最后确定了评价内容、标准和指标权重。整个评价量表分为教案、内容、讲授、媒体和总体印象，分值比例分别为 20%、30%、30%、10%、10%，教案的评价侧重目标内容和形式手段，内容评价限定在实践性与学术性、深度与广度两方面，讲授评价体现在语言与教态、师生互动、课堂组织三方面，媒体评价侧重于设计与运用层面，总体印象评价包括教学风格和应变能力。每个评价目标都有一些具体的评价指标，和以前评价指标不同的是，每个指标后面并没有具体分值，更具有操作性，更为简洁直观。

（三）效果分析

1．一批名师脱颖而出

从北京师范大学第一届到第九届“青教赛”获奖教师的发展情况来看，“青教赛”对教师的发展功不可没，截至2017年，据不完全统计，其中，获得国务院特殊津贴1人、新世纪百千万人才国家级人选1人、长江学者特聘教授1人、青年长江学者1人、国家“万人计划”教学名师1人、教育部高校青年教师奖2人、入选教育部跨世纪人才培养计划5人、国家级教学成果奖一等奖1人、高教教学成果奖一等奖1人、主持国家级精品课程1人、宝钢教育基金优秀教师奖4人、北京市优秀教师2人、北京市教学名师奖1人、北京市师德标兵1人、北京师范大学“十佳教师”3人。

2．为市级“青教赛”提供充分准备

学校举办教学比赛为教师参加北京高校青年教师教学比赛做好了充分准备。在北京高校七届基本功比赛中，北京师范大学先后有22位教师参赛，10人获一等奖，7人获二等奖，4人获三等奖，北京师范大学连续五届获“优秀组织”。如参加第七届市级比赛的北京师范大学4位教师均是以往两届学校“青教赛”一等奖获得者。王向远、孙迎新、于丹、康震、王东平、王洛忠、梁振华、梁颖、卜师霞、黎坚等曾在“青教赛”中获奖的教师，目前已成为学校工作的各个方面成为中流砥柱。

3．作为品牌活动得到社会认可

历经20余年的发展，“青教赛”已成北京师范大学工会的品牌活动。2008年，获北京师范大学教学成果奖；2010年，第十二届“青教赛”荣获了学校年度十大新闻奖。这一活动也得到了北京市教育工会的高度认可，并将之立为特色活动加以推广。1995年，北京市教育工会组织了北京高校第一届青年教师教学基本功比赛。在北京市高校青年教师教学基本功比赛的影响下，北京各高校也极力搭建平台，为增强本校青年教师教育教学专业素养，提高教学基本功做了大量工作。

“青教赛”作为一种外在的评价形式，对提升教学质量发挥了一定的导向作用，但要真正改变教师对教学的态度，提升教学研究的自觉性，还需要积淀更为丰腴的教学土壤，使教师自觉形成不断反思教学的习惯和行为。

第三节 “青教赛”评价指标体系的设计与实施

北京师范大学《关于提高课堂教学质量的指导意见》指出，大学教师要更新教学理念，以学生发展为本，深化启发式、对话式教学，指导学生进行创新性学习，充分利用和开发网络教学资源；优化教学内容，加强教学内容的广度、深度和难度，将最先进的科研成果转化为教学内容，增强教学内容的挑战性；改进教学方法，开展问题导向教学，启发并引导学生提出问题、自主探索、解决问题，勇于表达自己；发展融合教学，注重指导学生将课内与课外、自主与合作、阅读与研讨、线上与线下等环节相融合。基于该指导意见，北京师范大学“青教赛”构建了专家评审指标体系。

一、评价指标体系设计的主要依据

（一）大学教师专业内涵

林杰教授认为，大学教师的素质应包括教师专业知识、教学基本技能、反思教学实践以及管理能力等几方面。[①]许迈进等学者认为，大学教师专业内涵包括三个能力维度，即知识内容、教学技能和专业态度；七项主能力，即学识基础与素养、内容开发与拓展、教学反思与研究、课堂组织与监控、教学表达与交往、角色情感与倾向以及学术魅力与品格。[②]2004 年，教育部颁布了《普通高等学校本科教学工作水平评估方案（试行）》，其中专家听课评价表包括十项评价指标：①讲课有热情，精神饱满；②讲课有感染力，能吸引学生的注意力；③对问题的

① 林杰．大学教师专业发展的内涵与策略．大学教育科学，2006（1）：56-58.

② 许迈进，章瑚纬．研究型大学教师应具备怎样的教学能力？——基于扎根理论的质性研究探索．浙江大学学报（人文社会科学版），2014，44（2）：5-15.

阐述深入浅出，有启发性；④对问题的阐述简练准确，重点突出，思路清晰；⑤对课程内容娴熟，运用自如；⑥讲述内容充实，信息量大；⑦教学内容能反映或联系学科发展的新思想、新概念、新成果；⑧能给予学生思考、联想、创新的启迪；⑨能调动学生情绪，课堂气氛活跃；⑩能有效地利用各种教学媒体。[①]

由此看来，大学课堂教学质量主要决定于教师所具有的教学理念、学科知识水平、教学方法与策略、教学态度等因素。就目前评估大学教师教学活动质量而言，存在着对教师教学能力评价不充分、不系统、不全面的情况。

（二）对高校学术性研究的反思

教学活动处于大学功能的重要地位，同时，大学教学本质上是一种学术性活动。美国卡耐基教育基金会主席博耶在《学术水平反思——教授工作的重点领域》[②]中提到四种学术：发现的学术、综合的学术、应用的学术和教学的学术。大学教师是以这四种学术为工作内容的群体，教学学术水平不仅是他们的学术生命组成的重要部分，也从一个方面反映了大学这一学术组织的学术水平。[③]从更深层次上看，教学学术还意味着教师不断生产知识与应用知识，教师只有以理性态度看待教学问题，在潜心研究中把理论与实践相比较，生成教学学术，才能增强教学工作的自主自为性。这就要求教师对教学对象、教学内容、教学方法等进行研究，提升教学学术性。[④]

（三）“青教赛”专家组观点

北京师范大学原校长王梓坤院士，在《站在大学讲台上——北京高校第四届青年基本功比赛教案选编》一书中写道：“讲课有两个层次，一是目标明确，内容准确精练，逻辑性和科学性强，表达清晰，书写端正，由易到难，循序渐进，时或有幽默、诙谐和趣味；二是讲课有感情，有体会，有惊奇，有赞叹，能调动学生的好奇心和探索愿望，如能有自己的新观点、新发现，或提出启发性的新问题，那就更好了。”[⑤]在北京师范大学第九届“青教赛”中，评委王向远教授将优秀教

① 张慎霞．课程教学效果评价还是教师教学水平评价——对改革和完善高校教师教学质量评价的思考．现代教育技术，2011（3）：61-63.

② 欧内斯·L．博耶．关于美国教育改革的演讲．涂艳国，方彤译．北京：教育科学出版社，2002：78.

③ 吕达，周满生．当代外国教育改革著名文献（美国卷．第三册）．北京：人民教育出版社，2004：18-23.

④ 张振民，赵显利．站在大学讲台上——北京高校第四届青年基本功比赛教案选编．北京：北京理工大学出版社，2004.

⑤ 张振民，赵显利，站在大学讲台上——北京高校第四届青年教师教学基本功比赛教案选编．北京：北京理工大学出版社，2004：1.

学的特点概括为：一是有个人的学术特色，有个人独特见解，思想活跃，有激情、有才气、有感染力，能吸引人，但个人观点不可“偏激”，材料运用要恰当；二是有学术含量，勿讲“正确的废话”，科研水平高是教学水平高的保证；三是有信息含量，单位时间的高效学习，切忌课堂松垮，达不到应有的信息密度。评委何香涛教授将评课标准概括为以下几点：第一，讲清楚基本概念与原理，指导学生的课下学习；第二，课堂气氛轻松、幽默；第三，即使缺少教学媒体辅助，也能通过语言准确、流畅地表达教学内容，启发学生思维；第四，教师通过自身的学养，引导学生达到高境界。各个评委结合自己的教学实践与对教学的深刻理解，对“教学基本功”的内涵和外延已形成十分深入、全面、系统的观点，都认为教学内容、教学方法和教师个人素质为教学基本功的核心因素。

二、评价指标体系的设计方法

评价指标体系设计从方法应用、内容设计、组织引导及教师教学的个性化品质四个方面进行数据收集，其中方法应用涉及语言、教态、媒体应用、板书和直观性教学的能力；内容设计涵盖了知识面、学术性、信息量、专业性、思想性和创新性；组织引导涉及目标导向、节奏掌握、师生关系、条理性、启发性和媒体选择；课堂教学活动的个性化品质则考虑到教师的亲和、机智、干练、熟练、引导和学习等类型特征。

借助问卷方式，首先对所要评价的指标进行分层处理，区分教学所需要掌握的基本能力和较高层次技能，然后赋予指标不同的权重比，最后形成完整的教学评价体系。

对北京师范大学教师和学生发放问卷，问卷内容由两部分组成。第一部分是从四个方面的评价内容中，选出最重要的教学能力指标；第二部分是对所有指标从非常重要、重要、不重要、非常不重要四个等级进行评定，四个等级分别赋值 4、3、2、1，最后累计每一项指标的得分。

（一）指标选择

1. 教师投票结果

将每一项能力的六个指标按主次排序，在方法应用方面，教师认为，优先考查讲解生动直观、语言富有逻辑、语速适中、普通话标准，而媒体应用、肢体语言、仪态仪表和板书次之；在内容设计方面，教师优先考虑基础扎实、体系设计严谨、资料丰富，其次是思想性、创新和前沿程度；在组织引导方面，教师把目标导向、启发引导、讲解透彻放在优先考虑位置，而课堂节奏控制、师生关系融洽、媒体选择放在次要位置；在个性化品质方面，教师赞同把教学机智、内容熟练、善于营造气氛放在首要位置考虑，而把学习型、引导型和干练型的个性品质放在次要位置。

2. 学生投票结果

在方法应用方面，学生认为优先考查生动直观讲解、语言富有逻辑、语速适中、普通话标准，而媒体应用、肢体语言、仪态仪表和板书则次之；在内容设计方面，学生则优先考查基础扎实、体系严谨和思想性，其次是创新、资料和前沿问题；在组织引导方面，学生则认为目标导向、节奏控制、讲解透彻放在首要位置，启发引导、关系融洽、媒体选择放在次要位置；在个性化品质方面，学生赞同把教学机智、内容熟练、善于营造气氛放在首要位置考虑，而把学习型、引导型和干练型的个性品质放在次要位置。

（二）权重赋值

1. 教师赋值结果

根据教师选择结果，对于方法应用、内容设计、组织引导和个性化品质构成的 24 个指标，将其分成权重不等的三个等级：第一等级是得分在 500（含）分以上的指标，第二等级是得分在 460（含）～ 500 分的指标，第三等级是 460 分以下的指标。第一等级的 9 项指标中，内容设计占四项，组织引导占三项，个性化品质和方法应用各占一项；位于第二等级的 10 项指标中，个性化品质占四项，内容设计、组织引导和方法应用各占两项；位于第三等级的 5 项指标中，方法应用占三项，个性化品质和组织引导各占一项。由此来看，内容设计和组织引导的权重较大，个性化品质次之，而方法应用的权重较小。

2. 学生赋值结果

根据学生选择结果，对于教学方法应用、内容设计、组织引导和个性化品质构成的 24 个指标，将其分成权重不等的三个等级：第一等级是得分在 1025（含）以上的指标，第二等级是得分在 945（含）～ 1025 分的指标，第三等级是 945 分以下的指标。第一个等级的 9 个指标中，内容设计占四项，组织引导占三项，个性化品质和方法应用各占一项；第二个等级的 8 个指标中，个性化品质占三项，组织引导和方法应用各占两项，内容设计占一项；第三个等级的 7 个指标中，方法应用占三项，个性化品质占两项，内容设计和组织引导各占一项。由此看来，内容设计和组织引导的权重较大，个性化品质次之，而方法应用的权重较小。

三、对评价指标体系的建议

（一）评价指标

根据以上指标选择和权重赋值的结果来看，教师和学生在方法应用和个性化品质方面意见一致，在内容设计和组织引导方面略有不同。在内容设计方面，教师优先考虑基础要扎实、体系设计严谨、资料丰富，其次是思想性、创新和前沿程度；学生则优先考查基础扎实、体系严谨和思想性，其次是创新、资料和前沿问题。教师作为内容设计者，主要从提供资料的角度，尽量做到占据丰富的资料，但学生从对资料的学习和理解的角度，希望内容设计有新的思想。在组织引导层面，教师认为，应该优先考虑目标导向、启发引导、讲解透彻，其次才是课堂节奏控制、师生关系融洽、媒体选择；学生则认为，应将目标导向、节奏控制、讲解透彻放在首要位置，启发引导、关系融洽、媒体选择放在次要位置。分歧最大的是启发引导和节奏控制两个指标，教师从学生自主学习能力培养入手，认为启发引导更重要，而学生则从教师讲解入手，希望教师把握课堂节奏，认为教师讲解比培养学习能力更重要。因此，尽管网络技术对学生的学习影响很大，但学生还是更加看重教师的课堂教学。

总之，在教学方法应用、内容设计、组织引导和个性化品质四个内容的评价指标选择中，师生观点差异不大。对于指标的层级关系基本认同，越处于次要位置的指标越是教师应该具备的基本能力，而重点关注的指标则是较高层次的能力。

（二）指标权重

教师应该具备的基本能力的权重较小，而更高层次的能力权重较大。从问卷处理结果来看，师生普遍认为，基本方法类的知识应该是教师教学必备的，其差异性不大，其权重值较小，如板书、媒体应用技能、语言及教态等。师生共同认为，教师个性风格方面的表现应居于第二位，如熟练型教师、机智型教师和亲和型教师，权重比值比方法应用能力大。师生共同认为，教师学术知识及对课堂教学的组织引导应该是教师较高层次的能力，在对其教学能力的考查中应该占据首要位置，其权重比值最大。例如，师生一致认为，教师扎实的专业基础应该是第一位的。从重要性程度来看，排名前五项的指标中，师生共同认可的有四项，分别是扎实基础、内容思想性、启发引导和讲解透彻。教师教学效果的差异主要源于教师在专业知识和教学组织两方面能力的不同。但是，以往“青教赛”的评分标准强调基础性和可塑性，教学活动的权重大于教学内容，语言、教态与板书的权重大于总体印象。“青教赛”把重点放在教师“教学能力”的考查上，缩小教师个性品质及风格方面的权重比值，将教学方法应用的权重比值加大，其中包含了媒体应用能力。同时出于对大学教学学术性的考虑，增加了对教师教学专业知识的评价力度，将内容设计和教学组织能力的权重比值调至相同。

（三）评价体系的生成

通过评价指标和权重比较后，将基础性能力和权重较小的指标重新合并，而将较高层次的能力和权重较大的指标组合，最后形成了内容、讲授、媒体和总体印象四个评价维度。根据大赛组委会的要求，将教学教案也作为考查教师能力的一项指标，而其考评指标暂时沿用以往标准。最后，整个评价内容由五个维度构成。其中教案限定在目标内容和形式手段两方面，权重各占 10%；内容评价限定在实践性与学术性、深度与广度两方面，权重各占 15%；讲授评价体现在课堂组织、师生互动、语言与教态三方面，权重各占 10%；媒体评价侧重于设计与运用层面，权重占 10%；总体印象评价包括教学风格和应变能力，各占 5%。

也有学者为北京高校第六届青年教师教学基本功比赛设计了双主体结构化的评价体系，即评分表共由两个主体和六个模块组成，专家的评价体系分为“讲授、演示、互动”三个模块，学生的评价体系分为“听、看、学”三个模块；专家评价注重教学活动的过程，学生评价更侧重于教学效果。[①] 设计者从教学行为层面分析了教师的具体教学过程，即整个教学过程可分为单纯的语言讲解、借助媒体工具的展示和教与学双方间的互动策略。这其中有分类的合理性，但难免将整体的教授过程割裂开，缺乏系统的课堂组织引导，无法准确判断“容易理解”、“形象有趣”、“触动较大”及“富有启发”是教师的哪一种行为在发挥主要作用。另外，在对讲授、演示、互动各项目进行附值的过程中，采用了平均分值法，没有考虑到各教学环节的能力层次要求。这种权重附值和评价导向有关，如果评委或比赛组织者认为教学环节的能力同等重要，可以采用平均分值法，但这一点是否得到师生的认可，直接关系到评价的效果。

---

① 郑珠，魏钧，刘凯. 高校课堂教学评价体系设计——北京高校第六届青年教师教学基本功比赛案例研究. 中国大学教学，2010（8）：86-88.

（四）两组评分表的比较

前十二届的比赛评分表设计思路是：从教案、教学演示和总体印象三个维度进行评价，分别占总分值的 30%、60% 和 10%；教学演示主要从教学内容、教学活动、教学语言与教态、板书（传统板书或电子板书）四个方面评价。如果以 60 分计算，教学内容占 20 分，教学活动 25 分，教学语言与教态 9 分，板书 6 分。依据评价内容又给出了具体的评价指标，在每一条指标上附上相应不等的分值，如对板书的评价指标“文字规范、图表清晰，美观”这一项是 3 分，而教学活动中“教学活动多样灵活，教与学活动有机结合，突出学生的主体性”这一项是 7 分。评委们依据这些指标，在观看比赛的过程中进行打分，先给出每个指标的得分，再累加得出总分。

由于原有评价量表的每个评测指标都需标出分数，依据每小项得分累加得到选手总分，不利于专家在短时间内给选手评分，故将评价量表重新进行了修订。通过文献分析、专家访谈、问卷调查，最后确定了新的评分表评价标准、指标及权重。整个评价量表分为教案、内容、讲授、媒体和总体印象，分值分别占到 20%、30%、30%、10%、10%，教案的评价侧重目标内容和形式手段，内容评价限定在实践性与学术性、深度与广度两方面，讲授评价体现在语言与教态、师生互动、课堂组织三方面，媒体评价侧重于设计与运用层面，总体印象评价包括教学风格和应变能力。每项评价内容都有具体的评价指标，和以前评价指标不同的是，每个指标后面没有具体分值。

四、实施效果

（一）满意度调查

通过对收回的 23 份评委问卷的处理发现，评委对评价指标的设定及权重比较为满意，但是，评委根据现场评分的情况，希望评分表的指标要求可以再做进一步的简化。23 名评委中，首次担任评委的有 11 位，在以往比赛中担任过评委的有 12 位。

（二）修改建议

1）评价指标：删除总体印象这一考核指标；因无时间对照教案内容听课，建议现场评分表不包括教案条目；将语言和教态分列两个条目；分开考查板书和媒体设计，突出板书的运用，强调其科学性、严谨性以及教师的基本技能。

2）指标要求：应变能力无法评价，建议增加衣着要求；讲授应突出创新性及教学针对性，是否适合授课的对象，提升学科含金量；建议考察教案设计与实施的吻合度；建议考虑如何彰显参赛教师的个性、创造性。

3）记分方式：建议首先初评，再全面综合评分，避免受出场次序的影响；参考平时授课评分，或加入此项评分（如督导评分和学生评分结果）；建议总体印象内的两项并入讲授，加大讲授权重；进一步简化评分项，建议将评分指标合并为5项，给分点不宜太多，只记分项总分；也可考虑将教案、教学内容再细化，分为3～4项。

在第十三届“青教赛”颁奖现场，北京师范大学常务副校长史培军教授指出，大学教师要教学科研并重，两者都不可或缺。当好大学教师，要有扎实的专业知识、认真的教学态度和较强的科研能力，注重将科研成果以最快的速度通过课堂传授给学生。他强调，教育教学工作是提升人才培养质量的核心工作，必须给予高度重视。本届教学基本功比赛增设了研究生教学组，把本科生教学和研究生教学区分开来，体现了对研究生教学重要性的关注和特点、规律的尊重。今后，学校将更加高度重视本科生教学和研究生教学工作，两者同等重要。

陈光巨副校长发表了即席讲话。他认为，这种比赛模式有它自身的局限性，今后应当改进比赛模式，将教学基本功比赛融入开放式教学过程和培养创新人才体系中，通过实际自然的教学环境来展现和评价一个教师的真实教学水平。

第七章

北京师范大学“青教赛”的教育叙事

本章从“青教赛”参赛者中精选了文、理科各两位教师，通过教育主体叙述教育教学中的真实情境，了解教师的参赛体悟与收获、教学理念和教育信仰，展开对教育现象的探索和对教育问题的研究。教育叙事有助于教师解决教学过程中遇到的问题，提高自我反思的意识和能力，不断创新进步，同时也为他人提供了学习的蓝本。

第一节　文科教育叙事

一、沉稳，自然，随和——文学院卜师霞副教授的教育叙事

高中毕业后，卜师霞遵循父母意愿进入了吉林师范学院学习中文专业，研究生毕业后选择留校，于 1998 年开启了自己的教师生涯。2002 年，卜师霞进入北京师范大学，师从王宁教授，攻读博士学位，毕业后留校任教。卜师霞说：“讲课时，学生能跟着我的思维徜徉，并及时做出反馈，我就很快乐；但如果由于自己状态不好，没有得到预期的学生反馈，我就很失落。”

（一）“青教赛”的体悟与收获

在参加“青教赛”之前，卜师霞对课堂教学已经有了一定的体悟。但真正开始系统地掌握和提升教学方法和教学技能，是在准备“青教赛”的过程中。在备赛阶段，她拓宽了教学视野，提升了教学理念，对自己的课堂和教学方法进行了系统和具体的反思，对教学产生了深刻的认识。

1．沉稳自如地站上讲台

卜师霞认为，在“青教赛”中最大的收获是获得了教学自信，让她在设计课堂和临场发挥时更加收放自如。在备赛过程中，通过与朝夕相处的各位师长、同门的深入交流，强化了自己对专业的热爱、执着和孜孜不倦的追求。在学院领导的鼓励与建议下、评委老师的指导与点评中，卜师霞在改进教学技巧的同时，更增加了自己的教学自信。

2．熟练使用教学设备

参加比赛前，虽然卜师霞有时也在课堂上使用多媒体等设备辅助教学，但对于具体该在什么时候使用、怎样使用始终没有进行具体总结。经过紧张的比赛和大量的练习，卜师霞对 PPT 的使用逐渐得心应手，并能将多媒体设备与教学有机结合。由于讲授的课程是古代汉语，卜师霞认为，多媒体在课堂中主要起辅助作用。由于课堂知识量大，如果只使用 PPT 进行讲授，会出现课程重点不够突出、讲课速度过快的问题；如果不使用多媒体设备，又容易使课堂缺乏直观性。所以教师要注重使用多媒体的时机和程度，将多媒体这一工具有效地掌握在自己手中。

（二）教学态度和教学方法

1．课上讲授与课下探究相结合

卜师霞认为，在平等关注每位学生的基础上，对不同学生要采取差异性的教学方法，要根据实际情况使用探究式学习、讨论学习等方法；在传授基础知识的同时，也要注意引导学生的思维方法和学科理念。

> 知识性的东西几年以后很多同学都可能遗忘，但如果这门课能在思维方式和探究方法上给学生以训练，会对他们产生更加深远的影响。①

① 这是访谈的内容。

卜师霞强调课上讲授与课下探究相结合的教学方式，在课上，一方面讲授课程知识，完成教学目标；另一方面注重对学生学科思维的培养；在课下，引导不同基础的同学自主探究、夯实知识，体会课程的乐趣。不论是对中国学生还是外国学生，她都希望这门课能为学生带来一些知识之外的东西。

古代汉语课程中，涉及很多古代流传至今的优秀典籍，这些典籍蕴涵着中国悠久的文化传统。我在讲课时，希望能把这些典籍中具有魅力的内容挖掘出来，借此引发同学们更深的思考，通过这种传统文化的熏陶，使同学们领会到古人的家国责任和人生智慧，从而对学生一生的为人处事提供指导，使同学们养成通达、淡然的性格，对他们产生长远、积极的影响。

2. 注重逻辑、表达，提升课堂效果

卜师霞非常注重课堂的逻辑性，她在每次备课时，都要把教学内容从头到尾地打磨，保证逻辑严密，设计流畅。卜师霞认为，只有课前把整堂课的逻辑梳理清楚，在讲课时才能游刃有余，确保把要讲的内容完整地传达给学生。另外，要站在学生的角度考虑他们的需求，细心观察学生反应，从而有的放矢，提升教学效果。一堂好课永远有着很大的提升空间，教师要精益求精，不断打磨。

卜师霞认为，上课时教师的表达能力同样非常重要，教师精彩的表达能够吸引学生的注意力，激发学生的兴趣，引导学生的思维。卜师霞也十分注重与学生的互动和学生的反馈。

3. 结合课堂特点，以板书为主，以 PPT 为辅

结合古代汉语课程知识量大、基础知识多的特点，卜师霞认为在课上记笔记非常必要。在卜师霞的课上，PPT 主要起纲领性的作用，这种纲领能够支撑课堂框架，让重点、难点一目了然。但是，PPT 的内容不能取代笔记，学生必须自己记笔记。卜师霞认为，这样既能够利用好 PPT 及时性、便捷性的特点，避免了发放讲义的麻烦，又能够使课堂的节奏慢下来，使学生能够通过记笔记加深印象、深入思考、发现问题，更好地掌握课堂内容。卜师霞非常注重板书的作用，她认为，写板书一方面能够加深同学的印象；另一方面，也能使重点更为突出，课堂更为生动有趣，比如在讲授篆书的文字时，如果教师亲手在黑板上把篆书的文字写下来，会让学生觉得“这个老师很厉害”，课堂也更生动有趣。这种自然的师生交互方式难以被新型的多媒体技术所取代。

（三）亦师亦友的师生关系

卜师霞认为，教师也要站在学生的角度讲课。在课上，她从学生的角度去讲授课程并时刻关注学生的反应，在课下，她希望与同学们成为朋友，关注学生的人生发展和思想动态。这种关注也与她在课上所传达出的除了知识以外更深的思想内涵密切相关。这种关注学生、关心学生的思维方式，一方面是她孜孜不倦地提升自我教学水平的动力；另一方面更是她提升教学效果、提高教学能力的目标。卜师霞认为，在日常生活中，教师对学生的鼓励和认可非常重要，作为教师应该多和学生交流，给予他们精神上的鼓励和支持，帮助他们找回失落的自信，找准人生的方向。

二、无心插柳柳成荫——文学院刘丽群博士的教育叙事

比赛与日常教学存在差异。如何将自己最饱满的精神状态、最优秀的教师素养充分浓缩在青教赛特定的时间中，对教师而言是一种极大的考验。比赛时间虽短，但却可以以小见大地反映一个教师的教学素养、生活态度以及精神面貌。教师只有把高尚的教学境界融入生活乃至生命的自觉中，才可以在赛场上游刃有余、取得佳绩。

（一）教师的课堂自觉

由于之前有两位同院系的教师获得了“青教赛”的一等奖，2012 年，刘丽群抱着试一试的心态走上了比赛的讲台。虽起初无心，但刘丽群的获奖必定离不开其本身的教学态度以及多年沉淀的教学素养。

1. 教师的鼓励和熏陶

刘丽群的学术带头人是资深教授王宁先生，虽逾古稀之年，但仍然坚持每学期上课。这一行为潜移默化地影响了刘丽群对教学的态度。尽管她担任教学工作的时间不长，但是她的前辈们的做法让她有了对“教师”这一职业职责的深刻理解和感悟。

刘丽群十分重视备课。她的一节课需要花三天时间准备，工作的前三年，刘丽群把大量时间花在备课和上课中，希望用三年的时间把讲台“站稳”。

2.“青教赛”的影响——审视自我

“青教赛”为刘丽群提供了审视自我的又一机会。针对比赛的有效时长，针

对不同的学习风格，针对不同的学科基础，刘丽群反复调整自己的教学设计方案，逐渐学会删繁就简，学会抓住重点，将自己的教学内容控制在合适的时长中。时间的合理把控体现了刘丽群对教学内容的深入掌握。看似是时间问题，而实际上是教学内容分析的问题。

（二）教学中的反思自觉

1. 给学生举具象的例子

在上汉字学时，由于通论部分是学生以前没有接触过的知识，刘丽群十分注重课堂导入。如在讲授异体字的知识点时，她通过讲解《孔乙己》中提到的茴香豆的“茴”的四种写法，让学生明白何为异体。再从具体的事例导入到抽象的概念。如汉字的形意关系，刘丽群通过汉字的古文字形使学生理解古文字形的意思和意义，再延伸至词语的引申义，让学生学会一种形意分析的方法。刘丽群在上课时注重把抽象的理论具体化，让学生加深对汉字的理解和认知。

2. 因材施教

由于课上没有充足的时间与学生进行互动或让学生自我展示，刘丽群在课后将3500多个汉语诗词梳理成百余条诗句，让学生进行分析，再进行分组展示。她注重学生的反馈，学生提出的问题会促进她进一步反思课程的安排和教学活动的设计。针对不同类型的学生，刘丽群设计了不同的教学任务，以满足不同学生的需求。当学生与她出现分歧时，刘丽群会同他们详细探讨。“以中间水平为准，向较高的水平层次发展”——这是刘丽群的教学原则。

3. 自我提升

刘丽群认为青年教师的必备素质首先是敬业，对待做的事情要认真。即使最初在具体技能上略有不足，例如言语表达，教学设计，板书和教态等，但这些都可以改进。教师们的知识素养是充足的，但教学态度可能会出现问题。其次是对教学内容的不断审视，不断反省教学设计。最后是语言表达。教师要善于表达自己的思想，由浅入深、循序渐进地讲授知识，让学习不是简单地给予，而是使学生自我发现、自我创造。

（三）个人态度的自觉

与大多数人不一样的是，刘丽群在毕业的节点上，都会给自己准备两条出路。在本科毕业时，她通过了公务员政审，但她选择了读研。在硕士毕业时，她签了一份工作，但她选择了继续读博。她没有特别清晰的职业规划，但她的每一步都走得稳稳当当。从成为教师的那一刻起，刘丽群就时时刻刻地规范自己的行为，使自己达到一个教师的应有高度和教学境界。

1．恩师教诲

刘丽群本科毕业于南京大学，她学到了作为一个教师最基本的素养：为人谦和、知识渊博、待人热情。她认为，在上课时，学生就是教师的一切，教师要尽力满足学生的需求。教师也要“教方法”，帮助学生提高分析问题和解决问题的能力。另外，她也了解了学术论文的写作规范，这对她的硕士和博士学位学习影响很大。

2．平静的心态

刘丽群认为，务必过滤掉心中不快之事，学会释放压力、尽力而为，不可怨天尤人。虽然，刘丽群不是那种一见面就能“抓住”学生的人，但她有意识地活跃课堂气氛，吸引学生注意力。当出现教学问题时，刘丽群会认真反思自己，做到“不贰过”。在教学过程中，总会有不尽人意之处，而完善的过程就能带来收获。

三、对学生的自觉

1．对学生的要求

成为教师的第二年，刘丽群为师范生讲授汉字学课程。她认为，对于师范生而言，“一手好字”非常重要。因此，在讲完既定内容后，刘丽群另筹经费为学生们准备了字帖，要求学生们每天练习，看到学生的进步，刘丽群说：“这是作为教师最幸福的时刻。”

2．对自己的约束

刘丽群要求学生充分认识时间的内涵，“且行且珍惜”。要有一种从容、坦然的心理状态，“温和从容、岁月静好”——这是她向往、追求的境界，教师要把自己的高尚的教学境界自觉化。

第二节　理科教育叙事

一、执着追求，永不止步——物理系梁颖教授的教育叙事

（一）关于教师——儿时的教师情结

梁颖走上教师之路，没有太多的曲折和巧合，她的母亲就是一位教师，从小到大耳濡目染，“当老师”便成了她的理想。

梁颖与物理结缘可以追溯到高中时代。高一时，她的物理成绩较好，但到高二时成绩有所下滑，所幸在高三时遇到了一位很会教学、讲课很能抓住学生注意的好老师。梁颖走上物理这条路，与她的高三物理老师有很大关系。

梁颖倾向于跟学生建立朋友的关系。梁颖称，“自己对女儿的耐心远没有对学生好”，如果不是原则问题，她很少批评自己的学生。由此可见，教师对学生兴趣的培养与学生成绩的高低具有很高的相关性。教师作为学生学习的直接关系者，必须要拥有扎实的教学基本功，充分掌握教学方式，才能促进学生学习。梁颖正是有了这样的经历才深刻体会到好老师的重要性，这也成为她日后不断探索更优教法的动力之一。

（二）关于教学——严谨、敬业、执着

在梁颖的教学认识中，教学其实就是研究一门课和一堂课的问题。于她而言，物理是一个大的学科、一个系统，而一门课则是学科知识的具体扩展，是学生直接受益的关键环节。因此，教师需要把握整个学科并细化到每一节课。

梁颖认为，课程的整体把握要厘清如下问题：课程的基本要求，基本内容，基本结构，各部分的相互关系，本课程与前修及后续课程的关系。

要讲好一门课，首先要进行教学内容分析。教师不能只停留在零碎的知识表面，必须对课程内容有上位、宏观的整体认知，从本质上理解课程，系统把握课程的各个环节，熟练于心，才能使教学有目的、有计划、有质量。

对此，她总结了一套备课方法：认真研读教材和相关参考书目；对前修与后续课程做到心中有数；认真完成教材中全部习题；及时了解学生基础知识、能力状况、学生需求等；课程开始前发放课程时间安排表。

梁颖认为，教师最需要提升的是学科素养。教师需要认真对待自己的课程、对得起学生。出于对学科素养的执着追求，她坚持一丝不苟地备课。为了避免出现倦怠心理，每开一门课她都会根据学生情况调整教学设计，梁颖认为，“要对得起每一个学生，要让每个学生都有所收获”。这种教学态度是她能够保持良好教学习惯的有力支持，纵使科研和教学在时间上发生冲突，她也断然不会舍弃备课环节，仍把教学放在第一位。

尽管每位教师有自己不同的教学风格，教学方法也不尽相同，但教学效果的高低显而易见。梁颖根据自己听课、讲课的经验，认为一个好的课堂应该具备以下几个特点：内容丰富、概念明确、讲解深入、重点突出、逻辑性强、语言表述准确、课堂气氛活跃生动等。因此，教师必须具有良好的教师素养和扎实的教学功底。

教师自身的精神状态是学生最直观的认识，好的教学状态轻则影响学生对教师的看法，重则影响整个课堂的教学氛围。梁颖在这方面也严格要求自己，她要求自己着装端庄典雅，教态自然大方，以饱满的精神状态营造轻松而活跃的课堂氛围。这也是她作为教师言传身教，与学生“对话”的一个重要保障。

在实际教学中，梁颖注重对板书和多媒体的融合使用。在教学设计时，她始终站在学生的角度思考问题，以此来平衡和调整教学设计的思路，最大限度地提高课堂效果。通过设置课程公邮、提前上传课件，节省学生抄录公式的时间，再通过板书点明重点，注重学生对知识的理解。

学生具有多样性，学习速度、知识背景都有差异。因此，教师需要思考教学的个性化问题。对此，梁颖认为，学生的天资并不重要，重要的是教师是否关注到了学生的差异性，是否根据学生的差异调整自己的教学行为。

（三）关于比赛——把握机会，提升自我

梁颖对“青教赛”的作用持有积极态度。她认为，“青教赛”不仅是展示自己、挑战自己的平台，还能以赛助教，成为日后教学的良好动力。另外，通过观摩，教师也能丰富阅历，拓展视野，反思自身。

其实，在最初参加“青教赛”时，梁颖仅仅是个初出茅庐的年轻教师，对教案、多媒体课件都知之甚少，但在备赛过程中，她积极好问，潜心向学，努力

实践，果然有了很大提高。初赛时，梁颖准备的比赛内容是麦克斯韦方程，但由于课程内容主要是理论推导，不适合在短短的15分钟内展示。因此，在复赛时，梁颖选择了“相对论”一课。在备课过程中，除却逻辑、条理等问题，梁颖遇到的最大难题是时间把控。通过咨询多位经验丰富的老教师，梁颖决定将课程结尾“弹性化”。通过展示爱因斯坦和洛伦兹的照片，引入部分物理史的内容，拓展得多与少、深与浅都根据所剩时长灵活把控。这种巧妙的处理，既缓和了学生学习的疲倦感，增添课程趣味性，又锦上添花，进行了知识拓展，为课程注入思想深度和人文情怀。梁颖建议，还可以尝试在结尾时进行回顾总结，再一次梳理教学脉络，加强学生理解。

关于备赛，梁颖积累了一些心得。首先，选题要好，选择适合15分钟讲授的课程内容；其次，把控时间，控制语速，合理、充分运用比赛时间；再次，教态自然，注意互动；最后，多次试讲，反复修改。

二、理想点亮人生，态度决定高度——地理科学学部汪明教授的教育叙事

（一）求学：教学理念的初步形成

汪明本科就读于清华大学土木工程专业。作为学生，尽管他还没有形成明确的理想，但大师级学界泰斗云集的清华校园对他初步形成教学理念产生了深远影响。

本科毕业后，汪明决定出国留学。在准备出国英语考试的过程中，他参加了新东方培训班。新东方的教学方法给他留下了很深的印象：将大量的时事、问题、案例穿插于教学之中，用教学的趣味性提高学习效果。直到出国前，汪明的理想一直是成为一名工程师，他希望有朝一日可以成为三峡工程的总工程师。可是，出国以后，他的思想发生了变化。人生目标的迷失和理想与现实的冲突使汪明陷入了长期的迷茫之中。

但所幸，这段时光让汪明有了完全不同的体验和收获，让他学会了在没有人督促的情况下依然能够自律地独立探索。美国两位导师以身作则的教诲，让汪明体会到好老师应该具备的素质。首先作为教师，不管工作多忙都应该把办公室的大门随时向学生敞开，开门这一简单的细节并不仅仅是一种姿态，更是一种对待学生乃至于对待教学的态度。这种态度使教师能够用心地对待学生，虚心地接

纳学生，并耐心地听取学生的观点。其次，真诚也是教师赢得学生尊重的关键所在。无私地传递知识和分享灵感，让汪明感受到教师高尚的人格和巨大的魅力。

（二）转行：找准人生的方向

博士毕业后，汪明留在了美国一家公司工作。但是，他意识到在商海沉浮并非自己的志向所在。由于，思想和能力受到极大束缚，汪明决定放弃模型师的工作，重新回到学校。

于他而言，从事教育工作的初衷是在工作时间上更为自由。美国公司固定的研究方向和一切以赚钱为目的的研究模式没有磨灭他对理想的追求，反而坚定了他回国从事相关研究的决心。从美国公司辞职后，汪明入职北京师范大学地表过程与资源生态国家实验室，一方面进行自己的科学研究；另一方面走入课堂，开始了作为一名大学教师的育人之路。

（三）教师：路漫漫其修远兮

1. 初入课堂

从教初期，一位资深教师对汪明的鼓励，使他对于从事教学工作有了初步的信心和信念，也让他认识到了自己的教学所长。这种信心一路激励着他克服艰难险阻，不断求索，投身课堂，讲好每一堂课。

汪明十分珍惜自己带领免费师范生支教的经历。他既以教师的身份引导学生投入教学，引导部分免费师范生走出理想的迷茫；又以教学相长的心态观察着学生身上值得学习的地方。

带队支教的经历和课堂的实际体验让汪明逐渐明白了认真备课的重要性。虽然科研工作异常繁忙，但汪明还是坚持用大量的时间做好备课工作。除了在上课前进行悉心的准备，讲课技巧同样重要。教师要练好扎实的基本功，不断提升表达能力和吸引力。

2. 方法多样，转换自如

1）结合实例进行教学设计。汪明认为，在教学中结合实例增进学生的理解十分重要。通过对实例的探究，能够提升学生的学习兴趣、分析问题的能力和动手能力，也能够让学生感到学有所用。

2）注重整体，兼顾个性。学生具有多样性，学习速度具有个体差异。如何处理学生的差异，并转化为具体的教学行为，汪明认为，应该注重整体并兼顾个性——“如果我的课堂上有 10 名学生，那么我要保证 8 名学生能听懂。”对于学习速度较快的学生，他会鼓励其做一些拓展性研究，帮助学生更快成长。而对于学习速度较慢的学生，汪明认为，要保证他们同样达到掌握的水平。

3）追求效果，不拘形式。求学阶段在新东方补课的经历和一些老师不拘一格的教学方法，给了汪明教学上的启发，这些优秀教师既能很好地调节课堂的气氛，又能把握好尺度，从而更好地达成教学目标。受他们影响，汪明认为，在知识点完全传达的基础上，应该营造活泼积极的课堂氛围。对一些学习方式，如合作学习、个性学习、探究学习等，汪明认为要根据课程的不同有针对性地使用。

虽然多媒体技术已经迅速发展，但汪明仍然肯定板书的重要作用。他说，“目前而言，PPT 替代不了板书的效果，特别是学生跟随教师思考的过程。”

4）观察学生，吸引学生。汪明时刻留意学生在课堂中的反馈情况。他认为，讲课时教师要努力吸引学生，“抓住”学生。除了课上对学生的观察，课下学生的反馈也很重要，好的老师要根据学生的反馈适当调整教学内容，不断改进教学设计。

5）注重考核，使学生学有所得。大多选修课的期末考试都比较轻松，因此，学生对考试的准备也往往不充分，但汪明肯定考试的重要存在。虽然学生可能希望有轻松的课程，但教师需要对学生负责，给予学生一定的压力，督促学生学习。

汪明对学生严格的要求和他的海外求学经历密不可分。国外教师的严格要求让他有了切实收获。因此，成为一名教师后，他同样严格要求自己的学生。比如在上结构工程基础课时，他加入了很多实际案例分析，让学生可以做一些简单的计算，或者是针对一两个具体问题，查资料、做分析，尝试得出结论。他希望他的课程对学生的一生都有帮助。

3. 终生的执着与热爱

谈起青年教师应该具备的最基本的素质，汪明强调最多的是“热爱”。他认为，现在的青年教师压力很大。从十年前开始，国内大学对教师就提出了很高的发文章、出成果的要求，这种要求甚至远超美国大学。但与美国大学不同的是，国内许多走上教师岗位的人不是真正热衷于科研，或热爱教师这份职业。所以中国大学希望通过设置量化考核机制来推动教师发展。因此，国内大学教师有很大的科研压力，这也导致少有青年教师能在教学中投入大量精力。虽然教学工作量大，但在考核时，教学却没有在高水平期刊上发表文章重要。如果对教师这个职业没有热爱，教师很难投入所谓“吃力不讨好”的教学中。

汪明认为，新时代的教师要具有终身学习的理念，不断追求卓越、挑战自我。不管是在教学还是在其他方面，教师都要抓紧一切时间，努力提升自己。这种态度贯穿于他的人生经历和教学过程中，助他一路披荆斩棘，不断在教学和研究领域取得成就和突破。

附　录

一、北京师范大学新教师岗前培训与专业发展调查问卷

尊敬的老师：

您好！我们正在进行北京师范大学教师岗前培训与专业发展的研究，为此，非常想听取您的意见和建议。（请您在选定答案的标号上画“√”）

一、您的基本情况

性别：（1）男（2）女

年龄：（1）25～30岁（2）30～39岁（3）40～55岁（4）55岁以上

教龄：（1）3年以下（2）3～5年（3）6～10年（4）11～20年
（5）20年以上

职称：（1）助教（2）讲师（3）副教授（4）教授

最高学位：（1）博士（2）硕士（3）学士

您任教的学科：（1）理科（2）工科（3）人文社会科学

您目前主要工作岗位：（1）教学、科研（2）行政（3）教学、科研、行政

二、您对下列问题的主要看法

1．您认为新教师在工作中面临的主要困难有（可多选）：

（1）对本学校的理念、文化和规章制度不熟悉，工作中感到无所适从

（2）本学科专业知识不够

（3）科研能力不足

（4）缺乏教育理论支撑

（5）缺乏教学技能的培训
（6）没有建立指导教师制度，缺乏老教师的传帮带
（7）科研任务过重，难以完成目标要求
（8）教学课时过多，影响科研任务的完成
（9）管理层没有给予特定的支持措施，影响成长与发展
（10）信息化教学设备和教学平台的使用不熟悉
（11）其他 ______________________________

如果选择两项以上，请按程度排列：________________________________

2．您认为当前北京师范大学新教师岗前培训的效果怎样？
（1）效果很好（2）有些效果（3）效果不大（4）没有效果（5）不确定

3．您参加岗前培训的动因是（可多选）：
（1）申请高校教师资格证
（2）职称评定、岗位调动
（3）提高教育教学理论和技能水平
（4）提高自身素质，增强竞争力
（5）了解高等教育改革状况，解决教学实际问题
（6）听从上级主管部门和学校的安排
如果选择两项以上，请按程度排列：______________________________

4．您认为参加岗前培训的可能收获有（可多选）：
（1）更新了观念，开阔了视野
（2）增长了教育教学方面的知识
（3）提高了教育教学的能力
（4）掌握了现代教育技术
（5）没有什么收获
如果选择两项以上，请按程度排列：______________________________

5．您认为北京师范大学新教师岗前培训中存在的主要问题有（可多选）：
（1）培训目标太高，难以实现
（2）培训内容太过理论化，实用性不强
（3）重视基本理论和基本知识的传授，忽视对新教师教学技能的培养
（4）培训方式单一，缺乏灵活性和实效性
（5）以集中培训为主，缺少指导教师的引领与辅导
（6）新教师对培训的重视程度不够，积极性不高

（7）考核手段不科学

（8）其他 ____________________

如果选择两项以上，请按程度排列：____________________

6. 您认为高校新教师岗前培训的主要内容应该包括（可多选）：

（1）校史、校情、校规

（2）高等教育发展的趋势与新理念

（3）高等教育理论和心理学知识

（4）教育教学的基本技能和方法

（5）教育技术的知识与技能

（6）高等教育法规

（7）教师职业伦理

（8）实际教学能力的锻炼与培养

（9）科学研究方法

（10）本学科专业知识

（11）其他 ____________________

最重要的 5 项是：____________________

7. 您认为高校新教师岗前培训的主要方式应是（可多选）：

（1）专题讲座与典型报告相结合

（2）专题讲座与研讨互动相结合

（3）专题讲座与教学观摩相结合

（4）专题讲座与技能训练相结合

（5）专题讲座与评析名师讲课相结合

（6）老教师指导下的课程准备与教学

（7）其他 ____________________

如果选择两项以上，请按程度排列：____________________

8. 在您现阶段的工作中，存在的主要问题有（可多选）：

（1）本学科专业学科知识更新难

（2）科研能力不足

（3）科研经费少

（4）缺乏教育理论支撑

（5）缺乏教学技能的培训

（6）缺乏与其他教师合作的氛围与条件

（7）科研任务过重，难以完成目标要求
（8）教学课时过多，影响科研任务的完成
（9）身体健康不佳，影响工作的开展
（10）管理层的支持不够，影响成长与发展
（11）其他 ______________________________
如果选择两项以上，请按程度排列：______________________________

9．请您选出目前最希望参加的培训（可多选）：
（1）提高教学能力的培训
（2）掌握教育技术的培训
（3）提高学历层次的培训
（4）提高科学研究能力的培训
（5）掌握本学科前沿动向的培训
（6）丰富与优化本学科的知识结构的培训
（7）提高外语能力的培训
（8）提高信息技术能力的培训
（9）师德与政治思想的培训
（10）其他 ______________________________
如果选择两项以上，请按程度排列：______________________________

10．哪些因素会让您乐于参加培训？（可多选）
（1）有学校政策的激励
（2）有一定的经费支持
（3）减少一定工作量
（4）时间安排的方便性
（5）地点安排的方便性
（6）多样性的教学方式
（7）其他培训激励因素 ______________________
如果选择两项以上，请按程度排列：______________________________

11．您认为影响专心于教学工作的因素有（可多选）：
（1）在教师评价时，重科研、轻教学
（2）教学工作没有公认的客观评价标准，好与坏难以界定
（3）教学工作枯燥乏味，没有吸引力
（4）现在的学生难教，费力不讨好

（5）由于教育理论与方法存在不足，在教学实践中遇到困难

（6）科研任务重，顾不上教学

（7）其他 ______________________________

如果选择两项以上，请按程度排列：______________________________

12. 从总体情况来看，您认为我们学校的教师应加强哪些方面的培训与管理（可多选）：

（1）本学科前沿知识的培训

（2）科研能力的培训与提高

（3）教育理论与教育观念的培训

（4）教学方法与技巧的培训

（5）教育技术的培训

（6）文献检索与利用的培训

（7）外语能力的培训

（8）职业道德教育

（9）学生管理与辅导能力的培训

（10）其他 ______________________________

如果选择两项以上，请按程度排列：______________________________

13. 您认为北京师范大学举办的青年教师基本功比赛在促进新教师成长方面的成效如何？

（1）较有成效（2）成效一般（3）没有成效（4）不清楚

14. 您是否愿意参加青年教师基本功比赛？

（1）愿意（2）不愿意（3）看情况

15. 您认为新教师参加青年教师基本功比赛可能的收获有（可多选）

（1）更新了观念，开阔了视野

（2）增长了教育教学方面的知识

（3）提高了教育教学的能力

（4）掌握了现代教育技术

（5）没有什么收获

（6）其他 ______________________________

如果选择两项以上，请按程度排列：______________________________

16. 请您评价北京师范大学青年教师基本功比赛：

活动的组织与安排：（1）合理（2）一般（3）不合理（4）不清楚

活动的各项设施：（1）齐全（2）一般（3）不齐全（4）不清楚
竞赛规则：（1）合理（2）一般（3）不合理（4）不清楚
评价方式：（1）科学（2）一般（3）不科学（4）不清楚
专家点评：（1）有必要（2）没有必要（3）无所谓
17．您对高校新教师培训有什么具体建议？

18．您对高校新青年教师基本功比赛有什么具体建议？

本调查到此结束，衷心感谢您的合作！

二、大学教师课堂教学水平问卷（教师版）

尊敬的老师：

您好！我们是受某所高校的委托，正在做一份有关大学教师课堂教学质量的问卷，您的参与将会给项目研究提供宝贵的资料，希望您能支持我们的工作。问卷采用匿名方式填写，您在回答问题时不必有任何顾虑。

谢谢！

"大学课堂教学研究"课题组

一、个人基本信息

1．您在高校所从事教学的专业大体可归属于（　　）

A．人文社科类　　　　B．理工科类

2．您在高校已任教的年限是（　　）

A．不足 10 年　B．10 ～ 20 年（含 10 年）　C．20 年以上（含 20 年）

二、在下列选项中，选出您认为大学教师在课堂教学活动中最应该具有的 3 ～ 4 种基本教学能力，在您认为最重要的选项前面的括号里打上"√"。

（　　）1．讲课语速适中，吐字清晰，普通话标准

（　　）2．多媒体视听效果好，运用熟练

（　　）3．语言简洁明了，富有逻辑性

（　　）4．肢体语言自然得体，运用效果好

（　　）5．板书美观，字迹工整，设计合理

（　　）6．课堂讲解生动直观，富有感染力

三、在下列选项中，选出您认为大学教师在课堂教学内容设计时最应该具有的 3 ～ 4 种基本教学能力，在您认为最重要的选项前面的括号里打上"√"。

（　　）1．专业基础扎实，知识全面，理论联系实际

（　　）2．教学内容充实，资料丰富，学术性强

（　　）3．知识体系严谨，难易适中，信息量能满足学生需要

（　　）4．教学内容有深度，富有思想性、启发性

（　　）5．课程内容有国际化视野，处于专业领先地位

（　　）6．富于教学想象，有个人独特的见解和思考

四、在下列选项中，选出您认为大学教师在课堂教学活动组织中最应该具有的 3 ～ 4 种基本教学能力，在您认为最重要的选项前面的括号里打上“ √ ”。

（　　）1．目标导向性强，能激发学生学习兴趣
（　　）2．上课环节衔接自然，节奏控制合理，重难点突出
（　　）3．师生关系融洽，能调动学生情绪
（　　）4．条理清楚，讲解透彻，概括准确，学习效果显著
（　　）5．媒体工具选择恰当，适应教学需求
（　　）6．善于设疑发问，启发学生思考，注重学习能力培养

五、在下列选项中，选出您认为大学教师课堂教学中最应该具有的 3 ～ 4 种基本教学素质，在您认为最重要的选项前面的括号里打上“ √ ”。

（　　）1．谦虚随和，平易近人，对学生有耐心（随和型）
（　　）2．思维敏捷，诙谐幽默，善于营造课堂气氛（幽默型）
（　　）3．图解能力强，图表设计科学，图示清楚（干练型）
（　　）4．课程内容娴熟，融会贯通，运用自如（熟练型）
（　　）5．强化练习，鼓励参与，突出学生的主体性（鼓励型）
（　　）6．态度积极向上，教学热情投入，善于借鉴学习（上进型）

六、如果用以下指标评价一位大学教师的课堂教学质量，请您对指标的重要性进行判断，在您认可的重要程度下面打上“ √ ”。

评价指标	极为重要	重要	不甚重要	极不重要
1．讲课语速适中，吐字清晰，普通话标准				
2．专业基础扎实，知识全面，理论联系实际				
3．目标导向性强，能激发学生学习兴趣				
4．谦虚随和，平易近人，对学生有耐心				
5．多媒体视听效果好，运用熟练				
6．教学内容充实，资料丰富，学术性强				
7．上课环节衔接自然，节奏控制合理，重难点突出				
8．思维敏捷，诙谐幽默，善于营造课堂气氛				
9．语言简洁明了，富有逻辑性				
10．知识体系严谨，难易适中，信息量能满足学生需要				
11．师生关系融洽，能调动学生情绪				
12．图解能力强，图表设计科学，图示清楚				
13．肢体语言自然得体，运用效果好				

续表

评价指标	极为重要	重要	不甚重要	极不重要
14．教学内容有深度，富有思想性、启发性				
15．条理清楚，讲解透彻，概括准确，学习效果显著				
16．课程内容娴熟，融会贯通，运用自如				
17．板书美观，字迹工整，设计合理				
18．课程内容有国际化视野，处于专业领先地位				
19．媒体工具选择恰当，适应教学需求				
20．强化练习，鼓励参与，突出学生的主体性				
21．课堂讲解生动直观，富有感染力				
22．富于教学想象，有个人独特的见解和思考				
23．善于设疑发问，启发学生思考，注重学习能力培养				
24．态度积极向上，教学热情投入，善于借鉴学习				

问卷到此结束，谢谢您的参与！

三、大学教师课堂教学水平问卷（学生版）

亲爱的同学：

您好！我们是受某所高校的委托，正在做一份有关大学教师课堂教学质量的问卷，您的参与将会给项目研究提供宝贵的资料，希望您能支持我们的工作。问卷采用匿名方式填写，您在回答问题时不必有任何顾虑。

谢谢！

“大学课堂教学研究”课题组

一、个人基本信息

1．您目前学习的专业大体可归属于（　　）

A．人文社科类　　B．理工科类

2．您现在学习的阶段是（　　）

A．大一　B．大二　C．大三　D．大四　E．研究生

二、在下列选项中，选出您认为大学教师在课堂教学活动中最应该具有的3～4种基本教学能力，在您认为最重要的选项前面的括号里打上“√”。

（　　）1．讲课语速适中，吐字清晰，普通话标准

（　　）2．多媒体视听效果好，运用熟练

（　　）3．语言简洁明了，富有逻辑性

（　　）4．肢体语言自然得体，运用效果好

（　　）5．板书美观，字迹工整，设计合理

（　　）6．课堂讲解生动直观，富有感染力

三、在下列选项中，选出您认为大学教师在课堂教学内容设计时最应该具有的3～4种基本教学能力，在您认为最重要的选项前面的括号里打上“√”。

（　　）1．专业基础扎实，知识全面，理论联系实际

（　　）2．教学内容充实，资料丰富，学术性强

（　　）3．知识体系严谨，难易适中，信息量能满足学生需要

（　　）4．教学内容有深度，富有思想性、启发性

（　　）5．课程内容有国际化视野，处于专业领先地位

（　　）6．富于教学想象，有个人独特的见解和思考

四、在下列选项中，选出您认为大学教师在课堂教学活动组织中最应该具有的 3 ～ 4 种基本教学能力，在您认为最重要的选项前面的括号里打上“√”。

（　）1．目标导向性强，能激发学生学习兴趣
（　）2．上课环节衔接自然，节奏控制合理，重难点突出
（　）3．师生关系融洽，能调动学生情绪
（　）4．条理清楚，讲解透彻，概括准确，学习效果显著
（　）5．媒体工具选择恰当，适应教学需求
（　）6．善于设疑发问，启发学生思考，注重学习能力培养

五、在下列选项中，选出您认为大学教师课堂教学中最应该具有的 3 ～ 4 种基本教学素质，在您认为最重要的选项前面的括号里打上“√”。

（　）1．谦虚随和，平易近人，对学生有耐心
（　）2．思维敏捷，诙谐幽默，善于营造课堂气氛
（　）3．图解能力强，图表设计科学，图示清楚
（　）4．课程内容娴熟，融会贯通，运用自如
（　）5．强化练习，鼓励参与，突出学生的主体性
（　）6．态度积极向上，教学热情投入，善于借鉴学习

六、如果用以下指标评价一位大学教师的课堂教学质量，请您对指标的重要性进行判断，在您认可的重要程度下面打上“√”。

评价指标	极为重要	重要	不甚重要	极不重要
1．讲课语速适中，吐字清晰，普通话标准				
2．专业基础扎实，知识全面，理论联系实际				
3．目标导向性强，能激发学生学习兴趣				
4．谦虚随和，平易近人，对学生有耐心				
5．多媒体视听效果好，运用熟练				
6．教学内容充实，资料丰富，学术性强				
7．上课环节衔接自然，节奏控制合理，重难点突出				
8．思维敏捷，诙谐幽默，善于营造课堂气氛				
9．语言简洁明了，富有逻辑性				
10．知识体系严谨，难易适中，信息量能满足学生需要				
11．师生关系融洽，能调动学生情绪				
12．图解能力强，图表设计科学，图示清楚				
13．肢体语言自然得体，运用效果好				

续表

评价指标	极为重要	重要	不甚重要	极不重要
14．教学内容有深度，富有思想性、启发性				
15．条理清楚，讲解透彻，概括准确，学习效果显著				
16．课程内容娴熟，融会贯通，运用自如				
17．板书美观，字迹工整，设计合理				
18．课程内容有国际化视野，处于专业领先地位				
19．媒体工具选择恰当，适应教学需求				
20．强化练习，鼓励参与，突出学生的主体性				
21．课堂讲解生动直观，富有感染力				
22．富于教学想象，有个人独特的见解和思考				
23．善于设疑发问，启发学生思考，注重学习能力培养				
24．态度积极向上，教学热情投入，善于借鉴学习				

问卷到此结束，谢谢您的参与！

四、北京师范大学领导听课记录表

课程名称			
主讲教师姓名		职称	
学生所在系（专业）和年级		学生人数	
听课时间： 年 月 日 时 分至 时 分			
听课地点： 楼 教室			
听课意见：			

听课人单位： 听课人签字：

五、北京师范大学本科教学督导团专家听课记录表

<table>
<tr><td>课程名称</td><td colspan="3"></td><td colspan="3">学生院系年级</td><td colspan="4"></td></tr>
<tr><td>教师姓名</td><td></td><td colspan="2">教师职称</td><td colspan="2"></td><td colspan="2">教师单位</td><td colspan="3"></td></tr>
<tr><td>上课时间</td><td colspan="2"></td><td colspan="2">上课地点</td><td colspan="6"></td></tr>
<tr><td>主要教学内容</td><td colspan="10"></td></tr>
<tr><td colspan="6">评 价 项 目</td><td>好</td><td>较好</td><td>一般</td><td>较差</td><td>差</td></tr>
<tr><td colspan="6">教学态度认真负责、讲课有热情，精神饱满</td><td></td><td></td><td></td><td></td><td></td></tr>
<tr><td colspan="6">对教学内容熟悉，课前准备充分，运用自如</td><td></td><td></td><td></td><td></td><td></td></tr>
<tr><td colspan="6">教学内容能反映学科发展的新思想，新概念，新成果，能反映学科前沿与热点</td><td></td><td></td><td></td><td></td><td></td></tr>
<tr><td colspan="6">讲述内容充实，系统完整，信息量大</td><td></td><td></td><td></td><td></td><td></td></tr>
<tr><td colspan="6">对问题的阐述简练准确，重点突出，思路清晰</td><td></td><td></td><td></td><td></td><td></td></tr>
<tr><td colspan="6">教学方式灵活多样，能调动学生学习积极性、主动性，师生互动良好</td><td></td><td></td><td></td><td></td><td></td></tr>
<tr><td colspan="6">语速适中，语言生动，有感染力，有自己的教学风格与特色</td><td></td><td></td><td></td><td></td><td></td></tr>
<tr><td colspan="6">能恰当有效地利用各种教学媒体，板书清楚</td><td></td><td></td><td></td><td></td><td></td></tr>
<tr><td colspan="6">能给予学生思考、联想、创新的启迪</td><td></td><td></td><td></td><td></td><td></td></tr>
<tr><td>专家对本次课的总体评价</td><td colspan="10">□好 □较好 □一般 □较差 □差</td></tr>
</table>

续表

对课堂内容以及其他方面的具体意见或建议（包括课程的突出优点、特色以及需要进一步改进的问题等）：
对学生学习情况的意见或建议（包括迟到、早退、注意力等情况以及教学中学生的参与程度等）：

听课专家（签字）

年　月　日

六、北京师范大学第十三届“青教赛”评分表实施效果调查问卷

尊敬的评委老师：

您好！我们是想针对本届“青年教师教学基本功比赛”评分表的实施过程进行必要的效果分析，希望您能如实填写并提出宝贵的意见，以便于我们进一步改进工作。

1．您是否在以前的比赛中担任过评委（　　）

A．是　　B．否

2．您是否作为选手参加过北京师范大学“青年教师教学基本功比赛”（　　）

A．是　　B．否

3．此次比赛您是在哪一组担任评委（　　）

A．文科　　B．理科　　C．第二语言

4．您认为此次比赛评分表的评价内容能否反映教师的教学基本功情况（　　）

A．能　　B．一般　　C．不能

5．您认为评分表的指标权重比值合理吗（　　）

A．合理　　B．一般　　C．不合理

6．您认为评分表使用起来方便吗（　　）

A．方便　　B．一般　　C．不方便

7．您认为评分表还有待于从哪些方面修订完善？

（1）评价指标修改建议：

（2）指标要求修改建议：

（3）记分方式修改建议：

8．关于“青年教师教学基本功比赛”现场评分的其他建议：

七、厦门大学课程教学测评表

厦门大学"教师发展中心"成立后，将评估重点放在课堂教学质量评估，由中心人员参照国外知名大学经验，开发研制新的《课程教学测评表》，测评表从以往对教师教的关注转向对学生学习的关注。2011 － 2012 学年第一学期，用新的测评工具开展随堂测评。以此为基础编制《本科课程教学测评报告》，为改进教学质量提供参考依据。

厦门大学课程教学测评表

为了解本门课程教学情况，帮助教师更好地改进教学，请你对本门课程进行评价。任课教师在提交成绩前不会看到课程的评价结果。

评价内容（⑤完全相同、④相同、③一般、②不大相同、①完全不相同）

1. 教师课前准备非常充分。______
2. 教师讲课非常有激情。______
3. 教师课堂讲解非常清晰，易于理解。______
4. 我能很好地掌握课程的基本概念和原理。______
5. 教师很好地使用了课堂时间。______
6. 教师充满自信，整个课堂组织控制非常好。______
7. 教师上课迟到或缺课（从未发生或多次）。______
8. 教师尊重学生。______
9. 教师重视学生的学习反馈，及时关注学生的学习难点。______
10. 教师课后主动给同学答疑或辅导。______
11. 我很愿意向教师提问。______
12. 课程设计的成绩分布合理，所涉及的评分很公正。______
13. 课后作业量适当，作业能覆盖所学内容。______
14. 课堂纪律好，学生很少迟到或缺课。______
15. 我从这门课程学到很多知识。______
16. 总体上，这是一门非常好的课程。______
17. 总体上，任课教师是一位优秀教师。______
18. 你认为课程还有待于改进的地方：______________________________

八、北京师范大学学生信息员本科教学信息反馈表

学年第　学期

一周教学信息反馈							
课程名称		任课教师		所在院系		学生所在院系	
对课程、教学情况的意见与建议	（包括教学计划，教学内容，授课态度，教学方法及手段等情况，尽量注明课程名称、任课教师、所在院系等详细信息）						
对教学管理、教学环境的意见与建议	包括课程安排，停调课，教师上课守时，学习资源，硬件条件等情况						
对学生学习状态与学生管理的意见与建议	包括迟到早退，出勤率，学习的认真程度，参与程度等情况）						

学生信息员签字：

年　月　日

九、北京师范大学本科教学观摩听课记录表

课程名称					
学生院系年级					
主讲教师姓名		教师职称		教师单位	
上课时间			上课地点		
本次课程的主要内容					
您对本次课的总体评价	□好　□较好　□一般　□较差　□差				
教师教学的突出优点和特色：					
您听课后的收获：					
您对教学内容以及教师教学的意见与建议：					

观摩听课教师（签字）：

年　月　日

注：此表请各部院系自行复印。

请于观摩课开展当日发给听课教师，课后存入各部院系教学档案，并复印一份交教务处。

十、北京师范大学教学方法调查研究教师问卷表

尊敬的老师，您好！

首先感谢您在繁忙的教学科研工作之余参与我们的问卷调查。本研究调查北京师范大学教师教学方法的应用现状和发展趋势，从而推动北京师范大学教育教学改革，不断提高教学质量。本问卷旨在了解教师对本科教学方法的运用及创新情况，不记名，所列选项无对错优劣之分，回收后由计算机统计处理。

感谢您对调查工作的支持。

2012 年 3 月

请在下列各题的适合选项上打“√”，若选“其他”请酌情填写文字。

1．您的性别：（1）男（2）女

2．您的年龄：（1）30 岁以下（2）30 ～ 39 岁（3）40 ～ 49 岁（4）50 ～ 59 岁（5）60 岁以上

3．您的职称：（1）正高级（2）副高级（3）中级（4）初级（5）未定

4．您的高校教龄：（1）≤ 5 年（2）10 年左右（3）20 年左右（4）30 年左右（5）≥ 35 年

5．您接受过高等教育教学理论与教学方法方面的专门培训：（1）是（2）否

6．您是否参加过“青年教师教学基本功比赛”：（1）是（2）否

7．您所学教授的课程属于哪个学科门类：

（1）哲学（2）经济学（3）法学（4）教育学（5）文学（6）历史学

（7）理学（8）工学（9）农学（10）医学（11）军事学（12）管理学

8．您对自己运用教学方法的情况是否满意：

（1）满意（2）一般满意（3）不太满意（4）很不满意

9．您上课时，经常向学生提问吗？

（1）经常（2）偶尔（3）较少（4）基本不提问

10．您上课时，经常让学生表达自己的观点吗？

（1）经常（2）偶尔（3）较少（4）基本不提问

11．课堂教学中您用于传授知识的时间（A）与训练思维、能力等的时间（B）相比是：

（1）A 远多于 B（2）A 多于 B（3）A 与 B 相当（4）A 少于 B

（5）A 远少于 B

12．您上课时，一般给学生自由讨论的时间占总课时比例大约是：

（1）75% 以上 （2）50% ～ 75% （3）25% ～ 50%

（4）5% ～ 25% （5）5% 以下

13．您在组织学生讨论时，会采取哪些讨论形式？

（1）邻座讨论（2）自由组合，自选组长（3）按规定分组，自选组长

（4）按规定分组，无组长（5）按规定分组，设定组长

14．您经常采取下列哪种方法处理教学内容、组织教学活动？（多选，不超过三项）

（1）按教材内容和框架组织教学

（2）根据教材内容编写案例并组织教学

（3）突破教材框架，整合知识与能力要求，重在专业思维和技能训练

（4）以重点、难点为核心组织专题，开展讨论式教学

（5）适时将自己的相关科研内容、方法与成果融入课程教学活动

（6）其他 ________________________

15．在教学中，您经常采用哪些方法？（多选，不超过三项）

（1）讲授法（2）问答法（3）演示法（4）参观法（5）实验法

（6）练习法（7）讨论法（8）读书指导法（9）实习作业法（10）其他 __

16．在您开始高校教学的前五年，您经常采用哪些教学方法？（多选，不超过三项）

（1）讲授法（2）问答法（3）演示法（4）参观法（5）实验法

（6）练习法（7）讨论法（8）读书指导法（9）实习作业法（10）其他 __

17．您经常使用的教学媒体有（多选，不超过三项）：

（1）教科书（2）黑板（3）模型（4）图表（5）多媒体课件

（6）录音 （7）电影（8）电视（9）其他 ________

18．您觉得参加“青年教师教学基本功比赛”会让教师的教学方法发生什么变化：

（1）尝试新的教学方法

（2）反思优化原来的教学方法

（3）学习其他参赛者的教学方法

（4）基本没有变化

（5）其他 ________________

19．您愿意使用现代教学媒体吗？

（1）很愿意（2）愿意（3）一般（4）不愿意

20．您经常变换授课方法吗？

（1）经常（2）偶尔（3）很少（4）从不

21．您进行教学方法创新研究与实践的情况：

（1）长期坚持（2）经常进行（3）偶尔进行（4）从未进行

22．您认为教学方法的选用对学生的学习影响如何？

（1）影响很大（2）有些影响（3）影响不大（4）不影响

23．您经常使用的教学方法来源于（可选多项）：

（1）专门培训（2）承袭老师（3）自我学习与摸索（4）观摩与借鉴同事

（5）其他

24．您习惯运用的教学方法属于

（1）启发式（2）发现式（3）设计式（4）灌输式（5）其他

25．您选择和运用教学方法时首先考虑的因素是：

（1）课程与教学的内容（2）自己的教学习惯（3）教学设施与条件

（4）学生的基础与接受能力（5）符合教学管理要求（6）其他

26．根据您的经验和体会，判断教学方法是否有效的主要依据是：

（1）学生是否获得比较满意的课程成绩

（2）教师是否获得学生较高的评教分数

（3）学生是否掌握了本课程所涉及的基本理论、基础知识与基本技能

（4）学生在本课程领域的学科思维、认识与分析能力、技艺等是否得到训练和提高

（5）学生是否有创新观点

（6）其他

27．近五年来，您在教学研究与改革方面获得的奖励情况（就最高级别选择）：

（1）获国家级奖励（2）获省（市、区）级奖励

（3）获学校级奖励（4）没有

28．近五年来，您在课程与教学方法改革研究方面公开发表文章的情况：

（1）0 篇（2）1 篇（3）2 篇（4）3 篇（5）4 篇及以上

29．近年来，您承担的本科教学工作量占您全部工作量的比重大约在：

（1）20% 以下（2）20% ～ 40%（3）40% ～ 60%

（4）60% ～ 80%（5）80% 以上

30．您认为教学方法需要做哪些方面的改革？有何建议？

十一、北京师范大学教学方法调查学生问卷

亲爱的同学，你好！

感谢你在紧张的学习之余参与我们的问卷调查。本研究调查北京师范大学教师教学方法的应用现状和发展趋势，从而推动北京师范大学教育教学改革，不断提高教学质量。本问卷旨在了解学生对教师教学方法运用情况的看法和要求，不记名，所列选项无对错优劣之分，回收后由计算机统计处理。感谢支持！

2012 年 3 月

请在下列各题的适合选项上打“√”，若选“其他”请酌情填写文字。

1．你的性别：（1）男　（2）女

2．你的年级：（1）大一（2）大二（3）大三（4）大四

3．你所学的专业属于哪个学科门类（即学位类别）：

（1）哲学（2）经济学（3）法学（4）教育学（5）文学（6）历史学

（7）理学（8）工学（9）农学（10）医学（11）军事学（12）管理学

4．多数教师采用的主要教学方式：

（1）满堂灌、填鸭式（2）启发式（3）研究式

（4）讨论式（5）其他 __________

5．你对多数教师的教学方式：

（1）完全适应（2）基本适应（3）不太适应（4）完全不适应

6．就教学内容而言，多数任课教师在课堂教学中：

（1）照本宣科，变化极少　（2）有独创性，基本不与课本重复

（3）讲解重点，一般知识性内容由学生自学

（4）以问题或专题形式统领教学内容

7．你上课时会向老师提问吗？

（1）经常　（2）偶尔　（3）很少　（4）从不

8．你是否会在课上表达自己的观点？

（1）经常　（2）偶尔　（3）很少　（4）从不

9．在课堂教学过程中，师生间的互动频率：

（1）经常　（2）偶尔　（3）很少　（4）从不

10．你通过网络途径与教师、同学交换学习信息的情况：

（1）经常　（2）偶尔　（3）很少　（4）从不

11．你上课时小组讨论的形式有哪些？

（1）邻座讨论（2）随机组合，自选组长（3）按规定分组，自选组长

（4）按规定分组，无组长（5）按规定分组，设定组长

12．在高校课堂中，你认为哪些教学方法最好？（多选，不超过三项）

（1）讲授法（2）问答法（3）演示法（4）参观法（5）实验法

（6）练习法（7）讨论法（8）读书指导法（9）实习作业法（10）其他

13．你的教师经常使用的教学媒体是（多选，不超过三项）：

（1）教科书（2）黑板（3）模型（4）挂图（5）多媒体课件

（6）录音（7）电影（8）电视（9）其他

14．下面哪一条最能增强你对一门课程的学习兴趣？（多选，不超过三项）

（1）教师生动有趣的语言艺术　（2）教师恰如其分的教学组织方法

（3）在学习中能不断体验到快乐与收获（4）学生有较多机会参与教学互动

（5）适合的学习内容　（6）多媒体等丰富的教学手段与形式

（7）其他

15．你认为教师选择所采用的教学方法是为了

（1）培养学生的专业能力（2）完成教学任务

（3）方便对学生灌输知识（4）促进学生的全面发展

16．你对教师采用的教学方法是否满意：

（1）满意（2）较满意（3）一般（4）不太满意（5）不满意

17．你认为你的教师所采用的教学方法具有启发性吗？

（1）很有启发性（2）较有启发性（3）一般（4）几乎没有（5）完全没有

18．你认为教师运用的教学方法的艺术性如何？（比如：新颖，有魅力，有审美价值等）

（1）很好（2）较好（3）一般（4）不太好（5）没有艺术性

19．你最希望的专业学习方式是：

（1）能自由支配学习时间　（2）自学，并请老师讲解或与他人讨论

（3）老师讲授为主，自学为辅（4）按部就班，按老师的教学进度和要求学习

（5）最容易考试过关的方式（6）其他 ________________

20．你上课的思维状况经常是：

（1）跟老师的思维走　（2）带着自己的疑难问题听讲

（3）只听并记录重点和要点　（4）只听老师讲，不系统记笔记

（5）其他 _________

21. 你认为阻碍高校教学质量提升的原因是（限选三项，并按主次顺序排列）：

（1）教学内容陈旧　（2）教学方法单一　（3）教学组织管理不够
（4）教学环境差　（5）教师水平不够　（6）班额过大
（7）教学效率低　（8）教学时间过长　（9）其他 _____

22. 上大学以来，你对自己学习收获的总体感觉是：

（1）学了一堆可能无用的知识（2）知识和理论学得多，专业能力训练少
（3）知识学习与能力训练基本平衡（4）能力训练多于知识积累
（5）其他 __________

23. 你对改进大学教师的教学方式方法还有什么建议，请写在下面。

十二、教案模板

<table>
<tr><td colspan="3">课程名称</td><td></td></tr>
<tr><td rowspan="4">授课教师</td><td colspan="2">姓名</td><td></td></tr>
<tr><td colspan="2">办公电话</td><td></td></tr>
<tr><td colspan="2">E-mail</td><td></td></tr>
<tr><td colspan="2">办公地点</td><td></td></tr>
<tr><td rowspan="3">助教</td><td colspan="2">姓名</td><td></td></tr>
<tr><td colspan="2">电话</td><td></td></tr>
<tr><td colspan="2">E-mail</td><td></td></tr>
<tr><td rowspan="4">课程安排说明</td><td colspan="2">上课时间</td><td></td></tr>
<tr><td colspan="2">上课地点</td><td></td></tr>
<tr><td colspan="2">期中考试时间</td><td></td></tr>
<tr><td colspan="2">期末考试时间</td><td></td></tr>
<tr><td rowspan="3">教学目标</td><td colspan="2">知识与社会</td><td></td></tr>
<tr><td colspan="2">生存与幸福</td><td></td></tr>
<tr><td colspan="2">位置与关系</td><td></td></tr>
<tr><td colspan="3">教学内容</td><td></td></tr>
<tr><td colspan="3">教材相关</td><td></td></tr>
<tr><td rowspan="7">教学计划</td><td rowspan="3">第 1 次</td><td>日期</td><td></td></tr>
<tr><td>授课内容</td><td></td></tr>
<tr><td>当日相关话题</td><td></td></tr>
<tr><td rowspan="3">第 2 次</td><td>日期</td><td></td></tr>
<tr><td>授课内容</td><td></td></tr>
<tr><td>当日相关话题</td><td></td></tr>
<tr><td colspan="3">……</td></tr>
<tr><td rowspan="6">参考文献</td><td colspan="2" rowspan="5">第 1 单元</td><td></td></tr>
<tr><td></td></tr>
<tr><td></td></tr>
<tr><td></td></tr>
<tr><td></td></tr>
<tr><td colspan="2">第 2 单元</td><td>……</td></tr>
</table>

续表

拓展问题的参考文献	第 1 单元	
	第 2 单元	……
学生特殊情况说明	迟到、请假等	
教师课外指导安排	时间	
	地点	
	方式	
	备注	
成绩评定方法和标准	出勤	
	课堂表现	
	作业	
	课程中测试	
	考试	
	论文报告等	

十三、北京高校青年教师教学基本功比赛评分细则

总分 100 分，教案占 20%，现场教学演示占 80%。即教案满分 20 分，由专家评委评审确定分数；现场教学演示 80 分，专家评委评价满分 70 分，学生评委评价满分为 10 分（量表满分为 30 分，转化成 10 分满分制）。

（1）教案评价表（占 20%，量表满分 20 分）

评价标准	总分	教学目的	教学内容	教学形式	教学手段
标准说明	教案综合评价	教学目标明确，符合课程大纲的要求，注重学生全面发展	教学内容无科学性错误，内容的顺序安排符合专业学科逻辑，容量合理，理论联系实际，符合学生特点	教学过程突出学生的主体性，教与学的活动有机结合，教学策略选择正确，注重调动学生的学习积极性	正确选择使用各种教学媒体，充分考虑教学重点和难点，进行有针对性的分析与设计
选手	20 分	4 分	5 分	6 分	5 分

（2）专家评价表（占 70%，量表满分 70 分）

项目	总分	内容	讲授		演示		互动	
评价标准	合计	教学内容充实	表达清晰流畅	语言有感染力	演示有冲击力	设计有创造性	互动形式新颖	反馈点评到位
标准说明	选手各项表现的综合评价总分	信息量饱满、科学严谨、有深度	语言组织有层次、有重点、有变化	口头语言和肢体语言富有表现力，仪态表情投入	教学材料新颖，视觉效果强烈（包括板书或实物）	演示制作富有创意，新奇督导	课堂气氛活跃，活动多样化，参与形式新鲜	激励学员参与，点评发人深思
选手	满分 70 分	10 分	10 分	10 分	10 分	10 分	10 分	10 分

（3）学生评价表（占 10%，量表满分 30 分，总分乘 10 除 30 变为 10 分制）

教学效果	听		看		学	
评价标准	容易理解	语言抓人	演示生动	形象有趣	触动较大	富有启发
标准说明	讲述清楚明白，知识容易消化	语言有吸引力，我的注意力始终都很集中	教学情境引人入胜，令我难忘	演示内容直观，激发了我的学习兴趣和热情	让人身临其境，提升了我的知识技能	引起了我的深度思考，获得了一些重要启示
选手	5 分	5 分	5 分	5 分	5 分	5 分